吉林省普通本科高校省级重点教材
吉林省"十四五"普通高等教育本科省级规划教材
高等院校经济管理类专业"互联网+"创新规划教材
国家级一流本科课程配套教材

管理会计

（第3版）

齐殿伟　包全永 ◎ 主编

内 容 简 介

本书在修订过程中，注重管理会计理论与实务的结合，将教学改革和教学研究的最新成果，以及学科的最新发展成果引入教学，使课程内容与时俱进、力求创新。全书内容共分5篇15章，具体包括：绪论、成本性态分析、变动成本法与完全成本法、本量利分析、预测分析、短期经营决策分析、存货决策分析、长期投资决策分析、全面预算、作业成本法、责任会计、平衡计分卡、经济增加值、管理会计报告、管理会计信息系统。本书提供了与管理会计有关的案例和形式多样的思考与练习题，以供读者阅读、训练使用，便于学生对所学知识的巩固和能力的培养。本书在实用性和操作性方面都具有很强的指导作用。

本书既可以作为高等院校经济管理类专业的教材用书，又可以作为企业和社会培训会计人员的参考用书。

图书在版编目（CIP）数据

管理会计 / 齐殿伟，包全永主编． -- 3版． -- 北京：北京大学出版社，2025.5． --（高等院校经济管理类专业"互联网+"创新规划教材）． -- ISBN 978-7-301-35386-8

Ⅰ．F234.3

中国国家版本馆 CIP 数据核字第 20246FT577 号

书　　　名	管理会计（第3版）
	GUANLI KUAIJI（DI-SAN BAN）
著作责任者	齐殿伟　包全永　主编
策划编辑	罗丽丽
责任编辑	罗丽丽
数字编辑	金常伟
标准书号	ISBN 978-7-301-35386-8
出版发行	北京大学出版社
地　　　址	北京市海淀区成府路205号　100871
网　　　址	http://www.pup.cn　新浪微博：@北京大学出版社
电子邮箱	编辑部 pup6@pup.cn　总编室 zpup@pup.cn
电　　　话	邮购部 010-62752015　发行部 010-62750672　编辑部 010-62750667
印 刷 者	北京市科星印刷有限责任公司
经 销 者	新华书店
	787毫米×1092毫米　16开本　16.75印张　424千字
	2010年1月第1版　2017年11月第2版
	2025年5月第3版　2025年5月第1次印刷
定　　　价	49.00元

未经许可，不得以任何方式复制或抄袭本书之部分或全部内容。
版权所有，侵权必究
举报电话：010-62752024　电子邮箱：fd@pup.cn
图书如有印装质量问题，请与出版部联系，电话：010-62756370

前言
PREFACE

管理会计是第二次世界大战后逐渐发展起来的一门新的学科。它不仅是会计学的一个重要分支,还是现代化管理的工具。近年来,随着我国经济不断转型升级,管理会计在企业管理和发展中的重要性日益凸显。党的二十大报告中指出,加快发展数字经济,促进数字经济和实体经济深度融合。信息技术与人工智能的发展,更为管理会计的发展及应用带来了机遇和挑战。"十四五"时期是会计工作实现高质量发展的关键时期。大数据、人工智能、移动互联网、物联网、区块链等技术革新催生的新产业、新业态、新模式,进一步推动了会计工作与经济业务深度融合以及会计智能化发展,此时迫切需要一批既精通专业又熟悉信息技术,既具备战略思维又富有创新能力的复合型会计人才,推动会计工作适应数字化转型,实现"提质增效"的改革发展目标。

《会计改革与发展"十四五"规划纲要》)(以下简称纲要)指出,"十三五"期间,会计职能转型实现突破。着眼于服务各类单位提高内部管理水平和风险防范能力,管理会计指引体系基本建成并得到广泛应用。会计职能实现从传统的算账、记账、核账、报账向价值管理、资本运营、战略决策辅助等职能持续转型升级。纲要还指出"十四五"期间,推动会计职能对内拓展,加强对企业管理会计应用的政策指导、经验总结和应用推广,推进管理会计在加速完善中国特色现代企业制度、促进企业有效实施经营战略、提高管理水平和经济效益等方面发挥积极作用。

本着管理会计服务于企业管理、助推管理会计职能转型突破这一基本思路,本书从管理层级出发,在将管理会计分为预测与决策会计、规划与控制会计以及业绩评价与考核会计三大环节的基础上,安排教材体系,以体现结构的系统性。本书第3版的修订在上一版的基础上进行了章节的拆分和扩充,最后整合为5篇15章。教材结构和主要修订内容如下。

第一篇为基本理论篇,包括第1~4章。本篇介绍了管理会计的基本理论——本量利分析和变动成本法,为整个管理会计课程的学习奠定理论基础。本篇主要修订了这4章的全部导入案例和分析案例,章后增加了拓展练习。

第二篇为预测与决策会计篇,包括第5~8章。本篇介绍了预测分析、短期经营决策分析、存货决策分析、长期投资决策分析。本篇主要增加了"存货决策分析"一章，修订了其余3章的全部导入案例和分析案例，章后增加了拓展练习。

第三篇为规划与控制会计篇，包括第9、10章。本篇介绍了全面预算和作业成本法。本篇主要修订了这两章的全部导入案例和分析案例，章后增加了拓展练习。

第四篇为业绩评价与考核会计篇，包括第11～13章。本篇介绍了责任会计、平衡计分卡、经济增加值。本篇主要修订了这3章的全部导入案例和分析案例，章后增加了拓展练习。

第五篇为其他篇，包括第14、15章，为本次改版的新增内容。本篇介绍了管理会计报告和管理会计信息系统。

本书的具体特色主要体现在以下4个方面。

（1）现实性和前瞻性结合。本书既涵盖管理会计的基本理论与实务，又纳入管理会计最新理论研究成果。本书以翔实的内容、生动的实例展现了管理会计的现实性和前瞻性。本书不仅提供了大量案例供读者分析、研读，以便拓宽读者的视野，还提供了形式多样的练习题，以便读者巩固和运用所学管理会计理论知识，具有较强的实践性和应用性。

（2）理论与实务结合。本书的内容设计结合了普通高等学校本科教学要求和管理会计课程特点，注重理论与实务的结合，及时把教学改革和教学研究的最新成果，以及学科的最新发展成果引入教学，使课程内容与时俱进、力求创新。

（3）传统与现代结合。本书的编写以现代管理会计理论与方法为主线，既立足国内，保留了我国传统的经济理论与方法中的有益成分；同时又放眼国际，吸收了现代理论与方法中的精华部分，尽量使教材内容全面完整。

（4）方法与应用结合。本书的编写坚持理论联系实践的原则，紧盯学以致用的培养目标，特别是在系统论述管理会计方法的基础上突出管理会计应用6个方面（预测、决策、规划、控制、考核、评价）的功能，系统而实用。我们在着力进行教材建设的同时，对促进学生主动学习的扩充性资料的建设也投入了大量的精力。书中以二维码的形式配备了大量拓展内容，并且在章后配有综合练习和拓展练习，使读者可以学练结合，稳步提升。

本书由齐殿伟、包全永负责全书结构的设计、撰写提纲、组织编写、统稿和定稿。在本书的修订过程中，2020级研究生张琳、李琳、刘轩宇、李佳、辛慧月、张同舟、李鹤、刘倩君、周洋、吴照状提出了宝贵的意见，于洪、刘昕、顾芳睿、杜宗雪修订了管理会计教材配套的课件，在此一并表示感谢。

本书在编写过程中，参考了有关的书籍和资料，在此向其作者表示衷心的感谢！本书在出版过程中，得到长春理工大学教材建设的经费支持，同时也得到北京大学出版社的大力支持，在此一并表示衷心的感谢！

由于编者水平有限，书中难免存在疏漏之处，敬请广大读者批评指正。

编　者

2025 年 1 月

资源索引

目 录 CONTENTS

第一篇 基本理论篇

第1章 绪 论 1
1.1 管理会计的形成与发展 2
1.2 管理会计的内涵及其与财务会计的关系 10
1.3 管理会计的基本假设、职能和信息质量特征 12
1.4 管理会计师及其认证 16
本章小结 20
关键术语 20
综合练习 20

第2章 成本性态分析 22
2.1 成本分类 23
2.2 混合成本的分解 29
本章小结 34
关键术语 34
综合练习 34

第3章 变动成本法与完全成本法 36
3.1 变动成本法的产生与发展 37
3.2 变动成本法与完全成本法的内涵 38
3.3 变动成本法与完全成本法的比较 39
本章小结 45
关键术语 45
综合练习 45

第4章 本量利分析 47
4.1 单一品种条件下的本量利分析 48
4.2 多品种条件下的本量利分析 51
4.3 盈亏临界图及本量利分析的其他问题 54
4.4 本量利关系中的敏感性分析 59
本章小结 61
关键术语 62
综合练习 62

第二篇　预测与决策会计篇

第 5 章　预测分析ㆍㆍㆍ 65

5.1　预测分析概述ㆍㆍㆍ 67

5.2　销售预测ㆍㆍㆍ 68

5.3　成本预测ㆍㆍㆍ 74

5.4　利润预测ㆍㆍㆍ 75

5.5　资金需要量预测ㆍㆍ 77

本章小结ㆍㆍㆍ 78

关键术语ㆍㆍㆍ 78

综合练习ㆍㆍㆍ 79

第 6 章　短期经营决策分析ㆍㆍㆍㆍㆍㆍㆍㆍㆍㆍㆍㆍㆍㆍㆍㆍㆍㆍㆍㆍㆍㆍㆍㆍㆍㆍㆍㆍㆍㆍㆍㆍㆍㆍㆍㆍㆍ 82

6.1　短期经营决策概述ㆍㆍ 83

6.2　短期经营决策分析常用的方法ㆍㆍㆍㆍㆍㆍㆍㆍㆍㆍㆍㆍㆍㆍㆍㆍㆍㆍㆍㆍㆍㆍㆍㆍ 87

6.3　短期经营决策分析的具体问题ㆍㆍㆍㆍㆍㆍㆍㆍㆍㆍㆍㆍㆍㆍㆍㆍㆍㆍㆍㆍㆍㆍㆍㆍ 89

6.4　产品定价决策概述ㆍㆍㆍㆍㆍㆍㆍㆍㆍㆍㆍㆍㆍㆍㆍㆍㆍㆍㆍㆍㆍㆍㆍㆍㆍㆍㆍㆍㆍㆍㆍㆍㆍㆍㆍㆍㆍㆍㆍ 92

本章小结ㆍㆍㆍ 95

关键术语ㆍㆍㆍ 95

综合练习ㆍㆍㆍ 95

第 7 章　存货决策分析ㆍㆍ 100

7.1　存货及存货成本ㆍㆍ 101

7.2　存货经济订货批量决策ㆍㆍㆍㆍㆍㆍㆍㆍㆍㆍㆍㆍㆍㆍㆍㆍㆍㆍㆍㆍㆍㆍㆍㆍㆍㆍㆍㆍㆍㆍㆍㆍㆍㆍ 104

7.3　经济订货批量模型的扩展ㆍㆍㆍㆍㆍㆍㆍㆍㆍㆍㆍㆍㆍㆍㆍㆍㆍㆍㆍㆍㆍㆍㆍㆍㆍㆍㆍㆍㆍㆍ 108

本章小结ㆍㆍ 112

关键术语ㆍㆍ 112

综合练习ㆍㆍ 112

第 8 章　长期投资决策分析ㆍㆍㆍㆍㆍㆍㆍㆍㆍㆍㆍㆍㆍㆍㆍㆍㆍㆍㆍㆍㆍㆍㆍㆍㆍㆍㆍㆍㆍㆍㆍㆍㆍㆍㆍㆍㆍ 113

8.1　长期投资决策概述ㆍㆍㆍㆍㆍㆍㆍㆍㆍㆍㆍㆍㆍㆍㆍㆍㆍㆍㆍㆍㆍㆍㆍㆍㆍㆍㆍㆍㆍㆍㆍㆍㆍㆍㆍㆍㆍㆍㆍ 115

8.2　长期投资决策需要考虑的主要因素ㆍㆍㆍㆍㆍㆍㆍㆍㆍㆍㆍㆍㆍㆍㆍㆍㆍ 116

8.3　长期投资决策的主要方法ㆍㆍㆍㆍㆍㆍㆍㆍㆍㆍㆍㆍㆍㆍㆍㆍㆍㆍㆍㆍㆍㆍㆍㆍㆍㆍㆍㆍㆍㆍ 124

8.4　长期投资决策分析的应用ㆍㆍㆍㆍㆍㆍㆍㆍㆍㆍㆍㆍㆍㆍㆍㆍㆍㆍㆍㆍㆍㆍㆍㆍㆍㆍㆍㆍㆍㆍ 132

8.5　投资决策的敏感性分析ㆍㆍㆍㆍㆍㆍㆍㆍㆍㆍㆍㆍㆍㆍㆍㆍㆍㆍㆍㆍㆍㆍㆍㆍㆍㆍㆍㆍㆍㆍㆍㆍㆍ 135

本章小结ㆍㆍ 136

关键术语ㆍㆍ 137

综合练习ㆍㆍ 137

第三篇　规划与控制会计篇

第 9 章　全面预算 ... 141
9.1　全面预算概述 ... 143
9.2　全面预算的编制 ... 152
9.3　预算的编制方法 ... 156
本章小结 ... 163
关键术语 ... 163
综合练习 ... 163

第 10 章　作业成本法 ... 165
10.1　作业成本法的内涵及作业成本管理 ... 166
10.2　作业成本法的核算要素 ... 170
10.3　作业成本法的实施步骤 ... 172
10.4　作业成本法的特点及适用对象 ... 173
10.5　作业成本法的应用 ... 176
本章小结 ... 177
关键术语 ... 177
综合练习 ... 178

第四篇　业绩评价与考核会计篇

第 11 章　责任会计 ... 179
11.1　责任会计概述 ... 180
11.2　责任中心 ... 184
11.3　内部结算价格 ... 197
本章小结 ... 202
关键术语 ... 202
综合练习 ... 202

第 12 章　平衡计分卡 ... 205
12.1　平衡计分卡的内涵 ... 206
12.2　平衡计分卡的特点及适用对象 ... 214
12.3　平衡计分卡的应用与战略管理 ... 215
本章小结 ... 217
关键术语 ... 217
综合练习 ... 217

第13章　经济增加值 219
- 13.1　经济增加值概述 220
- 13.2　经济增加值的优势、功能和缺陷 223
- 13.3　经济增加值的计算 228
- 本章小结 230
- 关键术语 230
- 综合练习 230

第五篇　其他篇

第14章　管理会计报告 232
- 14.1　管理会计报告概述 233
- 14.2　基于报告对象的管理会计报告体系 238
- 本章小结 240
- 关键术语 240
- 综合练习 240

第15章　管理会计信息系统 241
- 15.1　管理会计信息系统概述 242
- 15.2　成本管理信息化 246
- 15.3　预算管理信息化 247
- 15.4　绩效管理信息化 248
- 15.5　投资管理信息化 249
- 15.6　管理会计报告信息化 250
- 本章小结 251
- 关键术语 251
- 综合练习 252

参考文献 253

附录：AI伴学内容及提示词 255

第一篇 基本理论篇

第1章 绪 论

教学要点

知识要点	能力要求	相关知识
管理会计的形成与发展	了解管理会计的形成和发展,把握管理会计的现状	（1）管理会计发展的3个阶段及其特征 （2）我国管理会计的形成与发展
管理会计的内涵及其与财务会计的关系	通过理解管理会计与财务会计的关系,把握管理会计的特点	（1）管理会计的内涵 （2）管理会计与财务会计的关系
管理会计的基本假设、职能和信息质量特征	在理解管理会计基本假设基础上,掌握管理会计信息质量特征	（1）管理会计的基本假设 （2）管理会计的职能 （3）管理会计信息质量特征
管理会计师及其认证	对管理会计职业及职业道德初步了解,积极参与管理会计师国内外认证	（1）管理会计师 （2）管理会计师国内外认证 （3）管理会计师职业能力素质

 导入案例

XY公司管理会计和财务会计融合提升企业价值

1-1 政策法规

　　XY公司的管理会计可从财务会计处获得数据信息的原始资料,并对数据信息进行整合及归纳,筛选出有用信息。在实践工作中,XY公司的管理会计和财务会计存在着明显的衔接问题,导致会计人员的工作量增加,工作流程不顺畅。因此,为解决管理会计和财务会计的融合问题,XY公司通过以下措施,促进了两者之间的融合。

　　一是构建融合体系。管理会计和财务会计互相了解对方的工作体系,明确双方的工作差异,并相互取长补短。

　　二是构建计量模式和确认基础。会计工作无法获得实质性的融合进展,其根源在于财务会计和管理会计确认基础有所不同。因此需要结合实际,针对两者的确认基础展开协调,打破传统的财务会计单一权责发生制模式,在满足企业会计需求的同时,构建管理会计和财务会计融合的多元化发展模式。

三是寻求有效的融合衔接路径。在 XY 公司进行财务会计和管理会计融合时，财务会计使用了变动成本法，为确定产品的贡献毛益率提供更为精准有效的成本资料。同时，合理确定了产品盈亏的界限。

四是使用信息技术实现信息的交流和共享。XY 公司进行了财务会计和管理会计数据信息的整理，构建符合企业实际发展需求的目录数据信息管理系统，并利用信息技术，实现会计数据信息的有效共享。使用信息技术所构建的目录数据信息管理系统，可以实现管理会计和财务会计的数据信息对接，为后续的数据共享提供操作平台。

随着社会的发展，企业之间的竞争越来越激烈，企业需要根据自身的实际情况，制定一系列的策略，提高企业的核心竞争力，推动企业发展。财务会计和管理会计是企业内部主要的会计工作，可以帮助企业实现资源合理配置，提高资源使用效率。在新形势下，管理会计和财务会计必须实现融合，才能更好地推动企业发展。

我国企业在管理会计应用方面进步很大，同时我国管理会计人才的培养也取得了一些成绩。随着世界经济以及我国市场经济的发展，尤其是资本市场的发展，需要规范以对外报告为主的财务会计，但是更需要规范以对内管理为主的管理会计。管理会计可以从企业的各个角度考虑问题，把财务数据与各种经济规律相结合，帮助高层管理者做出更好的决策，为企业的经营和发展提供决策信息和切实方案。目前我国企业发展的紧迫任务是加快企业转型升级，利用先进、科学的管理会计知识和方法，对相关信息进行过滤、整合、分析、研究，为企业提高科学决策水平提供强有力的支撑。因此，学好管理会计是提高会计从业人员职业能力和素养的必要条件，也是提高企业管理水平的前提。

1-2 知识讲解

1.1 管理会计的形成与发展

管理会计是第二次世界大战后在西方发达国家逐渐发展起来的一门新的学科。斯坦福大学著名会计学家查尔斯·T. 亨格瑞（Charles T. Horngren）说："自从我进入这个领域，管理会计研究和教育就一直在显著地进步，当然它还有许多路要走，但这正是值得我们所有人倾注心力之所在。"作为会计学重要分支的管理会计，既是能为组织内部管理者提供决策所需有用会计信息的系统，又是现代化管理工具。管理会计的形成和发展受社会实践及经济理论的双重影响：一方面，社会经济的发展要求企业加强管理，管理会计得以形成；另一方面，经济理论的形成实现了企业加强管理的目标，管理会计得以发展。

1.1.1 以成本控制为基本特征的管理会计阶段（19 世纪末至第二次世界大战前）

1. 社会经济发展的基本特征

工业革命后，经济迅速发展，竞争日趋激烈，加强企业内部管理，可以提高生产效率，降低成本、费用。美国和英国工业技术的巨大变革对会计理论和实务的发展带来了巨大的影响，主要表现在折旧观念和成本会计的发展上。这时，会计的目的不仅是向股东和债权人等提供财务状况的报告，还是向企业管理部门提供用于内部管理的数据资料。

2. 经济理论的发展

这一阶段形成了古典管理理论。其主要理论成就有：美国的泰罗等人以研究工厂内部生产管理为重点，以提高生产效率为中心，提出了生产组织方法科学化和生产程序标准化的科学管理理论；法国的法约尔等人以企业整体为对象，以组织管理为核心，提出了关于管理职能和管理原则的一般管理理论；德国的韦伯等人以组织结构为对象，提出了行政组织理论。

泰罗在20世纪初创建了科学管理理论体系，该体系被称为"泰罗制"。泰罗认为企业管理的根本目的在于提高劳动生产率，他在《科学管理》一书中指出："科学管理如同节省劳动的机器一样，其目的在于提高每一单位劳动的产量。而提高劳动生产率的目的是增加企业的利润或实现利润最大化的目标。"管理会计于20世纪初伴随着泰罗的科学管理理论的产生而产生，并随着经济和管理理论的发展在国外的企业中得到了推广运用和发展。

3. 管理会计的发展

科学管理理论的出现使现代会计分化为财务会计与管理会计。单从管理会计所囊括的各种方法来看，其中的一些方法就可追溯到泰罗管理时代。泰罗在他的著作中讲到的"标准成本""预算控制""差异分析"等方法，直接或间接地被引入今天的管理会计中来。20世纪50年代，我国的一些企业就运用"班组核算""经济活动分析"等方法来降低成本，只不过当时不叫管理会计而叫成本核算。

1-3 拓展阅读

本阶段的管理会计以成本控制为基本特征，主要内容如下所述。

（1）标准成本。标准成本是早期管理会计的主要支柱之一。最初的标准成本是独立于会计系统之外的一种计算工作。1920—1930年，美国会计学界经过长期争论，才把标准成本纳入了会计系统，从此出现了真正的标准成本会计制度。标准成本是按照科学的方法制定的在一定客观条件下能够实现的人工、材料消耗标准，企业可以以此为基础，形成产品标准成本中的标准人工成本、标准材料成本、标准制造费用等标准。标准成本的制定，使成本计算由事后的计算和利用转为事前的计算和利用，是现代会计管理职能的体现。

（2）预算控制。在管理控制中使用最广泛的一种控制方法就是预算控制。企业根据全面计划来组织与协调各种经济业务，授权给各有关部门实施的控制，称为预算控制。预算控制可以分为业务预算控制、资本预算控制和财务预算控制。预算控制清楚地表明了计划与控制的紧密联系。

（3）差异分析。差异分析就是通过比较实际结果与预算标准，确定其差异额及其差异原因。如果实际成果与预算标准的差异很大，企业管理当局应审慎调查，并判定其发生原因，以便采取适当的矫正措施。差异分析有利于及时发现预算管理中存在的问题，是管理会计的控制和评价职能作用得以发挥的最重要的基本手段。

1.1.2 以预测、决策为基本特征的管理会计阶段（第二次世界大战后至20世纪70年代）

1. 社会经济发展的基本特征

第二次世界大战后，美国等资本主义国家的经济又发生了一系列重大变化：企业的规模越来越大，跨国公司普遍出现；科学技术的迅速发展促进了生产规模的扩大和企业管理现代化；市场竞争加剧，资本利润率下降等。所有这些变化，给传统会计工作提出了新的课题。为了便于企业管理者正确地制定经营决策，加强对生产经营活动的规划和控制，专门用于加强企业内部经营管理的管理会计体系正式形成。管理会计作为会计学的一个独立分支也开始得到会计界比较普遍的认可。1952年，在伦敦举行的会计师国际代表大会上，正式提出了"管理会计"这一术语，传统的会计则称为"财务会计"。

2. 经济理论的发展

（1）行为科学。从历史发展来看，行为科学是西方现代管理科学的一个学派，行为科学是研究人的行为或人类集合体的行为，在心理学、人类学、社会学、经济学、政治学和语言学等的边缘领域协作的一门科学。行为科学广泛应用于企业管理，研究如何激发人的工作积极性，提高劳动生产率，改善并协调人与人之间的关系，缓和劳资矛盾。

（2）系统论。系统论的创始人是美籍奥地利理论生物学家贝塔朗菲。他指出任何系统都是一个有机的整体，它不是各个部分的机械组合或简单相加。他认为一切生命都处于积极运动状态，有机体作为一个系统能够保持动态稳定，是系统向环境开放，获得物质、信息、能量交换的结果。系统论要求把事物当作一个整体或系统来研究，并用数学模型去描述和确定系统的结构和行为。

（3）决策理论。决策就是针对某一个特定问题，确定一个最合理、最有效的解决方法。决策具有普遍性。在现代市场经济条件下，企业的问题越来越复杂，在这种情况下，就不能凭经验办事，而必须对大量的信息进行分析，然后找到比较好的办法，这就是通常所说的理性决策。

3. 管理会计的发展

在此阶段，管理会计以标准成本为主要内容的定量控制作用继续得到强化，开始行使预测、决策职能，主要内容如下所述。

（1）预测。用科学的方法预计、推断事物发展的必然性或可能性的行为，即根据过去和现在预计未来，由已知推断未知的过程。由于任何经济过程的发展趋势总有一定的规律可循，而现代数学方法和电子计算机技术又可以帮助人们深刻理解经济发展过程的本质，并能使人们认识和掌握它的规律，这就为人们对企业经营过程的变化进行科学预测提供了实际的可能性。

（2）决策。企业管理当局做出的决策正确与否，往往关系到一个企业的盛衰兴亡。从这个意义上讲，管理的重心在于经营，经营的重心在于决策。规划和控制企业的经济活动离不开科学的决策分析，决策的正确与否关系到企业经营的成败。

（3）预算。预算是企业未来一定时期内经营计划的数量表现形式，是一种系统的管理方法。它用来分配企业的人、财、物等资源，以实现企业既定的战略目标。企业可以通过预算来监控战略目标的实施进度，有助于控制开支，并预测企业的现金流量与利润。

（4）控制。控制是对企业经济活动按计划要求而进行的监督和调整。一方面，企业应监督计划的执行过程，确保经济活动按照计划的要求进行，从而为完成目标奠定基础。另一方面，企业也应对采取的行动及计划本身的质量进行反馈，以确定计划阶段对未来期间影响经济活动各因素的估计是否充分、准确,从而调整计划或工作方式,实现确定的目标。

(5)考核和评价。在对未来经济活动进行计划的过程中,管理人员应提供预测、决策的备选方案及相关的信息,并准确判断历史信息和未来事项的影响程度,以便选择最优方案。在这一过程中,管理人员应对有关信息进行加工处理,去粗取精、去伪存真,以确保选用的信息能够反映经济活动的未来趋势,揭示经济活动的内在关系。

1.1.3 以重视环境适应性为基本特征的战略管理会计阶段(20 世纪 70 年代以后)

1. 社会经济发展的基本特征

买方市场的形成,带动了企业进行"顾客化生产",科学技术的发展也为"顾客化生产"提供了可能。简单地讲,"顾客化生产"就是企业根据顾客对产品或劳务在质量、时间、技术、内容、方式等方面的差异性要求来组织生产或提供劳务,它甚至可以将每位顾客作为一个特殊的市场,让顾客参与到产品的生产过程中,保证顾客需求能够最大限度地得到满足。"顾客化生产"时代的到来对传统管理会计理论和实务产生了较大影响,为会计史翻开了崭新的一页。管理会计的发展和现代化只有顺应"顾客化生产"形势发展的大趋向,才能更好地为企业发展服务。

2. 经济理论的发展

这一阶段经济理论的代表是战略管理理论。"战略"一词源于希腊语,原是一个军事术语,意思是"将军指挥军队的艺术"。20 世纪 60 年代,战略思想开始运用于商业领域,并与达尔文"物竞天择"的生物进化思想共同成为战略管理学科的两大思想源流。

战略是直接左右企业能否持续发展和持续盈利的最重要的决策参照系。战略管理是依据企业的战略规划,对企业的战略实施加以监督、分析与控制,特别是对企业的资源配置与经营方向加以约束,最终促使企业顺利完成目标的过程管理。指导企业全部活动的是企业战略,全部管理活动的重点是制定战略和实施战略。

3. 管理会计的发展——战略管理会计的产生

战略管理会计(Strategic Management Accounting,SMA)与企业战略管理密切联系,它运用灵活多样的方法收集、加工、整理与战略管理相关的各种信息,并据此来协助企业管理层确立战略目标、进行战略规划、评价管理业绩。

1981 年,英国学者西蒙斯(Simmonds)最早将管理会计与战略管理联系起来,提出"战略管理会计"。他将战略管理会计定义为:对企业及其竞争对手的管理会计数据进行收集和分析,由此来发展和控制企业战略的会计。一般来说,战略管理会计具有以下几个主要特点。

(1)战略管理会计着眼于长远目标和全局利益。

现代管理会计以单个企业为服务对象,着眼于有限的会计期间,在"利润最大化"的目标驱使下,追求企业当前的利益最大化。它所提供的信息只对企业进行近期经营决策、改善经营管理起到作用,注重的是单个企业价值最大化和短期利益最大化。

战略管理会计着眼于企业的长期发展和整体利益的最大化。当企业间的竞争已上升到高层次的全局性战略竞争时，抢占市场份额、扩大企业生存空间、追求长远的利益目标成为企业家最为关注的问题。战略管理会计为适应这一形势的要求，超越了单一会计期间的界限，着重从长期竞争地位的变化中把握企业未来的发展方向，并且以最终利益目标作为企业战略成败的标准，而不在于某一个期间的利润达到最大。战略管理会计的信息分析完全基于整体利益。战略管理会计放眼于长期经济利益，在会计主体和会计目标方面进行大胆的开拓，将现代管理会计带入了一个新境界。

（2）战略管理会计是外向型的信息系统。

现代管理会计服务于企业的内部管理，是一种内向型的信息系统。在市场竞争不十分激烈时，企业只要努力降低成本、提高劳动生产率，就能在市场立足。因而现代管理会计致力于企业内部信息的收集、分析和各种指标的纵向比较，不太关注外部环境和竞争对手的情况，所提供的只是单个企业自身的绝对数据，而不是企业在市场中的相对优势。战略管理会计站在战略的高度，关注企业外部环境的变化，并围绕本企业、顾客和竞争对手形成的"战略三角"，收集、整理、比较、分析竞争对手与战略相关的信息，向管理者提供关于本企业与竞争对手的对比信息，努力改善企业的经济环境，强调企业发展与环境变化的协调一致，以求得产业的最优效益并保持和加强企业在市场上的相对竞争优势。战略管理会计强调比较优势，从相对成本到相对市场份额，它所关注的是相对指标的计算和分析，向管理者提供的是比较竞争成本和比较竞争优势的信息。战略管理会计通过对企业内外信息的比较分析，可以了解企业在市场中竞争地位的变化。战略管理会计拓展了会计对象的范围，是一种外向型的信息系统。

（3）战略管理会计是对各种相关信息的综合收集和全面分析。

现代管理会计研究的是货币信息，很少涉足其他种类的信息，对于企业的决策只能提供从财务分析中获取的信息，忽略了其他信息对企业的影响，因而它是不完整、不充分的。战略管理会计为适应企业战略管理需要，将信息的范围扩展到各种与企业战略决策相关的信息，其中包括货币性质的、非货币性质的，数量的、质量的，物质层面的、非物质层面的，甚至有关天时、地利、人和等方面的信息。信息来源除了企业内部的财务部门，还包括市场、技术、人事等部门，以及企业外部的政府机关、金融机构、中介顾问、大众媒体等。多样的信息来源和信息种类需要多种信息分析方法，因此，无论是财务指标的计算，还是环境分析法、对手分析法、价值链分析法、生命周期分析法、矩阵定位分析法、预警分析法、动因分析法、综合记分法等多种方法，都是对现代管理会计方法的丰富。战略管理会计突破了现代管理会计财务信息的局限，在提供信息的内容和处理信息的方法上都进行了拓展，帮助企业管理层掌握更广泛、更深层次的信息，全面研究分析企业的相对竞争优势，做出正确的战略决策。

（4）战略管理会计拓展了管理会计人员的职能范围和素质要求。

在现代管理会计下，由于信息范围狭小，数据处理方法有限，管理会计人员难以从战略的高度提出决策建议，只能是计算财务指标、传递财务数据，局限于单个企业财务分析的范围。

战略管理会计对管理会计人员的要求已不限于财务信息的提供，还要求他们能够运用多种方法，对包括财务信息在内的各种信息进行综合分析与评价，向管理层提供全部信息的分析结论和决策建议。在战略管理会计中，管理会计人员将以提供具有远见卓识的管理咨询服务为其基本职能。随着管理会计人员职能的扩展，新型管理会计人员不仅要熟悉本企业所在行业的特征，而且要通晓经济领域相关的专业知识，且具有战略的头脑、开阔的思路、高瞻远瞩的谋略和敏锐的洞察力以及准确的判断力，善于抓住机遇，能从整体发展的战略高度来认识和处理问题。新型管理会计人员是一种具有高智能、高创造力的人才。

西方管理会计研究从20世纪90年代起进入了一个快速发展的时期。1980年4月，国际会计师联合会在巴黎举行了第一次欧洲会议，其主题是讨论如何应用和推广管理会计。会议认为，任何企业要想在复杂多变的环境中生存和发展，应用和推广管理会计是应予考虑的一个战略性问题。进入20世纪90年代以后，会计作为信息系统的作用逐渐地凸显出来，财务会计为企业外部会计信息使用者的决策提供有用信息，而管理会计为企业内部会计信息使用者提供决策依据，因此管理会计在企业内部扮演着越来越重要的角色。

美国、英国等西方国家在管理会计领域做了大量探索，形成了诸多有益经验。其中，重视管理会计标准建设并指导管理会计实践这一做法，极大地推动了管理会计的应用，促进了管理会计的发展。比如，美国管理会计师协会先后发布了领导力与道德、技术应用、战略成本管理、企业绩效管理等四辑六大类管理会计公告，还将根据实务需要发布新的管理会计公告。英国皇家特许管理会计师公会（The Chartered Institute of Management Accountants，CIMA）尽管没有发布管理会计公告，但陆续发布了管理会计系列研究资料，为企业应用管理会计工具方法提供了一定的参考，2014年10月还与美国注册会计师协会（American Institute of Certified Public Accountants，AICPA）联合推出了《全球管理会计原则》。这些会计组织发布的公告、原则、研究资料等，都是指导性的。与会计准则不同，这在一定程度上也体现了管理会计差异化特征，旨在提升组织在多变的商业环境以及信息过载背景之下的决策能力。CIMA与AICPA应业界所需制定的全球管理会计原则，为有效的数据分析提供了蓝本，可通用于世界各地的大型、中型、小型的组织，不管是企业还是政府或是非营利组织。该原则体系经由5大洲、20国的首席执行官（CEO）、首席财务官（CFO）、学术机构以及政府监管部门的磋商及反馈而最终定稿。最终确定的全球管理会计四大原则分别是：提供相关性信息；进行有洞察、有影响的沟通；分析对企业价值的影响；履行受托责任、增强企业信任。全球管理会计原则框架文件还提供了如何将此四项原则应用到包括投资评估、财资管理、预算管理、成本管理、财务战略、项目管理、风险管理等在内的14大企业管理领域。

1.1.4 我国管理会计的形成与发展

近年来，在西方管理会计研究中，有两大趋势值得关注：第一，研究方法不断丰富，实验研究方法的地位日益凸显；第二，立足于管理会计实践，越来越多地引入行为学、心理学理论研究管理会计问题。20世纪70年代末，我国开始系统地引进西方管理会计的理论和方法。部分企业在管理中已经开始应用本量利分析、变动成本法、投资决策、存货控制等管理会计方法。随着现代企业制度的建立和完善，管理会计在我国企业中应用的广度和深度均有所加强，有些企业还设立了专门的管理会计机构。1997年，《会计研究》杂志专门就管理会计在我国的实际应用问题进行有奖征文讨论。目前，管理会计已经成为很多高校工商管理专业的一门核心专业课程。

1-4 拓展阅读

近年来，我国管理会计无论在理论上还是实践上都取得了较大的发展。如间接费用分摊由以单一数量为分配基础发展到以作业的成本动因为分配基础；由单纯注重固定和变动成本的降低发展到强调全面质量管理；标准成本系统和责任成本中心的建立；投资决策中充分考虑货币时间价值和成本、风险因素；采用投资报酬率等指标作为业绩评价标准；与此同时，已开始涉足从战略总体上进行成本管理。这说明我国管理会计已逐步从数量、定额管理过渡到成本、价值管理，从项目、部门管理演变为全面管理、战略管理。随着理论研究的拓展和实践经验的积累，现代财务会计、财务管理、管理会计呈现出日趋融合之态势，人们的目光已从过去转向现在和未来，开始用全局的观点、战略的眼光进行财务活动管理。管理会计的发展对于指导和改进我国经营管理、提高宏观经济效益发挥了积极作用。但管理会计在我国形成和发展的时间毕竟不长，立足于我国国情和社会主义建设目标，我国管理会计尚存在许多缺陷和不足。管理会计的理论结构、研究范围、实践应用等方面还需要完善和充实，存在较大的发展余地。此外，管理会计理论和实践脱钩现象较严重。具体来说，尽管一些大中型企业采用了管理会计的一些预测分析、决策分析、责任会计、成本控制等专门方法，但覆盖面不大，许多企业甚至没有设置专门的管理会计人员，不注重内部成本管理，成本分配方法单一，成本报表编制不及时，成本预算和控制更是流于形式。从本质上来说，管理会计是为内部管理服务的，不注重管理会计的应用，很难说其管理工作会有多大成效。

作为会计学科的一个分支，管理会计在我国起步比较晚。20世纪70年代末至20世纪80年代初，我国会计学界才开始介绍、引进西方管理会计的理论和方法，并逐步系统化；但关于管理会计实践内容的出现还是比较早的。事实上，我国20世纪50年代的班组核算和经济活动分析，20世纪60年代的指标分解、资金归口管理，以及20世纪80年代的经济责任制都属于管理会计实践的范畴。班组核算作为具有中国特色的责任会计，将厂部、车间、班组三级核算统一起来，解决了西方责任会计难以解决的问题。20世纪80年代末，与经济责任制配套，许多企业实行了责任会计、厂内银行。20世纪90年代后，管理会计在我国企业的应用有所突破，由武钢提出、邯钢加以创新实行的"模拟市场，成本否决"成本管理制度是管理会计在我国企业成功应用、最具特色的典范。宝钢于1993年起推行标准成本制度，历经多年探索，不断完善，在增强员工成本意识、控制成本、支持决策等方面发挥了重要作用。21世纪，我国企业引进并应用国外的作业成本法、平衡计分卡、经济增加值等先进的管理会计方法。到目前为止，包括全面预算管理、平衡计分卡等绩效评价方法，作业成本法、标准成本法等成本管理方法在内的管理会计方法陆续在我国企业中运用。我国企业对管理会计的应用意识有所增强，应用水平有所提高。国家开发银行、中国电信、北汽福田、三一重工、海尔、华为等一批企业专门设置了管理会计机构或岗位，积极开展管理会计工作，取得了较好的成效。同时，管理会计在行政事业单位预算编制、执行、决算分析和评价等工作中也得到了一定应用。一些行政事业单位建立了适应单位内部财务和业务部门畅通联系的信息平台，及时掌控预算执行和项目的进度，深入开展决算分析与评价，及时发现预算执行中存在的问题并提出改进意见和建议，财政、财务管理水平和资金使用效益不断提高。此外，工程项目、投资项目中有关问题的预测、决策和可行性分析，以及经过几十年实践经验检验的具有中国特色的成本管理、财务管理经验也都从不同侧面丰富了管理会计实践的内容。

进入 21 世纪后,我国与美国管理会计师协会合作,推动了我国管理会计的发展。2009 年 11 月,国家外国专家局培训中心与美国管理会计师协会签约,正式引进了美国注册管理会计师(Certified Managment Accountant,CMA)职业资格认证项目并在国内进行全面推广。此举引起了国资委及央企的高度重视,大批总会计师加入 CMA 的学习中。2014 年 11 月,英国皇家特许管理会计师公会(CIMA)与美国注册会计师协会(AICPA)联合发布《全球管理会计原则》(*Global Management Accounting Principls*,以下简称原则),希望通过原则为管理会计的发展建立全球通用的管理会计框架。

同时,我国政府在管理会计发展的进程中起到了引导作用。为了贯彻落实党的十八大和十八届三中全会精神,深入推进会计强国战略,全面提升会计工作总体水平,推动经济更有效率、更加公平、可持续发展,2014 年 10 月 27 日,财政部根据《会计改革与发展"十二五"规划纲要》,制定发布了《关于全面推进管理会计体系建设的指导意见》(以下简称指导意见)。指导意见指出:管理会计是会计的重要分支,主要服务于单位(包括企业和行政事业单位,下同)内部管理需要,是通过利用相关信息,有机融合财务与业务活动,在单位规划、决策、控制和评价等方面发挥重要作用的管理活动。管理会计工作是会计工作的重要组成部分。自指导意见下发以来,为促进企业和行政事业单位加强管理会计工作,财政部在深入分析国际国内市场经济现状、单位企业实际需要以及未来会计行业发展导向的基础上,经过一年的发酵酝酿,于 2015 年 12 月 29 日再次下发关于征求《管理会计基本指引(征求意见稿)》意见的函,向全国各有关单位广泛征集管理会计体系建设意见。2016 年 6 月 22 日,财政部发布了《管理会计基本指引》(以下简称基本指引),标志着我国管理会计体系建设取得新的重大突破。管理会计指引体系包括基本指引、应用指引和案例库,用以指导单位管理会计实践。基本指引在管理会计指引体系中起统领作用,是制定应用指引和建设案例库的基础。在系统比较和梳理国内外资料的框架结构,并多次进行座谈、调研、咨询,广泛听取高校、研究机构、企业、事业单位、咨询服务机构、国外管理会计专业团体、管理会计咨询专家意见,吸收财政部管理会计发展规划专项课题和部校共建课题组相关课题成果等基础上,基本指引形成了涵盖目标、原则、要素等的基本框架,并以要素为主线,共六章二十九条的内容。第一章为总则,包括基本指引的制定依据、适用范围,管理会计目标、原则、要素等内容。第二章至第五章分别对总则中提出的应用环境、管理会计活动、工具方法、信息与报告这四个管理会计要素进行了具体展开。第六章为附则,规定了基本指引的解释权限和施行日期等内容。

截至目前,财政部分三批共计制定并发布了 34 项管理会计应用指引,2017 年 9 月,财政部发布了关于印发《管理会计应用指引第 100 号——战略管理》等 22 项管理会计应用指引的通知(财会〔2017〕24 号);2018 年 8 月,发布了关于印发《管理会计应用指引第 202 号——零基预算》等 7 项管理会计应用指引的通知(财会〔2018〕22 号);2018 年 12 月,发布了关于印发《管理会计应用指引第 204 号——作业预算》等 5 项管理会计应用指引的通知(财会〔2018〕38 号)。

1-5 拓展阅读

经过近 10 年的发展,以基本指引为统领、应用指引为具体指导、案例库为补充的管理会计指引体系基本建成,管理会计理论研究成果不断丰富,管理会计信息化蓬勃发展,

1-6 拓展阅读

管理会计人才队伍不断壮大。2014年指导意见提出的阶段性发展目标基本实现，我国管理会计体系建设取得明显成效。

为深入贯彻落实党的二十大和二十届二中、三中全会精神，助推管理会计在新时代服务经济社会高质量发展，推进中国式现代化建设，在广泛调查研究基础上，财政部于2024年7月26日印发《财政部关于进一步加强管理会计应用的指导意见（征求意见稿）》。

因此，全面推进管理会计体系建设，不断推进管理会计的中国化和数字化，是建立现代财政制度、推进国家治理体系和治理能力现代化的重要举措；是推动企业建立、完善现代企业制度，推动事业单位加强治理的重要制度安排；是激发管理活力，增强企业价值创造力，推进行政事业单位加强预算绩效管理、决算分析和评价的重要手段；是财政部门更好发挥政府作用，进一步深化会计改革，推动会计人才上水平、会计工作上层次、会计事业上台阶的重要方向。

1.2 管理会计的内涵及其与财务会计的关系

1.2.1 管理会计的内涵

1-7 知识讲解

1. 国外会计学界对管理会计定义的论述

在西方会计发展史上，"管理会计"首次被提出是在1922年美国学者奎因坦斯出版的著作《管理会计：财务管理入门》中。而会计学界正式提出"管理会计"是在1952年伦敦举行的会计师国际代表大会上。此后，西方有关组织机构和会计学者根据各自的认识和把握，从不同角度对管理会计的定义进行了描述，这里介绍几个主要的观点。

美国会计学会认为，管理会计就是运用适当的技术和概念，对经济主体实际的经济数据和预计的经济数据进行处理，以帮助管理人员制定合理的经济目标，并为实现该目标而进行合理决策。

英国皇家特许管理会计师公会认为，管理会计是为管理当局提供所需信息的那一部分会计工作，使管理当局得以制定方针政策，对企业的各项活动进行计划和控制，保护财产的安全，向外部人员和职工反映财务状况，对各个行动的备选方案做出决策。

国际会计师联合会认为，管理会计是在一个组织中，对管理部门用于规划、评价和控制的信息进行确认、计量、积累、分析、处理、解释和传输的过程，以确保资源的合理利用并承担相应的责任。

美国管理会计师协会为管理会计所下的新定义为：管理会计是提供价值增值，为企业规划设计、计量和管理财务与非财务信息系统的持续改进过程，通过此过程指导管理行动、激励行为、支持和创造达到组织战略、战术和经营目标所必需的文化价值。

美国著名管理会计学家罗伯特·S.卡普兰等在其著作《管理会计（第2版）》中认为，管理会计是一个为组织的员工和各级管理者提供财务和非财务信息的过程，这个过程受组织内部所有人员对信息需求的驱动，并能引导他们做出各种经营和投资决策。

2. 国内会计学界对管理会计定义的论述

目前国内会计学界是从狭义上来定义管理会计的，一般认为管理会计是以提高经济效益为最终目的的会计处理系统。管理会计运用了一系列专门的方法，通过确认、计量、归集、分析、编制与解释、传递等一系列工作，为管理和决策提供信息，并参与企业经营管理。国内有关管理会计的主要观点如下。

汪家佑认为，管理会计是西方企业为了加强内部经营管理，实现最大利润，灵活运用多种多样的方法，收集、加工和阐明管理当局合理地计划和有效地控制经济过程所需要的信息，围绕成本、利润、资本三个中心，分析过去、控制现在、规划未来的一个会计分支。

李天民认为，管理会计主要是通过一系列专门的方法，利用财务会计提供的资料及其他有关资料，进行整理、计算、对比和分析，使企业各级管理人员能据以对日常发生的一切经济活动进行规划与控制，并帮助企业领导做各种决策的一整套信息处理系统。

温坤认为，管理会计是企业会计的一个分支，它运用一系列专门的方法，收集、分类、汇总、分析和报告各种经济信息，借以进行预测和决策，制订计划，对经营业务进行控制，并对业绩进行评价，以保证企业改善经营管理，提高经济效益。

余绪缨认为，管理会计是为企业内部使用者提供管理信息的会计，它为企业内部使用者提供有助于正确进行经营决策和改善经营管理的有关资料，发挥会计信息的内部管理职能。

财政部发布的《管理会计基本指引》第十三条指出：管理会计活动是单位利用管理会计信息，运用管理会计工具方法，在规划、决策、控制、评价等方面服务于单位管理需要的相关活动。

综上所述，管理会计是从传统的会计中分离出来的，与财务会计并列的一门独立的新兴学科。管理会计是会计与企业内部经营管理的有机结合，它将现代管理科学、行为科学、高等数学等相关学科的成果应用于会计，为企业管理人员提供决策信息，是社会经济发展到一定阶段的产物。

1-8 拓展阅读

1.2.2 管理会计与财务会计的关系

财务会计与管理会计，是企业会计的两个重要领域。财务会计主要是通过定期的财务报表，为与企业外部有经济利益关系的各种社会集团服务，其以提供定期的财务报表为主要手段，以企业外部的投资人、债权人等为主要服务对象。因此，财务会计又称对外报告会计或外部会计。

管理会计不同于财务会计，侧重于为企业内部的经营管理服务，丰富、发展了传统的会计职能，采用灵活而多样化的方法和手段，为企业管理部门正确进行最优管理决策和有效经营提供有用的资料。因此，管理会计又称对内报告会计或内部会计。管理会计与财务会计的主要区别如表 1-1 所示。

1-9 拓展阅读

表 1–1　　　　　　　　　　管理会计与财务会计的主要区别

序　号	项　目	管理会计	财务会计
1	服务对象	内部使用者	外部使用者
2	针对时间	当前、未来	过去、当前
3	报告范围	部门、单位	整个公司
4	主要依据	决策需要	公认会计原则
5	核算方法	会计、统计、数学等方法	会计方法
6	核算要求	不要求绝对精确	力求精确
7	核算程序	不固定，可自由选择	固定
8	法律效力	不具有法律效力	具有法律效力

以上是二者的主要区别，但二者同时也具备一些共同点，例如：二者均源于传统会计，都是传统会计的发展与分支；二者的最终目标都是企业实现最大利润，提高经济效益；二者的基本信息来源相同；二者的服务对象虽然各有侧重，但也有交叉，事实上管理会计也为企业外部服务，财务会计也为企业内部服务。在许多情况下，管理会计信息也可以为外部利益集团所利用，财务会计信息对企业内部决策也至关重要。

1.3　管理会计的基本假设、职能和信息质量特征

1.3.1　管理会计的基本假设

1-10 知识讲解

会计理论与实务界一般认为：会计假设亦称会计假定，是指会计人员对某些未被认识的会计现象，在根据客观正常情况或趋势所做合乎情理的判断之后，形成的一系列构成会计思想基础的公理或假设。按照我国的《企业会计准则——基本准则》的规定，会计核算基本前提是：①会计主体；②持续经营；③会计分期；④货币计量。会计假设的作用不言而喻。然而，这一作用的正常发挥很大程度上取决于假设的科学性、合理性。当假设建立在合理、科学的基础上时，它会推动本学科的发展。管理会计由于主要是为企业内部管理服务的，因此管理会计假设与一般会计假设有不同之处，具体如下所述。

1. 会计主体假设

会计主体又称为会计实体，是指会计为之服务的特定单位，它提出了会计活动的空间范围。会计主体假设的起源，要追溯到 15 世纪业主财产与企业投资的分离，由于这种分离，使经营组织独立化，要求会计不仅记录和反映业主财产的变化，而且要视组织为一体，反映其日常收支及经营成果。会计发展历史上第一次出现了为谁服务的问题，即需要确定会计空间范围，会计主体假设从而产生。

2. 持续经营假设

持续经营假设的基本含义是：认为企业的经营活动将无限期地经营下去，即在可以预

见的将来,企业不会面临破产清算。只有在这一前提下,企业的再生产过程才能得以进行,企业资本才能正常循环周转,会计才可以以历史成本而非清算价格来确认。

3. 会计分期假设

会计分期假设是指将企业的经营活动期限分割为若干个较短时期,据以结算账目和编制会计报表,提供有关财务状况、经营成果的会计信息。会计分期假设本身是对持续经营假设的一种补充,它存在的原因与会计管理职能直接相联系。

4. 货币计量假设

货币计量假设是指会计主要运用货币对企业活动进行计量,并把结果加以传递的一个过程。在使用货币计量时,必须同时附带两个假设:①货币的币值不变(或稳定);②币种唯一。货币计量假设对任何学科都很重要,因为它为该学科的理论和实务提供了研究的出发点。货币作为会计计量的尺度,是商品经济发展到一定阶段的产物,如果没有货币的出现,货币计量假设也就无从谈起。

5. 货币时间价值假设

货币时间价值假设是指不同时点上的货币具有不同的价值,管理会计的许多假设就是在此基础上做出的。

6. 成本性态可分假设

成本性态可分假设是指成本按照成本性态(即成本与产量之间的关系)划分为固定成本与变动成本。所谓成本性态是指成本总额与业务量变动之间的数量依存关系。

7. 目标利润最大化假设

目标利润最大化假设是指企业在经营管理决策中,以目标利润最大化的方案为最优方案,并假定在实施最优方案时能够实现目标利润。

8. 风险价值可计量假设

风险价值可计量假设是指所有的不确定性决策都可以转化为风险性决策。风险不仅具有价值,而且其价值可以计量。

1.3.2 管理会计的职能

管理会计的发展主要体现在管理会计职能的延伸与扩展上。传统的管理会计功能主要有两个:一是计划功能;二是控制功能。20世纪末,英国皇家特许管理会计师公会(CIMA)和美国管理会计师协会(The Instiute of Manangement Accountants,IMA)将管理会计功能归纳为:一是成本计算与管理会计信息提供的功能;二是管理控制的功能。进入21世纪,管理会计的功能已经很难像以前那样具体划分为计划、决策等几大功能,而往往是多功能相互交叉与融合。法国管理会计学界将管理会计原有的功能结构从两个视角来进行分析,即管理会计具有两种系列功能:一是经济计算功能和信号传递功能;二是生产、技术导向功能和组织结构功能。这种划分方式:一是包容性强,有助于拓展其发展的空间;二是为各种管理会计理论与方法的发展提供了一种分析的框架结构。管理会计的职能从财务会计单纯的核算（记录、反映）扩展到将解析过去、控制现在和筹划未来有机地结合起来。

这里，我们将管理会计的职能划分为：预测、决策、规划、控制、评价。

1. 预测

预测为决策提供科学依据。预测就是通过数量方法和非数量方法，根据事物过去和现在的情况对其未来发展变化趋势所做的预计和推测。数量方法就是通过数学模型找出事物的发展结果随时间变化的趋势，并根据这种趋势，预测未来某个时间点或时间段事物所处的状态或基本量，进而提出解决问题的策略。非数量方法是定性预测法，主要是在资料不完备情况下强调人的判断。非数量方法中最著名的有头脑风暴法、德尔菲法。

2. 决策

决策是在充分考虑各种可能的前提下，人们基于对客观规律的认识，对未来实践的方向、目标、原则和方法做出决定的过程。管理会计的决策职能贯穿于生产经营活动的始终，管理会计参与企业经营战略与方针决策、经济目标与计划决策、产品品种开发决策、技术发展与投资决策、资源开发与利用决策、人力资源开发与使用决策、价格决策、资金筹措与使用决策等。

预测与决策有一定的关系。预测是为决策服务的，预测贯穿于决策的全过程。预测侧重于对客观事物的科学分析，决策侧重于对有利时机和目标的科学选择。预测强调客观分析，决策突出领导艺术。预测是决策科学化的前提，决策是预测的服务对象和实现机会。

3. 规划

规划即规划经营目标，编制全面预算。规划主要是管理会计利用财务会计的历史资料及其他相关信息，进行科学的预测分析，并帮助各级管理人员对某些一次性的重大经济问题做出专门的决策分析，然后在这个基础上编制企业的整体计划与责任预算，确定各方面的主要目标，指导当前和未来的经济活动。管理会计的规划经营职能是通过编制各种计划和预算实现的。它要求在最终决策方案的基础上，将事先确定的有关经济目标分解落实到各有关预算中，从而合理有效地组织协调供、产、销及人、财、物之间的关系，并为控制和责任考核创造条件。管理会计规划不仅包括财务规划，还包括生产规划、销售规划、经营规划等。

4. 控制

控制即控制经济过程，包括预算执行过程，划分责任中心，实施责任会计制度。控制主要是根据会计规划所确定的各项目标，采取种种有效的措施，对预期可能发生的或实际已经发生的各种有关信息进行收集、整理、比较和分析，使企业的生产经营活动按既定的决策和预算进行，以便在事前或日常对各项经济活动进行调节和控制，保证计划目标的实现。

5. 评价

评价即考核评价经营业绩，主要是事后根据各责任单位定期编制的业绩报告，将实际数与预算数进行对比、分析来评价和考核各责任单位的业绩，以便奖勤罚懒、奖优罚劣，正确处理分配关系，保证经济责任制的贯彻执行。在现代企业管理中，管理会计的主要职能是通过建立各种内部会计控制制度提高企业经营效率和效益，提供内部管理需要的各种数据、资料等。管理会计评价的方法和手段视经济组织不同的需要而设计，模式因不同的经济组织性质、规模大小、经营管理方式而异。管理会计评价职能是为最优经营决策和最高经营效率提供各种有用的方案和信息。

1.3.3 管理会计信息质量特征

会计信息质量特征是指为了实现会计目标而要求会计信息应具备的品质。会计的基本目标就是为使用者提供对决策有用的会计信息。会计信息质量特征是对会计目标的具体化，它主要回答什么样的会计信息才算有用或有助于决策的。在确定会计信息质量特征时，要先考虑会计信息的使用者及其特点。会计信息系统所积累的信息主要是面向企业内外部的使用者。由于信息使用者的不同，由此产生了财务会计和管理会计两个子系统。

财务会计主要为投资者、债权人、政府机构以及其他的企业外部使用者提供财务会计信息，即侧重于为企业外部关系人提供信息服务，发挥会计信息的社会职能，从而要受企业会计准则和会计制度的制约。财务会计提供的信息质量特征一直受到中外会计理论界和实务界的高度关注，已取得相对一致的认可，主要包括可靠性、相关性、可比性、及时性和可理解性等。

管理会计主要为企业内部管理人员的计划、控制、决策等管理活动提供信息服务，发挥会计信息的管理职能。管理会计信息的加工和输出，只服从管理人员的需要，不受法定会计规范和固有会计程序的束缚。管理会计信息主要通过预测、计划、计算、评估、比较等程序加工而来。但管理会计信息对管理当局的用处取决于其所提供信息的质量特征。管理会计信息质量特征是管理会计目标的具体化，而管理会计目标是决定管理会计信息质量特征的基础。到目前为止，管理会计信息质量特征尚未达成共识。根据管理会计的基本特征和侧重于为企业管理者提供信息服务这一基本目标，管理会计所提供的信息必须具备以下质量特征。

1. 相关性

相关性是指管理会计所提供的信息与管理当局的决策相联系，有助于提高管理人员决策能力的特征。无论是进行短期经营决策还是长期投资决策，都需要在备选方案中寻找到最佳方案并做出判断和决策。只要存在可供选择的不同方案，就表明决策中存在"差别"，需要进行分析、比较和评价，以便从"差别"中选出理想方案，作为未来行动的依据。因此，管理会计信息的相关性是指帮助信息使用者提高决策能力所需要的那种"差别"，分析和解释"差别"，从而能从"差别"中做出选择和判断的特征。故相关的会计信息必须具备两个条件：一是通过预测获得未来信息，二是在可供选择的各个方案之间发生的各种用货币计量的"差别"。为此，会计人员必须熟悉企业的经营活动，了解管理当局的信息需求，以便从大量的数据中选择对管理当局决策有用的重要信息。

2. 及时性

及时性是指管理会计必须为管理当局的决策提供最为及时、迅速的信息。只有及时的信息，才有助于管理当局做出正确的决策；反之，过时的信息可能会导致决策的失误。强调信息的及时性，必须明确及时性与精确性的关系。在需要信息时，速度往往高于精确。信息获得速度越快，企业管理人员越能迅速解决问题。企业管理人员往往宁愿以牺牲部分精确性换取信息的及时性。因此，在管理会计中，会计信息的估计值或近似值可能比精确值更为有用。

在某些情况下，管理会计信息的及时性，要求会计人员需定期提供计划性信息。例如，每日的现金收支报告，有助于管理当局有效地管理、安排日常现金使用；每周的产品成本报告，有助于管理当局对产品成本的有效控制。另外，管理会计信息的及时性要求管理会计以不定期为基础或只在需要时编制管理会计报告，为管理当局提供决策信息。

3. 准确性

准确性是指管理会计所提供的信息在有效使用范围之内必须是正确的。不准确的信息会导致管理当局的决策失误。例如，如果将一份不准确的客户付款情况报告提交给管理当局，会使管理当局做出给客户提供信用的不明智决策。强调信息的准确性，必须明确信息的正确性和精确性两个不同的概念。要求提供正确的信息，并不意味着要求提供的信息越精确越好，在许多情况下，采用近似的方法，以线性关系代替非线性关系，以基于确定性分析方法代替基于不确定性分析方法，反而可以取得较好的实践效果。例如，在制订生产计划时，有关未来销售的预测数据，比来自过去销售的精确数据更为有用。

4. 简明性

管理会计信息的价值在于对决策有用。简明性是指管理会计所提供的信息，无论在内容上还是在形式上，都应简单明确，易于理解，使信息使用者理解其含义和用途，并懂得如何加以使用。明确且易于理解的信息，有助于管理人员将注意力集中于计划与控制活动中的重大因素上。例如，在为管理当局提供有关成本控制的信息时，揭示成本差异的信息将有助于管理当局重视差异，并采取有效措施，消除不利差异，保持有利差异，从而促进企业的健康发展。

5. 成本—效益平衡性

以上各项管理会计的信息质量特征可以看作为满足管理当局各种需要提供信息的通用指南。在运用这些指南时，必须同时考虑不同管理人员的各种特定需要，并根据其需要提供管理会计信息。但取得这些信息要花费一定的代价。因此，必须将形成、使用一种信息所花费的代价与其在决策和控制上所取得的效果进行具体对比分析，借以确定在信息的形成、使用上如何以较小的代价取得较大的效果。因此，信息的成本—效益平衡性，可以看作管理会计信息的一个约束条件。

1.4 管理会计师及其认证

1.4.1 管理会计师

管理会计的发展和管理会计在管理中的作用，促进了管理会计职业化的发展。在一些发达国家，如在美国，同注册会计师一样，管理会计师已经发展成为专业化的职业队伍，称为注册管理会计师（CMA），它是美国管理会计师协会（IMA）创立的专业资格。美国管理会计师协会是从美国会计师协会（National Association of Accountants，NAA）派生出来的，是美国最大的会计师协会之一。CMA 是国际通行的财务管理专业资格认证，是管理会计领域全球最高等级的资格认证，也是美国乃至全世界年薪最高的财经专业资格之一。CMA 一直被公认为国际财经领域的黄金标准，享誉世界，被 180 个国家认可，有国际财务界的 MBA 之称，是美国重量级企事业单位财务从业者的必备证书，与注册会计师（Certified Public Accountant，CPA）、特许金融分析师（Chartered Financial Analyst，CFA）一起被称为美国最权威的三大财经认证。CMA 证书持有者主要是世界各大公司及金融机构的财务主管、财务长、CFO、CEO、成本核算师、理财师、企业管理人员。美国 100 强企业的财务经理几乎都具有 CMA 证书，CMA 证书是 CEO、CFO 岗位强有力的敲门砖。

除美国以外，其他发达国家的管理会计也正在向职业化和专业化发展。如加拿大的管理会计师协会（Society of Management Accountants，SMA）负责组织和管理加拿大的管理会计师证书的考试事宜。英国的皇家特许管理会计师公会（CIMA）类似于美国的管理会计师协会，负责管理会计师资格考试及课程设置，并为其成员提供教育、职业发展和商业活动等广泛的服务。CIMA 每年在全球范围内以"寻找未来商业领袖"为主题，举行 CIMA GBC（Global Business Challenge）比赛。这不仅是一项国际顶级赛事，更是一项参与度极广的公益活动，由巴克莱资本全程赞助，并得到了全球各知名企业的支持。国际会计师联合会（International Federation of Accountants，IFAC）所属的财务与管理会计委员会（Financial and Management Accounting Committee）也致力于提高管理会计师的能力与作用。该委员会还发表一些有关国际管理会计实务方面的文告，如管理会计的概念、项目的管理控制、资本支出决策的内部控制和管理质量改进等，目的在于提高管理会计专业服务的质量水平，扩大管理会计师的专业服务在国际上的认可范围。总之，无论是国际性的还是一些国家的会计职业组织，它们在管理会计教育、推广应用和职业化发展方面都起着重要的推动和促进作用。

1.4.2 管理会计师国内外认证

美国注册管理会计师（CMA）认证考试是由美国管理会计师协会（IMA）建立的专业认证制度。

IMA 于 1972 年 12 月在全美 22 个城市为 410 名考生举办了第一次 CMA 认证考试。IMA 作为一个在管理会计及财务管理领域具有全球领导地位的专业组织，在管理、财务以及信息系统等领域上的贡献颇多。由于会计领域出现了一系列的创新，IMA 认为专注于单一的管理会计领域很可能会限制自身的发展，因此力图改革，不仅将重心往财务及决策管理领域靠拢，而且建立了 CMA 认证考试。

CMA 认证考试涉及会计、管理、经济、金融等多方面内容，目的是扩大财务管理会计人员的知识广度，培养其预测商业需求及制定策略决策的能力。CMA 课程的设置能反映现今商业环境对财务人员所需财务管理综合能力的要求。考试主要以基础知识、实用知识为主,知识覆盖面很广,具有很强的实用性和可操作性。因此,取得 CMA 认证不仅代表其具备完整的会计及财务相关领域知识,也说明其具备高度的专业标准与能力来分析企业内部财务报表,协助管理当局掌握企业财务状况,参与财务管理与拟定未来策略及执行。

在西方国家中越来越多的企业希望其财务主管能取得 CMA 认证,因为这项认证的目的是拓展管理会计人员的知识广度,使其能预测商业的需求及参与决策的制定。而其考试内容所包含的知识范围能反映管理会计人员在商业环境下所需要的能力。

1.4.3 管理会计师职业能力素质

1. 我国管理会计师职业能力素质

党的二十大报告指出,提高人民道德水准和文明素养。管理会计师在为企业管理者提供经营决策信息、实现企业价值最大化的同时,必须遵守法律和职业道德规范。

2019 年 3 月,中国总会计师协会发布了《中国管理会计职业能力框架》,根据管理会计的职能和特点,管理会计职业能力分为专业能力和综合能力两大类。专业能力包括财务会计能力和管理筹划能力,综合能力包括创新能力和领导力。管理会计的能力应该建立在职业道德规范基础之上。管理会计职业能力根据其专业能力和综合能力达到的程度分为初级、中级、高级和特级 4 个等级。中国管理会计职业能力框架如表 1-2 所示。

表 1-2　　　　　　　　　　中国管理会计职业能力框架表

专业能力	财务会计能力	
	管理筹划能力	战略管理能力
		预算管理能力
		成本管理能力
		营运管理能力
		绩效管理能力
		投融资管理能力
		风险管理能力
		管理会计报告能力
综合能力	创新能力	思维创新能力
		信息技术应用能力
		管理会计工具方法创新
	领导力	沟通协调能力
		团队建设能力
		组织能力

续表

职业道德与行为规范	践行社会主义核心价值观，树立新发展理念；爱岗敬业，坚守诚信原则，提供真实、准确的管理和会计信息，如实反映、报告单位财务状况与经营业绩；维护单位的合法权益，保守工作秘密，积极促进所在单位承担必须的社会责任；在与道德规范冲突的情况下，不以牺牲道德规范为代价达到个人或单位的目的；廉洁自律，不参与舞弊或行贿、受贿等

2. 美国管理会计师职业能力素质

美国管理会计师协会（IMA）发布的《IMA管理会计能力素质框架（2022年版）》将管理会计能力素质分为6部分：战略、规划和绩效，报告和控制，商业敏锐度和运营，技术和分析，领导力，职业道德和价值观，如表1-3所示。

表1-3　　　　　　　　　　IMA管理会计能力素质框架

能力类别	领域	能力
战略、规划和绩效	预测未来、领导战略规划过程、指导决策、管理风险和监控绩效	战略和战术规划
		决策分析
		战略成本管理
		资本投资决策
		企业风险管理
		预算和预测
		公司理财
		绩效管理
报告和控制	根据相关标准和法规衡量和报告组织绩效	内部控制
		财务记录
		成本核算
		财务报表编制
		财务报表分析
		税务合规及筹划
		综合报告
商业敏锐度和运营	作为跨职能业务合作伙伴，助力企业运营变革	行业特定知识
		运营知识
		质量管理和持续改善
		项目管理
技术和分析	通过管理技术和分析数据，以促进组织成功	信息系统
		数据治理
		数据分析
		数据可视化

续表

能力类别	领域	能力
领导力	与他人合作，鼓励团队实现组织目标	沟通技巧
		激励并启发他人
		协作、团队合作和关系管理
		变革管理
		冲突管理
		谈判
		人才管理
职业道德和价值观	展现可持续商业模式至关重要的职业价值观、道德及合规行为	职业道德行为
		发现并解决不道德行为
		法律法规要求

本章小结

本章主要介绍了管理会计的形成和发展过程，管理会计的内涵及其与财务会计的关系，管理会计的基本假设、职能和信息质量特征，管理会计师及其认证。

管理会计是多种学科相互渗透的结合体，具有很大的综合性。与财务会计相比，管理会计具有侧重于为企业内部管理服务、重点在于规划未来、兼顾企业生产经营的全部和局部、不受会计准则的制约、更多地应用现代管理决策与数学方法的特点。管理会计的发展，促进了管理会计职业化的发展。

关键术语

管理会计　财务会计　管理会计基本假设　管理会计职能　管理会计师

综合练习

一、判断题

1. 管理会计侧重为企业外部投资者服务，财务会计主要是为内部经营决策服务。（　　）
2. 货币计量假设适用于财务会计，不适用于管理会计。（　　）
3. 相关性是指管理会计所提供的信息与管理当局的决策相联系，有助于提高管理人员决策能力的特征。（　　）
4. 因为管理会计主要为决策提供依据，没有统一的会计准则约束，所以管理会计不需要客观。（　　）
5. 预测与决策有一定的关系。预测是为决策服务的，预测贯穿于决策的全过程。（　　）
6. 管理会计必须遵守公认的国际会计准则和制度。（　　）

7. 管理会计从财务会计体系中分离出来，成为一个独立的领域，二者之间既有区别，又有联系。（　　）

8. 管理会计是为加强企业内部管理服务的，因此，只要为了收集管理信息，可以不计成本。（　　）

二、问答题

1. 如何理解管理会计？简述管理会计的形成与发展。
2. 管理会计的基本假设是什么？管理会计的职能是什么？
3. 简述管理会计信息的质量特征。
4. 简述管理会计与财务会计的区别与联系。
5. 简述管理会计师职业道德。

1-11 拓展练习

成本性态分析

教学要点

知识要点	能力要求	相关知识
成本分类	了解管理会计中成本分类的标准；理解不同成本分类方法对管理会计决策的意义	（1）成本按经济用途分类 （2）成本按可辨认性分类 （3）成本按性态分类
混合成本的分解	掌握混合成本分解的方法，尤其是历史成本分析法；理解把混合成本分解为变动成本和固定成本的意义	（1）历史成本分析法（包括高低点法、散布图法、回归直线法） （2）账户分析法 （3）工程分析法 （4）合同确认法

 导入案例

2-1 政策法规

M 公司阶梯式成本

M 公司主要生产某种设备，拥有一个加工部和一批机师。每个机师的年薪是 50 000 元，最大年生产能力为 500 台设备。M 公司同时还聘有监督员制订机器规格计划、监督生产。每个监督员最多可监督 3 个机师的工作。M 公司的产量与装卸成本、监督成本之间的关系如表 2-1 所示。

表 2-1　　　　　　　　产量与装卸成本、监督成本之间的关系

产量 / 台	装卸成本 / 元	监督成本 / 元
0 ~ 500	50 000	40 000
501 ~ 1 000	72 000	40 000
1 001 ~ 1 500	108 000	40 000
1 501 ~ 2 000	144 000	80 000
2 001 ~ 2 500	180 000	80 000
2 501 ~ 3 000	216 000	80 000
3 001 ~ 3 500	252 000	120 000
3 501 ~ 4 000	288 000	120 000

问题：

将装卸成本和产量之间的关系用图表表示，其中纵轴表示成本，横轴表示产量。装卸成本是固定成本、变动成本，还是混合成本？

将监督成本和产量之间的关系用图表表示，其中纵轴表示成本，横轴表示产量。监督成本是固定成本、变动成本，还是混合成本？

假定作业的正常范围是1 400～1 500台设备，并且正好雇了所需的机师来完成这个作业量。若下一年的产量再增加500台，那么装卸成本和监督成本各增加多少？

通过案例我们知道成本有固定成本、变动成本和混合成本，这些成本的内涵是什么？这是我们本章中将要讨论的。党的二十大报告指出，坚持可持续发展，坚持节约优先。我们通过本章的学习可以理解企业进行成本分类、优化资源利用、生产优质产品，对国家节约资源、实现可持续发展的重要意义。

2.1 成本分类

成本是衡量企业经营管理水平高低和经济效益好坏的一个重要指标。随着经济的发展、企业经营管理要求的提高，成本的概念和内容都在不断发展和变化。不同研究领域对成本概念的理解也不尽相同。财务会计强调历史成本，而管理会计要求成本信息多样化，即"不同目标，不同成本"。一般情况下，管理会计中把成本按成本习性划分为变动成本和固定成本，此外根据决策的需要，还有其他分类方法。

2-2 拓展案例

2-3 知识讲解

2.1.1 成本按经济用途分类

成本按经济用途分类，可以分为生产成本（制造成本）和非生产成本（非制造成本）。

1. 生产成本（制造成本）

生产成本也称制造成本（Manufacturing Cost），是指产品生产过程中所发生的有关耗费，是与产品成本相对应的。生产成本按其经济用途可以分为直接材料、直接人工和制造费用3个明细项目。其中，直接材料是直接用于产品生产，构成产品主要实体或与产品主要实体相结合的材料成本；直接人工是在生产中对材料进行直接加工，使之转为产品所耗用的人工成本；制造费用是除直接材料和直接人工之外的其他耗费，可以进一步细分为间接材料、间接人工和其他制造费用3个明细项目。

2. 非生产成本（非制造成本）

非生产成本又称非制造成本（Non-manufacturing Cost）、期间成本或期间费用，是指与特定期间相关的、不可储存的、与产品生产数量没有直接联系的成本。在计算成本的过程中，由于非生产成本与收入的取得不存在直接的因果关系，可以直接在损益表中摊销，不必追溯到特定产品之上。非生产成本一般包括销售费用、管理费用和财务费用3个明细项目。销售费用主要包括营销成本、配送成本和客户服务成本；管理费用主要包括研究与开发成本、设计成本和行政管理成本；财务费用主要包括利息、银行手续费和汇兑损益等。

根据上面的分析，可以得出如图 2-1 所示的成本按经济用途分类的结构示意图。

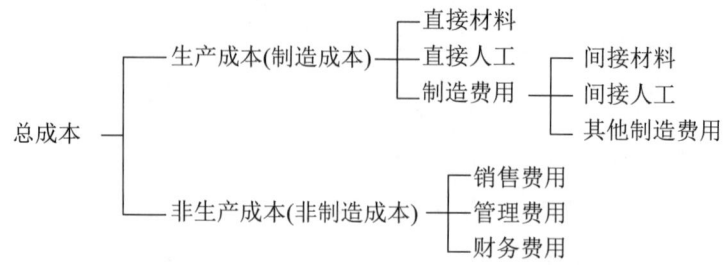

图 2-1　成本按经济用途分类的结构示意图

2.1.2　成本按可辨认性分类

成本的可辨认性是指成本的发生与特定的归集对象之间的联系，又称可追溯性。成本的发生与特定的归集对象之间的联系越紧密，成本的可辨认性越强，成本计算的准确性就越高。成本按可辨认性的差异可分为直接成本和间接成本。

直接成本是那些与特定的归集对象有直接联系，能够明确判断其归属的成本，又称可追溯成本。

间接成本是那些与特定的归集对象并无直接联系或无法追踪其归属的成本，又称不可追溯成本。

区分直接成本和间接成本有助于确定成本归集和成本分配时的计算对象，提高成本计算的准确性，为企业管理提供更加有用的成本信息。需要说明的是，直接成本与间接成本是相对概念，有时一项成本既是直接成本又是间接成本，这完全取决于考察成本的角度。例如，以分公司为成本考察对象时，分公司经理的工资是直接成本；但以分公司的部门为成本考察对象时，此费用就属于间接成本了。

2.1.3　成本按成本性态分类

根据管理上的需要，管理会计可运用多种成本概念进行决策、控制和考核，可以按多种不同的标志对成本进行分类，而其中最基本、最重要的分类，是按成本性态将全部成本分为变动成本和固定成本两大类。成本总额与业务量的依存关系是客观存在的，而且具有规律性。将成本按成本性态分类可以说是管理会计学科的基石之一，管理会计作为决策会计的角色，其许多决策方法，特别是短期经营决策方法都必须借助于"成本性态"这一概念。

成本性态（Cost Behavior）又称成本习性，是指成本的总额与业务量（产量、作业量或销售量）之间的依存关系。按照成本性态可以将企业的全部成本分为固定成本和变动成本两大类。

1. 固定成本

（1）定义。

固定成本是指一定期间和一定业务量范围内，成本总额不受业务量变动的影响而保持固定不变的成本。固定成本的特征在于它在一定时间和业务量范围内总额维持不变，但是相对于单位业务量而言，单位业务量所分摊（负担）的固定成本与业务量的增减呈反向变动。

固定成本总额只有在一定时期和一定业务量范围内才是固定的，这就是说固定成本的固定性是有条件的。这里所说的一定范围叫作相关范围。若业务量的变动超过这个范围，则固定成本就会发生变动。图2-2、图2-3所示为固定成本总额模型和单位固定成本模型。

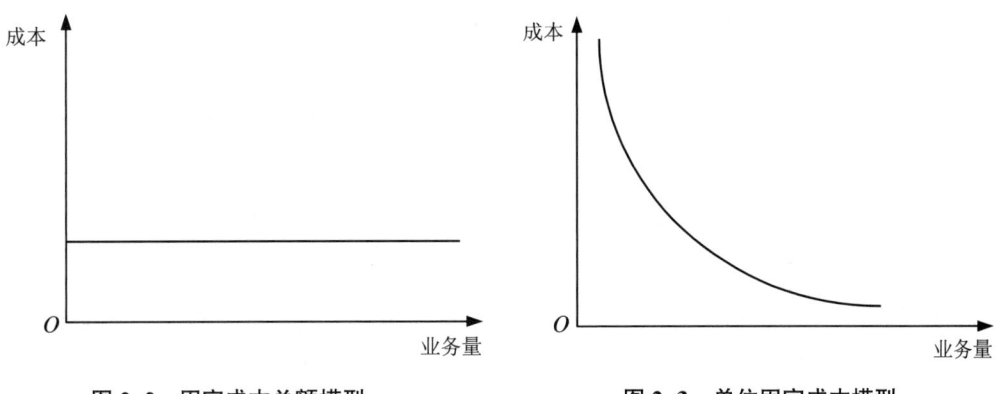

图2-2　固定成本总额模型　　　　　图2-3　单位固定成本模型

（2）固定成本的分类。

固定成本通常可分为约束性固定成本和酌量性固定成本。

① 约束性固定成本。约束性固定成本是为维持企业提供产品和服务的经营能力而必须开支的成本，如厂房和机器设备的折旧、财产税、房屋租金等。由于这类成本与维持企业的经营能力相关联，也称经营能力成本。这类成本的数额一经确定，管理当局无法改变其支出数额，因而具有很大程度的约束性。如果计划降低约束性固定成本，只能从经济合理地利用企业的生产能力、提高产品的产量着手。随着企业资本密集化程度的提高，约束性固定成本的比重不断上升，这就要求企业更为经济合理地形成和利用生产经营能力，以取得更大的经济效益。

② 酌量性固定成本。酌量性固定成本又称选择性固定成本，是指企业管理当局在会计年度开始前，根据经营、财力等情况确定计划期间预算而形成的固定成本，如新产品开发费、广告费、职工培训费等。酌量性固定成本的大小取决于管理当局对经营状况的判断。由于这类成本的预算数额只在预算期内有效，企业管理当局可以根据具体情况的变化，确定不同预算期的预算数，所以也称自定性固定成本。这类成本的数额不具有约束性，可以斟酌不同的情况加以确定。酌量性固定成本的特点是其发生额的大小取决于管理当局的决策行动，且预算期较短，通常为一年，因此企业管理当局可以根据情况的变化而改变预算期的支出数额。尽管如此，酌量性固定成本也不是可有可无的，它关系到企业的竞争能力。因此，如果降低酌量性固定成本，只能从精打细算、杜绝浪费着手。

2. 变动成本

（1）定义。

变动成本与固定成本相反，变动成本是指那些成本总额在相关范围内随着业务量的变动而呈线性变动的成本。直接人工、直接材料都是典型的变动成本，在一定期间内它们的发生总额随着业务量的增减而成正比变动，但单位产品的耗费则保持不变，变动成本模型和单位变动成本模型如图2-4、图2-5所示。

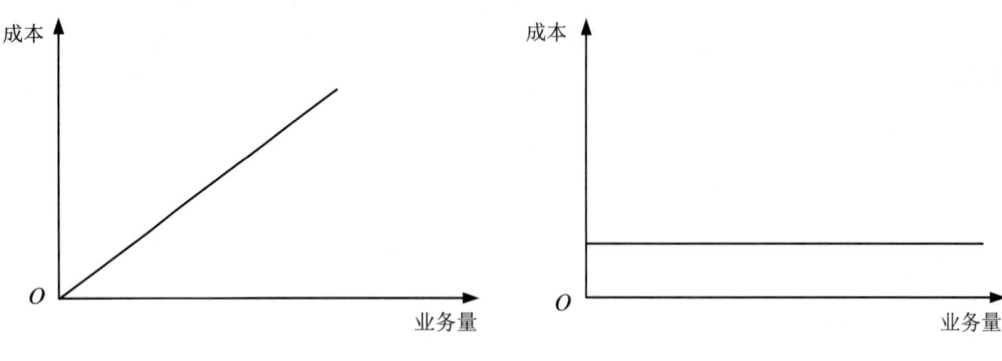

图 2-4　变动成本模型　　　　　　图 2-5　单位变动成本模型

一般情况下,根据变动成本发生的原因可将变动成本分为两类:技术性变动成本和酌量性变动成本。技术性变动成本是指单位成本由技术因素决定而总成本随着业务量的变动而成正比变动的成本,通常表现为产品的直接物耗成本,只要工艺技术及产品设计不改变,成本就不会变动。酌量性变动成本是指可由企业管理当局决策加以改变的变动成本。其核心特征在于单位成本发生额由企业管理当局决定,例如原材料采购渠道差异导致的单价变化、按销售收入比例分配的销售佣金等均属于此类成本。

一般情况下,变动成本是企业车间、班组的可控成本,而固定成本是不可控成本。企业目标成本高低,与变动成本密切相关。在市场竞争日趋激烈的情况下,企业要根据不同的生产和销售水平编制弹性预算,以适应管理上的需要,而弹性预算的编制基础是对变动成本和固定成本的划分。

(2) 相关范围。

与固定成本一样,变动成本与业务量之间的线性依存关系也是有条件的,即有一定的适用区间(相关范围),如图 2-6 所示。也就是说,超出相关范围时,变动成本发生额可能呈非线性变动。

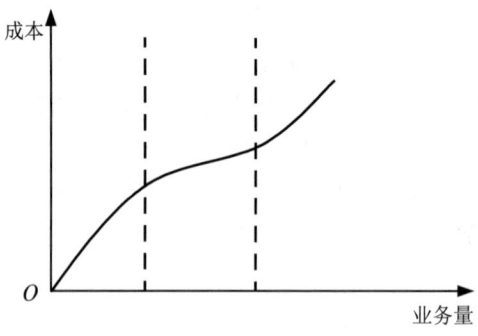

图 2-6　变动成本的相关范围

3. 混合成本

（1）定义。

混合成本"混合"了固定成本和变动成本两种不同性质的成本。其特点是成本项目发生额的高低虽然直接受业务量大小的影响，但不存在严格的比例关系。企业的总成本中常包含混合成本，如设备维护费、阶梯式人工成本等。

（2）分类。

一般而言，企业的混合成本有以下4种：半变动成本、半固定成本、延期变动成本、曲线变动成本。

① 半变动成本（最常见的混合成本形态），也称标准式混合成本，是指同时包括固定成本和变动成本两种因素的成本，其虽然受业务量变动的影响，但是其变动的幅度并不与业务量的变化保持严格的比例关系。半变动成本有一个初始量，类似固定成本，在此基础上，随着业务量的增加，半变动成本也会增加。例如，机器设备的维护保养费、电镀费、通信费等。半变动成本可以用下面的公式来表示：

$$y=a+bx$$

式中　a——固定成本；
　　　b——单位变动成本；
　　　x——业务量；
　　　y——半变动成本。

半变动成本性态模型如图2-7所示。

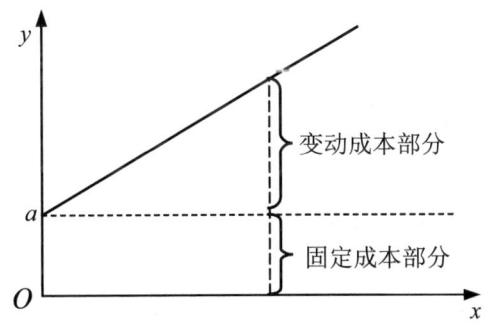

图2-7　半变动成本性态模型

② 半固定成本。半固定成本是指随业务量的增长而呈阶梯式增长的成本，又称阶梯式半变动成本。半固定成本的特点是在一定业务量范围内，其发生额保持不变；当业务量增长超过一定限度时，其发生额会突然跳跃上升到一个新的水平，然后在业务量增长的一定限度内又保持不变。例如，企业的化验员、检验员的工资。半固定成本性态模型如图2-8所示。

③ 延期变动成本。延期变动成本是指在一定业务量范围内总额保持不变，超过特定业务量则开始随业务量比例增长的成本。例如，企业在正常工作时间（或正常业务量）的情况下，对职工所支付的薪金是固定不变的；但当工作时间（或业务量）超过规定水准，则需按加班时间的长短（或超产业务量的多寡）成比例地支付加班薪金（或超产津

贴）。所有为此而支付的人工成本，都属于延期变动成本。延期变动成本性态模型如图 2-9 所示。

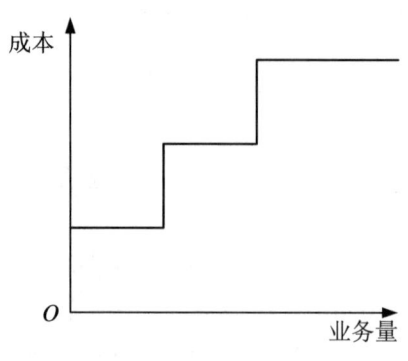

图 2-8　半固定成本性态模型

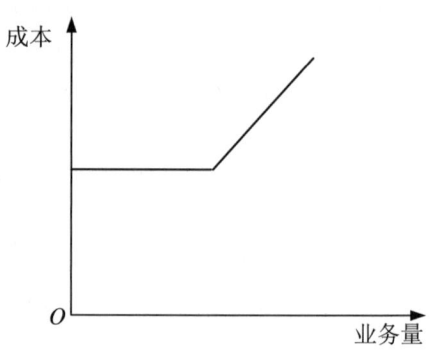

图 2-9　延期变动成本性态模型

④ 曲线变动成本。曲线变动成本通常有一个初始量（一般不变），相当于固定成本。但在这个初始量的基础上，随着业务量的增加，变动成本也逐步增加，不过二者不是呈线性的直线关系，而是呈非线性的曲线关系。曲线变动成本又可进一步分为递减曲线成本和递增曲线成本。

例如，热处理的电炉设备，每班需要预热，其预热成本（初始量）属固定成本性质，但预热后进行热处理的耗电成本，则随业务量的增加而逐步上升，并且上升得越来越慢，即耗电成本上升率是递减的。这类成本一般属于递减曲线成本。

例如，累进计件工资、各种违约金、罚金等，当刚达到约定产量（或约定交货时间）时，成本是固定不变的，属于固定成本性质。但在这个基础上，随着产量（或延迟时间）的增加，计件工资（或违约金、罚金）会逐步上升，并且上升得越来越快，即计件工资上升率是递增的。这类成本一般属于递增曲线成本。

4. 总成本公式及其性态模型

因为在管理会计中，成本按成本性态可以分为变动成本和固定成本，即总成本 = 固定成本总额 + 变动成本总额，所以总成本 = 固定成本总额 + 单位变动成本 × 业务量。在企业日常经营管理中，总成本一般都表现为半变动成本，因此总成本可以用下面公式表示：

$$y=a+bx$$

式中　a——固定成本；
　　　b——单位变动成本；
　　　x——业务量；
　　　y——总成本。

总成本性态模型如图 2-10 所示。

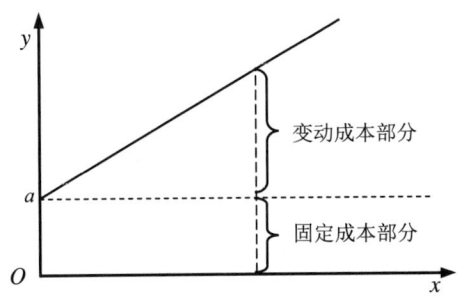

图 2-10 总成本性态模型

2.2 混合成本的分解

2-4 知识讲解

一般情况下，企业的成本大部分是混合成本。混合成本同时包含固定和变动两种成分，属于双重性质成本，同业务量之间的关系不确定，人们无法根据成本与业务量之间的依存关系做出正确的分析和判断，因而也就不能满足企业内部管理的需要，不能为企业管理者规划、控制企业的生产经营活动提供有价值的资料。为此，必须采用一定的方法对混合成本进行适当的分解，将其包含的固定部分和变动部分区别开来，从而可以正确反映企业一定期间内全部成本同业务量之间的依存关系。比较准确的方法是根据会计的原始凭证按照费用的性质进行分解，但这样做工作量太大。比较切实可行的做法是以汇总的数据为基础，采用一定的方法对数据进行科学的加工处理，从中找出规律。分解混合成本的方法，一般有以下 4 种：历史成本分析法、账户分析法、工程分析法、合同确认法。

2.2.1 历史成本分析法

历史成本分析法是通过对历史成本数据的分析，依据以前各期实际成本与业务量间的依存关系，来推算一定期间固定成本与变动成本的平均值，并以此来确定所估算的未来成本。根据大量的历史成本资料或成本发生的具体过程分析计算，寻找混合成本与业务量之间规律性数量关系，确定固定成本和变动成本的历史平均值，用以代表正常成本水平。

原理：基于既定的生产流程和工艺设计条件，历史数据可以比较准确地表达成本与业务量之间的依存关系，而且只要生产流程和工艺不变，还可以比较准确地预计未来成本将随业务量的变化而发生的变化。

历史成本分析法通常又分为高低点法、散布图法、回归直线法 3 种方法。

1. 高低点法

高低点法是指以某一时期内的最高点业务量的成本与最低点业务量的成本之差，除以最高点业务量与最低点业务量之差，计算出单位变动成本的值，然后据以分解出混合成本中的变动部分和固定部分的一种方法。

原理：因为混合成本可描述为 $y=a+bx$（a 固定成本，b 单位变动成本），在数学上是一个直线方程，根据"两点决定一条直线"，可从历史数据中找出两点来确定此方程，这两点即在某一期间内最高点业务量（即高点）与最低点业务量（即低点）。此方法是历史成本法中最简单的一种。

固定成本在相关范围内是固定不变的，高低点业务量发生变动对它没有影响，可以不考虑。如果单位变动成本在相关范围内是个常数，则变动成本总额随着高低点业务量的变动而变动。计算公式如下：

$$b = \frac{\Delta y}{\Delta x} = \frac{\text{高低点业务量成本之差}}{\text{高低点业务量之差}} = \frac{y_{\text{高}} - y_{\text{低}}}{x_{\text{高}} - x_{\text{低}}}$$

计算顺序：先计算 b，再求 $a = y_{\text{高}} - bx_{\text{高}}$ 或 $a = y_{\text{低}} - bx_{\text{低}}$。

【例 2-1】 天利公司 2025 年 1—6 月的维修工时和维修费有关资料如表 2-2 所示。

表 2-2　　　　　　天利公司 2025 年 1—6 月的维修工时和维修费

月　份	1	2	3	4	5	6	合计
维修工时/小时	8 000	9 000	6 000	10 000	9 000	9 500	51 500
维修费/元	20 000	24 000	20 000	28 000	25 000	26 000	143 000

要求：(1) 采用高低点法建立各月维修费的成本性态模型。

(2) 假如 7 月预计发生维修工时 7 000 小时，预计 7 月的维修费是多少。

解：(1) 单位变动维修费 b=（28 000–20 000）÷（10 000–6 000）=2（元/小时）
固定成本 $a=y-bx$=28 000–10 000×2=8 000（元）或 a=20 000–6 000×2=8 000（元）
成本性态模型：$y=8\ 000+2x$

(2) 当 7 月预计发生维修工时 7 000 小时，预计 7 月的维修费
$y=8\ 000+2x=8\ 000+2×7\ 000=22\ 000$（元）

注意：为了保证成本分解的可靠性，用高低点法分解混合成本时应注意以下几点。

(1) 用高低点法分解混合成本，应该选择恰当的期间，以便既能消除期限较长带来的不稳定状态的影响，又能获得较为精确可靠的成本数据。

(2) 用高低点法分解混合成本，要选择适当业务量的计量单位。选择时应遵循的原则是：选定的变量必须与被估计的成本存在某种密切的关系，并且能对结果产生重要影响。使用最广泛的变量是实物单位的产量、直接人工小时以及机器小时等。

(3) 用高低点法分解混合成本，当高点与低点的业务量不止一个而成本又相异时，原则是高点取成本大者，低点取成本小者。

高低点法的特点是计算简便、易懂；缺点是计算的结果不太准确。此方法只选择诸多历史资料中的高点和低点两组数据作为计算依据，故代表性较差，其结果不太精确。这种方法只适用于成本变化趋势比较稳定的企业。

2. 散布图法

散布图法根据若干期历史成本资料，绘制各期成本点散布图，目测成本变动趋势，画出一条成本平均变动趋势的直线，在图上确定直线截距即固定成本，然后据以计算单位变动成本。

原理：在坐标图中，以横轴代表业务量（x），以纵轴代表混合成本（y），将各种业

务量水平下的混合成本逐一标在坐标图上,然后通过目测,在各成本点之间画出一条反映成本平均变动趋势的直线。这条直线与纵轴的交点就是固定成本 a,斜率就是单位变动成本 b。

散布图法的特点:考虑了全部历史成本数据,且直观容易。利用散布图法来确定反映变动趋势的直线,比起高低点法能得到较精确的结果。但结果往往因人而异,因此这种方法带有主观性。

【例 2-2】 尚德工厂 2025 年上半年的设备维修费数据如表 2-3 所示。

表 2-3　　　　　　　　尚德工厂 2025 年上半年的设备维修费

月　份	1	2	3	4	5	6
业务量/千机器小时	6	8	4	7	9	5
维修费/万元	100	115	85	105	120	95

要求:用散布图法分解维修成本。

解:根据该厂 2025 年上半年的历史成本数据,首先在坐标图上标出 6 个成本点,然后通过目测,在 6 个成本点之间画一条能反映半变动成本的平均变动趋势直线,并要求该直线与直线上下各成本点之间的误差之和相等。该直线与纵轴相截之处就是维修费的固定成本总额 a,如图 2-11 所示,$a=58$ 万元。

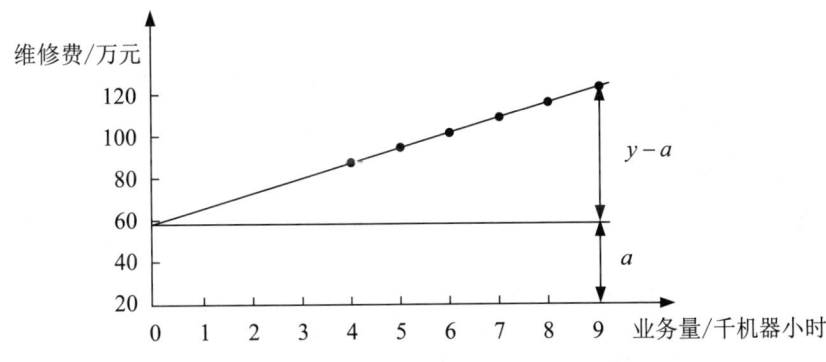

图 2-11　散布图法确定的成本性态模型图

图 2-11 所画的半变动成本平均变动趋势直线的斜率,即 b(单位变动成本),可用下列公式计算:
$b=(y-a)/x=(120-58)\div 9=6.89$(万元/千机器小时)
则　　　　　　　　　　$y=58+6.89x$

3. 回归直线法

回归直线法,也称最小二乘法。它是根据若干期产量、成本的历史资料,运用最小二乘法公式,将某项混合成本分解为变动成本和固定成本的方法。

原理:运用数理统计中常用的最小平方法的原理,对全部观测数据加以计算,从而画出最能代表平均水平的直线。这条通过回归分析而得到的直线就被称为回归直线,这条直线与纵轴的交点就是固定成本 a,斜率就是单位变动成本 b。

计算顺序：一般先求 b，再求 a，有时先求 r。

$$b = \frac{n\sum xy - \sum x \cdot \sum y}{n\sum x^2 - (\sum x)^2}$$

$$a = \frac{\sum y - b \cdot \sum x}{n}$$

$$r = \frac{n\sum xy - \sum x \cdot \sum y}{\sqrt{[n\sum x^2 - (\sum x)^2] \cdot [n\sum y^2 - (\sum y)^2]}} \quad (-1 \leq r \leq 1)$$

相关系数 r 的取值范围在 1 与 –1 之间，当 $r=0$，说明变量（成本与业务量）之间不存在依存关系；当 $r=1$，说明变量之间完全正相关，也就是一个变量（成本）完全依随另一个变量（业务量）的变动而变动；当 $r=-1$，说明两个变量（成本与业务量）之间完全负相关，也就是一个变量（业务量）增加或减少时，另一个变量（成本）却相应地减少或增加。

回归直线法的特点是：利用"回归直线的误差平方和最小"的原理计算，所以其结果是最准确的。与高低点法相比，由于选择了包括高低点在内的全部观测数据，因而避免了高低点法可能带来的偶然性；与散布图法相比，则是以计算代替了目测方式，所以是一种比较好的混合成本分解方法。回归直线法的计算结果比前两种方法更为准确，但计算工作量较大，适用于计算机操作。

【例 2–3】 景程企业生产的甲产品 2024 年 7—12 月的产量及总成本资料如表 2-4 所示。

表 2–4　　景程企业生产的甲产品 2024 年 7—12 月的产量及总成本

月　份	7	8	9	10	11	12
产量/件	40	42	45	43	46	50
总成本/元	8 800	9 100	9 600	9 300	9 800	10 500

要求：采用回归直线法进行成本性态分析。

解：$b = (n\sum xy - \sum x \cdot \sum y) / [n\sum x^2 - (\sum x)^2]$

$a = (\sum y - b \cdot \sum x) / n$

根据资料列表计算 $\sum x$、$\sum y$、$\sum xy$、$\sum x^2$，其结果见表 2-5。

表 2–5　　$\sum x$、$\sum y$、$\sum xy$、$\sum x^2$ 计算结果

月　份	产量 x/件	混合成本 y/元	xy	x^2
7	40	8 800	352 000	1 600
8	42	9 100	382 200	1 764
9	45	9 600	432 000	2 025
10	43	9 300	399 900	1 849
11	46	9 800	450 800	2 116

续表

月　份	产量 x/件	混合成本 y/元	xy	x^2
12	50	10 500	525 000	2 500
$n=6$	$\sum x =266$	$\sum y =57 100$	$\sum xy =2 541 900$	$\sum x^2 =11 854$

$b=(6×2 541 900–266×57 100)÷(6×11 854–266^2)=170.65$（元/件）

$a=(57 100–170.65×266)÷6=1 951.18$（元）

则成本性态模型为：$y=1 951.18+170.65x$

2.2.2　账户分析法

账户分析法是根据各个成本、费用账户（包括明细账户）的内容，直接判断其与业务量之间的依存关系，从而确定成本性态的一种成本分解方法。例如，大部分管理费用、制造费用中的间接人工、固定资产折旧费、设备租金、保险费、不动产税等项目在正常产量范围内与产量变动的关系不明显，就可按固定成本处理，而企业的间接材料费中与产量直接相关的部分虽然不与产量成正比例关系，但费用的发生与产量的关系比较大，就可视其为变动成本。至于不宜简单地划分为固定成本或变动成本的项目，则可通过一定比例将它们分解为固定成本和变动成本两部分。账户分析法适用于混合成本中的阶梯式成本的计算。

账户分析法虽然比较粗糙且带有主观判断，但简便易行。账户分析法是诸多混合成本分解方法中最为简便的一种，同时也是相关决策分析中应用比较广泛的一种。使用账户分析法时必须注意：一定要把在会计期间发生的一切不正常的或无效的支出都排除在外。另外，账户分析结果的可靠性在很大程度上取决于分析人员的判断能力，因而不可避免地带有一定程度上的片面性和局限性。

2.2.3　工程分析法

工程分析法也称技术测定法，是根据物质消耗的工艺过程确定相应费用性质，也就是根据生产过程中各种材料和人工成本消耗量的技术测定来划分固定成本和变动成本的方法。工程分析法的基本步骤：①确定成本研究项目；②对导致成本形成的生产过程进行观察和分析；③确定生产过程的最佳操作方法；④以最佳操作方法为标准方法，测定标准方法下成本项目的每个构成内容，并按成本性态分别确定为固定成本与变动成本。例如，热处理的电炉设备在预热过程中的耗电成本，可通过技术测定，划归为固定成本；至于预热后对零部件进行热处理的耗电成本，则可划归为变动成本。采用这种方法测定的结果比较准确，但工作量大，因为进行技术测定，往往要耗用较多的人力和物力。

工程分析法是一种独立的分析方法，准确性强，具有客观性、科学性和先进性的特点。但此种方法的难度较大，分析成本较高，应用起来比较复杂，需要耗费较多的时间和费用，通常用于关键成本项目的分析。

2.2.4 合同确认法

合同确认法是指根据企业与供应单位签订的合同、契约或者规定的管理和核算制度来确认、测算混合成本中固定成本与变动成本的方法。合同确认法的分析比较准确，划分标准明晰，但是应用范围较小，只限于签有合同的成本性态分析，如通信费成本、租用费成本。

本章小结

本章主要介绍了成本按不同标准分类的方法、混合成本的定义及分解方法。

成本按成本性态划分是管理会计中最重要的成本分类方法，按此标准可将成本分为变动成本和固定成本。对于混合成本主要可以采用历史成本分析法（包括高低点法、散布图法、回归直线法）、账户分析法、工程分析法、合同确认法等方法将其分解为固定成本和变动成本。

关键术语

成本性态　固定成本　变动成本　混合成本　半变动成本　半固定成本　延期变动成本　曲线变动成本　高低点法　散布图法　回归直线法

综合练习

一、思考题
1. 变动成本与固定成本的特征是什么？混合成本的特征是什么？
2. 混合成本分解有哪些基本方法？各有什么特点？

二、不定项选择题
1. 在一定的相关范围内，当业务量增加时，固定成本一定（　　）。
   A. 增加　　　　　　　　　　B. 减少
   C. 保持不变　　　　　　　　D. 不一定
2. 企业的质量检验员薪金属于（　　）。
   A. 半变动成本　　　　　　　B. 半固定成本
   C. 延期变动成本　　　　　　D. 曲线变动成本

三、计算题
假定乙工厂2024年下半年的混合成本维修费的资料如表2-6所示。

表2-6　　　　乙工厂2024年下半年的混合成本维修费

月　份	7	8	9	10	11	12
业务量/千机器小时	200	160	260	240	280	220
维修费/元	1 000	1 000	1 400	1 320	1 480	1 250

要求：

（1）根据上述资料采用高低点法将维修费分解为变动成本和固定成本，并写出混合成本公式。

（2）根据上述资料采用回归直线法将维修费分解为变动成本和固定成本，并写出混合成本公式。

（3）根据回归直线法的结果，若计划期业务量为270千机器小时，则维修费总额为多少？

2-5 拓展练习

第 3 章

变动成本法与完全成本法

教学要点

知识要点	能力要求	相关知识
变动成本法的产生与发展	通过学习变动成本法的产生和发展，理解变动成本法的内涵	变动成本法的形成背景
变动成本法与完全成本法的内涵、比较	通过学习变动成本法和完全成本法，理解两者在资产估值和计算损益上的区别，把握二者的互补性和结合应用	（1）变动成本法与完全成本法的内涵 （2）变动成本法与完全成本法的区别和特点 （3）变动成本法与完全成本法的结合运用

 导入案例

3-1 政策法规

A 冰箱厂的亏损之谜

A 冰箱厂连续两年亏损，厂长召集有关部门负责人开会研究扭亏为盈的办法。会议纪要如下。

厂长：我厂去年亏损 500 万元，比前年（亏损 300 万元）还糟。银行对于连续三年亏损的企业将停止贷款，如果今年不扭亏为盈，企业将被迫停产。

销售处长：问题的关键是我们每台冰箱以 1 600 元价格出售，而每台冰箱的成本是 1 700 元。如果维持低价销售，销量越多，亏损越大；如果提高售价，面临竞争，冰箱就卖不出去。因此，必须想办法降低成本。

生产厂长：我不同意。每台冰箱的制造成本只有 1 450 元，我厂的设备和产品工艺是国内最先进的，技术力量强，熟练工人多，控制物耗成本的经验得到行业学会的认可。问题在于生产线的生产能力是年产 10 万台冰箱，目前因为销路打不开，去年只生产 4 万台冰箱。去年所销售的 5 万台冰箱中有 1 万台是前年的库存。

厂长：成本到底是怎么回事？

财务处长：每台冰箱的变动成本是 1 050 元，全厂固定制造费用总额是 1 600 万元，销售和管理费用总额是 1 250 万元。我建议，生产部门满负荷生产，通过提高产量来降低单位产品负担的固定制造费用。这样，即使不提价、不扩大销售也能使企业扭亏为盈，度过危机。为了减少风险，今年应追加 50 万元来改进产品质量，这笔费用计入固定制造费用；

追加 50 万元用作广告宣传；追加 100 万元作为职工销售奖励。

试问：

（1）A 冰箱厂去年亏损的 500 万元是怎样计算出来的？

（2）如果采纳财务处长的意见，今年能盈利多少，请你对该意见谈谈自己的看法。

3.1 变动成本法的产生与发展

3-2 知识讲解

　　成本计算制度是成本管理的重要组成部分。为满足不同方面的需要，产生了不同的成本计算制度。企业管理的科学化要求会计为企业内部管理提供信息资料，以作为对经济活动进行预测、决策、计划和控制的依据。传统的全部成本核算法无法适应竞争日益加剧的市场经济。以损益计算、报表编制为目的，产生了以成本职能为基础的完全成本法；以经营预测与决策、目标规划和控制为目的，产生了以成本性态为基础的变动成本法。

　　关于变动成本法的起源，国外会计学界的众说不一。据专家考证，早在 1836 年英国的曼彻斯特工厂就出现了它的雏形。当然这仅仅是就损益计量方面的特点而言的。有会计学家指出，法国的斯特劳斯·别尔格曾在 1876 年宣布过直接成本法（变动成本法）的初步设想。英国人则强调在 1904 年英国出版的《会计百科全书》中已经记载了与变动成本法有关的内容。1906 年 2 月美国《制度》杂志曾刊登过一段话，与变动成本法的基本思路有很多相似之处：在生产经营活动的抉择中，为估计其所期望的净损益，第一步就要找出适合衡量一定生产经营活动效果的单位费用，单位直接收入减去单位直接费用得到单位直接净收入或单位净贡献，然后以它来抵偿不影响生产经营活动的费用（这些不影响生产经营活动的费用是指不管选择什么生产经营活动方式都一样固定或不变的费用）。单位净收入（或单位净贡献）乘以产品数量就可以用来比较由于选择各种不同的生产经营活动而产生的不同损益。

　　据美国权威的《柯勒会计辞典》记载，第一篇专门论述变动成本法的论文是由美籍英国会计学家乔纳森·N. 哈里斯撰写的，刊于 1936 年 1 月 15 日的《全国会计师联合会公报》。文章追溯了 1934 年哈里斯在杜威—阿尔末化学公司设计"直接标准成本制造计划"中所发现的问题。当时该公司销售量上升利润反而下降的现象，引起了哈里斯的注意。他发现问题的根源是采用传统的完全成本法。依据此资料，哈里斯对比新旧两种方法对营业净利润的影响，揭示了变动成本法的优点。自哈里斯的文章公开发表之后，变动成本法的概念才得以迅速传播。

　　到了 20 世纪 50 年代，随着企业环境的改变、竞争的加剧、决策意识的增强，人们逐渐认识到传统的完全成本法提供的会计信息越来越不能满足企业会计内部管理的需要，必须重新认识变动成本法，充分发挥其积极作用。美国的一些会计师和经理又重新研究并开始在实务中试行变动成本法，并将变动成本法中的"贡献边际"这一概念用于本量利分析及其他方面。实际应用使人们认识到，变动成本法不仅有利于企业加强成本管理，而且对制订利润计划、组织科学的经营决策也十分有用。从此，变动成本法开始受到人们的普遍重视。到 20 世纪 60 年代，变动成本法风靡欧美。最早应用变动成本法的企业是 20 世纪 60 年

3-3 拓展案例

代美国的一家大型化学制造企业。第二次世界大战后，资本主义经济矛盾日趋尖锐，企业管理当局为了能在激烈的市场竞争中立于不败之地，内部经营管理中注重加强事前规划、决策，于是在会计工作中开始逐渐推广和应用变动成本法。

3.2 变动成本法与完全成本法的内涵

3.2.1 变动成本法的内涵

变动成本法（Variable Costing），又称直接成本法（Direct Costing），是将变动性制造成本计入产品成本，而将固定性制造成本和非制造成本计入期间费用的一种成本计算方法。在变动成本法下，产品成本只包括直接材料、直接人工和变动性制造费用。变动性制造费用随着生产量的变化成正比例变化，因此计入产品成本，随着产品的流动而流动。随着产品的对外出售，其变动性制造费用作为销售成本进入利润表，尚未销售的产品，以存货项目在资产负债表中列示。至于固定性制造费用，由于与生产量并无变动关系，因此直接作为期间成本，计入当期损益。变动成本法可以提供产品的变动成本数据，从而为本量利分析以及短期经营决策提供良好的数据基础。

注： 在变动成本法下，产品成本指的是直接材料、直接人工和变动性制造费用。

3.2.2 完全成本法的内涵

完全成本法（Full Costing），又称吸收成本法（Absorption Costing）、全部成本法。完全成本法的指导思想是将全部成本按照经济用途分为生产成本（制造成本）和非生产成本（非制造成本）两部分。其中，生产成本包括直接材料、直接人工和制造费用，作为产品成本核算；非生产成本包括销售费用、管理费用等，作为期间费用直接计入当期损益。通常的成本核算方法如分批法、分步法等都属于完全成本法。完全成本法是一般会计准则所认定的成本计算方法，被广泛应用于财务会计的存货和成本核算过程。

在完全成本法下，在产品和存货是按照各成本计算对象所归集的生产成本计价的，通常包括直接材料、直接人工和制造费用（变动性制造费用和固定性制造费用）三个基本成本项目。在产品尚未出售以前，以存货项目在资产负债表中列示，待产成品销售出去以后，这部分产品成本随之转化为销售成本，在利润表中计入当期损益。

注： 在完全成本法下，产品成本指的是直接材料、直接人工、制造费用（变动性制造费用和固定性制造费用）。

3.2.3 变动成本法的基本原理

变动成本法把固定性制造费用当作期间费用处理的原因：固定性制造费用是为企业提供一定的生产经营条件而发生的，以便保持生产经营能力，这些生产经营条件一经形成，不管实际利用程度如何，有关费用照样会发生。固定性制造费用与产品的实际生产无直接联系，不随产量的变动而增减，也就是说固定性制造费用是与会计期间有联系的费用，其效益随着时间的消逝而逐渐丧失,与时间的关系比较密切,故其效益不应递延到下一个会计期间。因而不应把固定性制造费用计入产品生产,而应作为期间费用在当期全部摊销。此外,变动成本法认为产品成本必然与产品产量密切相关,在成本水平不变的条件下,产品成本总额应随着产品产量成正比例变动。若没有产品,就不应当有产品成本。所以变动成本法认为在制造费用中只有变动性制造费用才是构成产品成本的内容。

但是在当前会计实际工作中,无论国内还是国外,一些权威机构如美国财务会计准则委员会(Financial Accounting Standards Board, FASB)、美国证券交易委员会(United States Securites and Exchange Commission, SEC)、美国注册会计师协会(AICPA)、英国会计准则委员会[(Accounting Standards Board(UK), ASB)]以及我国的财政部、税务总局、证监会等,在对外财务报告方面都不允许采用变动成本法计算、反映企业的财务状况、财务成果和现金流量。对会计要素的确认、计量和报告,按企业会计准则规定只能采用完全成本法。尽管变动成本法不符合会计准则的规范要求,不能用来编制对外反映的财务会计报表,但它在企业的内部管理上,包括经营决策、资本决策、目标控制和经营业绩的责权利分析考核等方面都发挥着重要作用。

"经济越发展,会计越重要",但这要求会计方法必须随着环境的变化而变化,只有这样,才能保证提供的会计资料有助于信息使用者做出正确决策。企业为了在日趋激烈的竞争环境中求得长期的生存和发展,就需要关注成本这条企业生命线。合理的产品成本是企业求得生存、抵御风险的根本保障,是企业发展的基础。因此,在这种国内外大环境下,谁拥有了成本的优势,谁就拥有了在当前情势下产品销售的主动权,就能在市场中站稳脚跟,并得到进一步发展。在这种情况下,企业的成本信息就成为企业加强对经济活动的事前规划和日常控制的重要依据。传统成本核算的范围是将成本计入产品成本或期间费用,成本计算的准确性取决于间接成本分配的合理性。随着生产技术的不断进步,资本有机构成的逐步提高,使得固定成本在资本中的比重呈现逐渐上升的趋势。因此,需要引入变动成本法来计算产品成本。

3.3 变动成本法与完全成本法的比较

由于变动成本法与完全成本法对固定性制造费用的处理方法不同,使得上述两种方法在成本分类、产品构成内容、存货估价与当期损益方面存在着一系列差异。

3.3.1 变动成本法与完全成本法的区别

1. 成本分类不同

完全成本法把成本按照经济用途分为生产成本(制造成本)和非生产成本(非制造成本)两大类。生产成本包括直接材料、直接人工、制造费用。非生产成本包括管理费用、销售费用和财务费用。

变动成本法把成本按照成本性态分为变动成本和固定成本两大类。变动成本包括变动生产成本(变动性制造费用)、变动管理费用、变动销售费用和变动财务费用;固定成本包括固定生产成本(固定性制造费用)、固定管理费用、固定销售费用和固定财务费用。

2. 产品成本的构成内容不同

完全成本法：

产品成本 = 直接材料 + 直接人工 + 制造费用 = 制造成本

期间成本 = 管理费用 + 财务费用 + 销售费用 = 非制造成本

3-6 拓展阅读

变动成本法：

产品成本 = 直接材料 + 直接人工 + 变动性制造费用 = 制造成本 − 固定性制造费用

期间成本 = 管理费用 + 财务费用 + 销售费用 + 固定性制造费用

= 非制造成本 + 固定性制造费用

【例 3-1】 京润公司是一家机械设备制造商，该公司只生产一种数控机床。2024 年该机床的生产量为 4 000 件，固定性制造费用全年合计为 480 000 元，单位产品成本的相关数据如下：

直接材料　　　　　　　　2 000 元

直接人工　　　　　　　　600 元

变动性制造费用　　　　　400 元

要求：分别按照完全成本法与变动成本法，计算单位产品成本。

解：（1）按照完全成本法计算的单位产品成本 = 2 000+600+400+480 000÷4 000=3 120（元）

（2）按照变动成本法计算的单位产品成本 = 2 000+600+400=3 000（元）

3. 存货成本的构成内容不同

在完全成本法下，全部生产成本需要在本期已销售产品和期末存货之间进行分配。期末存货的计价包含直接材料、直接人工和制造费用，因此期末存货中包含了一部分固定性制造费用，这部分固定性制造费用称为期末存货吸收的固定性制造费用。

在变动成本法下，产品成本只包括直接材料、直接人工和变动性制造费用。固定性制造费用作为期间费用直接计入当期损益。因此期末存货是以变动制造成本计价的，不包含固定性制造费用。因此变动成本法下的期末存货计价必然小于完全成本法下的期末存货计价。

【例 3-2】 沿用例 3-1，假定京润公司的期末存货为 200 件，要求分别按完全成本法和变动成本法计算期末存货价值。

解：（1）按照完全成本法计算的期末存货价值 = 3 120×200=624 000（元）

（2）按照变动成本法计算的期末存货价值 = 3 000×200=600 000（元）

期末存货按照完全成本法计算的金额比变动成本法多 24 000 元，这 24 000 元的差异源于 200 件存货分摊的固定性制造费用（480 000÷4 000×200）。

4. 各期损益不同

完全成本法：

销售收入 − 销售生产成本 = 销售毛利

（销售生产成本 = 期初存货成本 + 本期产品生产成本 − 期末存货成本）

销售毛利 –（销售费用 + 管理费用 + 财务费用）= 税前利润（营业利润）

变动成本法：

$$销售收入 - 变动成本 = 贡献毛益$$

（变动成本 = 变动生产成本 + 变动销售费用 + 变动管理费用 + 变动财务费用）

$$贡献毛益 - 期间成本 = 税前利润（营业利润）$$

（期间成本 = 固定生产成本 + 固定销售费用 + 固定管理费用 + 固定财务费用）

关于各期损益不同，又可分为下面两种具体情况。

（1）连续各期产量相同而销量不同。

【例 3-3】 某厂生产甲产品，连续三年的产量为 6 000 件，第一年年初没有存货。三年销售量分别为 6 000 件、5 000 件和 7 000 件。产品单价为 10 元，单位产品变动生产成本为 5 元。每年固定生产成本为 24 000 元，销售及管理费用为 1 000 元（全部是固定性的）。分别按两种方法计算各年营业利润。

解：根据要求编制表 3-1 和表 3-2。

表 3-1　　　　　　　　　　　　变动成本法计算的营业利润

单位：元

项目	第一年	第二年	第三年
销售收入	60 000	50 000	70 000
变动成本	30 000	25 000	35 000
贡献毛益	30 000	25 000	35 000
期间成本	25 000	25 000	25 000
营业利润	5 000	0	10 000

表 3-2　　　　　　　　　　　　完全成本法计算的营业利润

单位：元

项目	第一年	第二年	第三年
销售收入	60 000	50 000	70 000
销售生产成本	54 000	45 000	63 000
销售毛利	6 000	5 000	7 000
销售及管理费用	1 000	1 000	1 000
营业利润	5 000	4 000	6 000

（2）连续各期销量相同而产量不同。

【例 3-4】 某厂生产甲产品，产品单价为 10 元，单位产品变动生产成本为 4 元，每年固定生产成本为 24 000 元，销售及管理费用为 6 000 元（全部是固定性的），存货按先进先出法计价，最近三年的产销量资料如表 3-3 所示。

表 3-3　　　　　　　　　　　　　某厂甲产品的产销量资料

单位：件

项目	第一年	第二年	第三年
期初存货量	0	0	2 000
本期生产量	6 000	8 000	4 000
本期销售量	6 000	6 000	6 000
期末存货量	0	2 000	0

要求：① 分别按两种方法计算单位产品成本。
　　　② 分别按两种方法计算期初存货成本。
　　　③ 分别按两种方法计算期末存货成本。
　　　④ 分别按两种方法计算各年营业利润。

解：① 分别按两种方法计算单位产品成本、期初存货成本以及期末存货成本，具体如表 3-4 所示。

表 3-4　　　　　两种方法计算的单位产品成本、期初存货成本以及期末存货成本

单位：元

项目	变动成本法			完全成本法		
	第一年	第二年	第三年	第一年	第二年	第三年
单位产品成本	4	4	4	4+24 000÷6 000=8	4+24 000÷8 000=7	4+24 000÷4 000=10
期初存货成本	0	0	8 000	0	0	14 000
期末存货成本	0	4×2 000=8 000	0	0	7×2 000=14 000	0

② 分别按两种方法计算各年营业利润如表 3-5、表 3-6 所示。

表 3-5　　　　　　　　　　　　变动成本法计算的营业利润

单位：元

项目	第一年	第二年	第三年
营业收入	60 000	60 000	60 000
变动成本	24 000	24 000	24 000
贡献毛益	36 000	36 000	36 000
期间成本	30 000	30 000	30 000
营业利润	6 000	6 000	6 000

表 3–6　　　　　　　　　完全成本法计算的营业利润

单位：元

项目	第一年	第二年	第三年
营业收入	60 000	60 000	60 000
销售生产成本	48 000	42 000	54 000
销售毛利	12 000	18 000	6 000
销售及管理费用	6 000	6 000	6 000
营业利润	6 000	12 000	0

总结：① 当产量等于销量时，两种成本法计算的损益完全相同。

② 当产量大于销量时，按变动成本法计算的损益小于按完全成本法计算的损益，这是由于期末存货带走了一部分固定性制造费用。

③ 当产量小于销量时，按变动成本法计算的损益大于按完全成本法计算的损益，这是由于有期初存货，完全成本法多减去了一期存货。

3.3.2　变动成本法与完全成本法的特点

1. 变动成本法的特点

（1）优点。

3-7 拓展案例

变动成本法增强了成本信息的有用性，有利于企业的短期决策。营业利润随销售量的增加或减少而升降，这是企业经理人员所想要的会计信息。变动成本法更符合"配比原则"。固定性制造费用因为与产销量无关，应全部在当期收入中扣除。变动成本法便于进行各部门的成本控制和业绩评价。变动成本法能促使企业管理当局重视销售，防止盲目生产。变动成本法可以简化成本的计算，有利于产品成本的计算工作，便于进行本量利分析，有利于销售预测。变动成本法的基本理论和程序揭示了成本、业务量、利润之间的内在关系，有利于分清责任，强化管理。

（2）缺点。

变动成本法不符合传统的成本概念。传统观念认为成本是为了达到一个特定的目的已经发生或可能发生的、以货币计量的耗费。依照这个传统观点，不论固定成本还是变动成本都要计入产品成本。固定成本与变动成本本身在划分上的局限性，仅适用于短期经营决策，不能满足长期决策的需要。变动成本法一般会降低期末存货估价，从而降低了营业利润额，在某种程度上会暂时降低所得税和股利。变动成本法对成本的划分存在一定的主观性，将成本划分为固定成本和变动成本在很大程度上是假设的结果，不是一种精确的计算。

由于具有上述的局限性，所以相关会计权威机构都明文规定按完全成本法进行存货估价、计算税前利润和编制对外财务报表。

2. 完全成本法的特点

（1）优点。

完全成本法可以刺激企业加速发展生产的积极性。按照完全成本法，产量越大，单位固定成本就越低，从而整个单位产品成本也随之降低，超额利润也越大。这在客观上会刺激生产的发展，有利于企业编制对外报表。由于完全成本法得到会计准则的认可和支持，所以企业必须以完全成本法为基础编制对外报表。

（2）缺点。

完全成本法确定的分期损益难以适应企业内部管理的需要，固定成本分配存在一定的主观性。

3.3.3 变动成本法与完全成本法的结合应用

目前对于变动成本法和完全成本法在企业中如何应用，有三种观点。第一种观点是采用"双轨制"，即采用两套核算系统，提供两套平行的成本核算资料，以分别满足不同的需要。第二种观点是采用"单轨制"，即取消完全成本法，完全使用变动成本法。第三种观点是采用"结合制"，即将变动成本法与完全成本法结合使用，日常核算采用变动成本法，以满足企业内部经营管理的需要；期末采用完全成本法对有关项目进行调整，以满足对外报表的要求。根据我国经济发展以及我国会计发展的状况，本书采用第三种观点，即"结合制"。

从某种意义上说，完全成本法和变动成本法的优缺点是互补的。如完全成本法适用于编制对外财务报表，而变动成本法却不适合；完全成本法无法提供企业经营管理需要的各种有用信息，不利于企业的短期决策，而变动成本法正好可以满足这些要求。从企业会计的职能来看，一方面要通过灵活多样的方法和手段，为企业内部的经营管理提供决策、规划、控制等诸多方面的有用信息；另一方面又要通过定期提供财务报表，为企业外部的投资人、债权人和其他有关机构服务。这内外两方面的职能正好可以由两种计算方法分别担任。所以，二者不是互相排斥，也不可能互相取代。企业会计为了能更好地履行其对内、对外两方面的职能，需要变动成本法和完全成本法互相补充，取长补短。故可以把二者结合起来，建立一个统一的成本核算体系。平时为了满足企业内部管理的需要，以变动成本法进行核算，按变动成本法确定存货的价值。期末为了满足编制对外财务报表的要求，还需要按完全成本法调整资产的价值和利润的计量。建立统一的成本核算体系，应注意的问题如下。

（1）日常核算应以变动成本法为基础，即在产品和产成品的成本均只包括直接材料、直接人工和变动性制造费用。

（2）每个月的内部损益表也可按变动成本法编制。

（3）平时增设几个账户：一个是"变动性制造费用"账户，另一个是"固定性制造费用"账户，用于登记日常发生的业务；还应增设"存货中的固定性制造费用"账户，把发生的固定性制造费用先计入该账户，到期末再把其中应归属于本期已销售产品的部分转入"收益汇总"账户，并列入损益表，作为本期销售收入的扣减项目。对其中应属于期末在产品和产成品的部分，则仍留在该账户上，并将其余额加在资产负债表的在产品和产成品项目上，使它们仍按所耗费的完全成本列示。

本章小结

本章主要介绍了变动成本法和完全成本法的异同及结合应用。

变动成本法建立在成本性态分析的基础上。它与传统的完全成本法的本质区别在于对固定性制造费用的处理上。

关键术语

变动成本法　完全成本法　贡献毛益　销售毛利

综合练习

一、思考题

1. 变动成本法的基本原理。
2. 变动成本法与完全成本法的比较。

二、不定项选择题

1. 在变动成本法下，（　　　）。

    A. 变动生产成本是产品成本，固定生产成本与非生产成本均是期间成本

    B. 固定生产成本与变动生产成本是产品成本，非生产成本是期间成本

    C. 固定生产成本是产品成本，变动生产成本与非生产成本是期间成本

    D. 固定生产成本、变动生产成本与非生产成本都属于产品成本

2. 在完全成本法下，（　　　）。

    A. 变动生产成本是产品成本，固定生产成本与非生产成本是期间成本

    B. 固定生产成本与变动生产成本是产品成本，非生产成本是期间成本

    C. 固定生产成本是产品成本，变动生产成本与非生产成本是期间成本

    D. 固定生产成本、变动生产成本与非生产成本都属于产品成本

3. 下列有关变动成本法的论述正确的有（　　　）。

    A. 各期营业净利润只与销量有关，与其他因素无关

    B. 产品成本不受产量的影响

    C. 提供的产品成本信息不符合对外报表的要求

    D. 提供的资料不适用于长期决策的需要

    E. 能够提供科学反映成本与业务量之间，利润与销售量之间有关变化规律的信息

4. 按完全成本法确定的营业净利润指标有时难以被管理者理解，不便于正确决策的原因是（　　　）。

    A. 当某期销售量较上期增加时，营业净利润却比上期减少

    B. 当某期销售量比上期减少时，营业净利润却比上期增加

    C. 当某期销售量最高时，营业净利润却不是最高

    D. 当某期销售量最低时，营业净利润却不是最低

    E. 当前后期产量与销量均不变时，营业净利润发生变化

5. 变动成本法与完全成本法都要计入产品成本的项目有（　　）。
   A. 直接材料　　　　　　　　B. 直接人工
   C. 变动性制造费用　　　　　D. 固定性制造费用

三、判断题

1. 变动成本法和完全成本法的根本区别在于对固定制造费用的处理不同。（　　）
2. 变动成本法不适合长期投资决策。（　　）
3. 完全成本法期末存货中包含的固定性制造费用递延到后期。（　　）
4. 企业为了更好地履行对内、对外两方面的职能，必须同时按照两套平行的成本计算资料进行核算。（　　）
5. 变动成本法全部制造费用均计入当期损益。（　　）
6. 在产销绝对平衡的状态下，变动成本法确定的税前利润小于变动成本法确定的税前利润。（　　）

四、计算题

某企业连续三年的生产、销售以及成本资料如下：第一年无期初存货，生产了10 000台，销售了10 000台；第二年生产了10 000台，销售了6 000台；第三年生产了4 000台，销售了8 000台，销售单价为30元，单位变动生产成本为10元，固定性制造费用总额为40 000元，单位变动性非生产成本为2元，固定性非生产成本为5 000元，分别按完全成本法和变动成本法计算三年的营业利润，并进行分析。

3-8 拓展练习

第 4 章

本量利分析

教学要点

知识要点	能力要求	相关知识
单一品种条件下的本量利分析	能利用单一品种条件下的本量利分析原理，解决实际问题	（1）本量利分析的基本假设 （2）单一品种的本量利分析
多品种条件下的本量利分析	能利用多品种条件下的本量利分析方法，解决实际问题	（1）加权平均法 （2）联合单位法 （3）主要品种法
盈亏临界图及本量利分析的其他问题	能够绘制盈亏临界图，并且分析图中直线及相关区域所代表的含义	（1）盈亏临界图 （2）相关因素变动对盈亏临界点的影响 （3）盈利条件下的本量利分析
本量利关系中的敏感性分析	理解本量利敏感性分析的意义	（1）有关因素临界值的确定 （2）有关因素变化对利润变化的影响程度

 导入案例

某渔业公司本量利分析

某渔业公司是扇贝批发商，向北方地区的超市批发扇贝。在过去的几年里，扇贝价格的不断上涨使渔业公司的销售额稳步上升；如今公司在规划下一个年度的计划，根据表 4-1 的数据预测本年度税后利润为 138 000 万元。

4-1 政策法规

4-2 拓展案例

表 4-1　　某渔业公司的收入和成本信息表

项　　目	金　　额
每吨扇贝的平均售价	5 万元
每吨扇贝的平均成本：	
每吨扇贝的购进成本	2.5 万元
每吨扇贝的运费	0.5 万元
合计	3 万元
年固定成本：	
销售费用	200 000 万元
管理费用	350 000 万元
合计	550 000 万元
预期年销售额（390 000 吨）	1 950 000 万元
所得税率	25%

由于人工费用等的增加，扇贝成本上升 15%，渔业公司声明可能要在下一年将其产品平均价格提高，同时渔业公司希望其他所有成本都能维持在本年度统一比率或水平上。

要求：

（1）渔业公司本年扇贝盈亏平衡点的销售量是多少？

（2）渔业公司销售单价至少定多少，才能弥补扇贝成本 15% 的上升，并能保持本年的边际贡献率？

（3）如果单价保持每吨 5 万元，扇贝成本上升 15%，渔业公司在下一年必须实现多少销售额才能保持与本年相同的预期税后净利润？

目标利润的实现由渔业公司的固定成本、变动成本、业务量等共同决定，通过我们下面即将学习的本量利分析，就可以为渔业公司进行利润分析。

4-3 知识讲解

4.1　单一品种条件下的本量利分析

本量利分析起源于 20 世纪初的美国，到了 20 世纪 50 年代已经非常完善，并在西方会计实践中得到了广泛应用。时至今日，本量利分析在全世界各个领域都得到了广泛的应用，为企业预测、决策、计划和控制等经营活动的有效进行提供了良好保证。本量利分析最初在美国的通用电气、杜邦、通用汽车等公司应用，很快就成为大型工商企业的标准作业程序。其从最初的计划、协调，发展到现在的兼具控制、激励、评价等功能。本量利分析（Cost-Volume-Profit Analysis，CVP）是一种重要的管理会计工具，是成本、业务量和利润关系分析的简称，是指在应用变动成本法的基础上，通过数学模型，对变动成本、固定成本、业务量、单价和利润 5 个因素进行综合分析，以揭示它们之间的内在规律性，为会计预测、决策、规划、控制和业绩考评提供必要财务信息的一种定量分析方法。通过对本量利分析的进一步拓展，企业可以更好地了解企业的成本结构、经营风险，以及不同的销售策略等对企业经营业绩的影响，为企业提供有力的决策支持。财务部门要发挥自身拥有大量价值信息的优势，运用本量利分析，合理测定成本最低、利润最大的产销量，减少无效或低效劳动。

4.1.1 本量利分析的基本假设

本量利分析本质是因素分析，它是以成本习性为基础，探求成本（分为变动成本和固定成本）、业务量、单价、利润之间的互动关系，以服务于管理决策和经营决策。因此，本量利分析所体现的思想和所运用的方法是比较有意义的。

但是，在具体运用本量利分析时，要注意其有效性是建立在一系列假定基础之上的。只有在特定的、基本符合其使用假定范围之内的方法才是有效的。当情况发生变化，假定不再被满足时，则不能照搬上述方法，而是要根据实际情况，灵活运用本量利分析思想，进行相关分析。因此，运用本量利分析是有一定的前提的。

（1）在相关范围内，可将成本按成本性态划分为变动成本和固定成本两大类，这是本量利分析的基本前提条件。

（2）在本量利分析期间，固定成本、单位变动成本、产品售价保持不变，并且与利润具有线性函数关系。

（3）在本量利分析期间，产品产销数量保持一致，即存货保持不变；因为"本"与"产量"相关，"利"与"销售量"相关，要研究"本量利"之间的关系，唯有此假设才能将产量与销售量在一个模型中统一起来，否则无法进行分析。

（4）在本量利分析期间，在多品种生产和销售的企业中，各种产品产量（销售量）的比例保持不变。

（5）假定不存在企业所得税，不考虑企业的融资成本。

在上述基本假设条件下，这里给出本量利分析的基本模型。

$$利润 = 销售收入 - 总成本 = 销售收入 - 变动成本 - 固定成本$$
$$= 单价 \times 销售量 - 单位变动成本 \times 销售量 - 固定成本$$
$$= (单价 - 单位变动成本) \times 销售量 - 固定成本$$

4.1.2 单一品种的本量利分析

1. 盈亏临界分析

盈亏临界分析是本量利分析的核心内容之一。盈亏临界分析又称保本分析、损益平衡分析、两平分析等。盈亏临界分析主要研究如何确定盈亏临界点、有关因素变动对盈亏临界点的影响等问题，同时进行盈利分析。盈亏临界点又称保本点、两平点，是指企业的经营规模（销售收入、销售量）刚好使企业达到不盈不亏的状态，也就是销售收入与销售成本相等，即利润为零时的销售量或销售额。盈亏临界分析的理论基础是成本按性态划分为变动成本和固定成本。盈亏临界分析主要确定盈亏临界点（保本点）。保本点有两种表现形式：第一种是用实物量表示，即保本销售量，简称保本量；第二种是用货币金额表示，即保本销售额,简称保本额。企业在一定时期内不盈不亏、收支相等、利润为零时,就说明这个企业处于保本状态。

在管理会计中,利润的计算公式如下:

利润 = 销售收入 – 变动成本 – 固定成本

因为盈亏临界点的利润为零,则上式变为:

销售收入 = 变动成本 + 固定成本

销售量 × 单价 = 销售量 × 单位变动成本 + 固定成本

盈亏临界点的销售量 = 固定成本 ÷(单价 – 单位变动成本)= 固定成本 ÷ 单位边际贡献

盈亏临界点的销售额 = 固定成本 ÷(单价 – 单位变动成本)× 单价 = 固定成本 ÷ 边际贡献率

2. 边际贡献

4-4 拓展阅读

边际贡献,也称贡献毛益,是指产品的销售收入扣除变动成本后的余额。边际贡献首先应该用于补偿固定成本,补偿固定成本之后的余额,才能为企业提供利润。这可以从利润的计算公式中看出。

利润 =(单价 – 单位变动成本)× 销售量 – 固定成本

边际贡献有两种表现形式,即绝对数和相对数。绝对数有两种表现形式:一是单位边际贡献,二是边际贡献总额。相对数用边际贡献率来表示。具体计算公式如下:

边际贡献总额 = 销售收入 – 变动成本总额

单位边际贡献 = 单价 – 单位变动成本

边际贡献总额如果大于0,则意味着该产品对企业是有贡献的,能补偿一部分固定成本。

边际贡献率 = 单位边际贡献 ÷ 单价 × 100% = 边际贡献总额 ÷ 销售收入 × 100% = 1 – 变动成本率

变动成本率是指变动成本总额占销售收入的百分比。

变动成本率 = 变动成本总额 ÷ 销售收入 × 100%

注:如果没有特殊说明,变动成本、边际贡献均指总额。边际贡献一般分为制造边际贡献(= 销售收入 – 变动生产成本)和产品边际贡献(= 销售收入 – 变动生产成本 – 变动非生产成本)。一般如果没有特殊说明,边际贡献均指产品边际贡献。

3. 盈亏临界点的作业率

盈亏临界点的销售量除以企业正常开工完成的销售量,称为达到盈亏临界点的作业率。也就是说,企业的开工率必须达到盈亏临界点的作业率,否则,企业就会发生亏损。

盈亏临界点的作业率 = 盈亏临界点销售量 ÷ 正常销售量(预计销售量)× 100%

4. 安全边际

安全边际是根据实际或预计销售量与保本销售量的差额确定的定量指标。差额的大小可以反映销售量的安全程度大小,差额越大,安全程度就越高,反之,安全程度就越低。企业处于不盈不亏状态意味着当期的边际贡献全部被固定成本抵销,只有当销售量超过盈亏临界点时,其超出部分提供的边际贡献才形成企业的利润。显然,销售量超出盈亏临界点越多,说明企业盈利越多。换句话说,即发生亏损的可能性就越小,企业的经营就越安全。安全边际的表示方法有两种:一是安全边际量或安全边际额,二是安全边际率。

安全边际量和安全边际率的数值越大，企业发生亏损的可能性越小，企业就越安全。安全边际率是相对指标，便于不同企业之间和不同行业之间作比较。企业安全性的衡量数据如下。

安全边际率在40%以上说明企业很安全，安全边际率为30%～40%说明企业安全，安全边际率为20%～30%说明企业比较安全，安全边际率为10%～20%说明企业值得注意，安全边际率在10%以下说明企业危险。从管理角度上来讲，安全边际（率）越高，表示企业在市场上的地位越稳固，参与市场竞争的资本就越雄厚。

安全边际量 = 正常（预计）销售量 – 盈亏临界点的销售量
安全边际额 = 正常（预计）销售额 – 盈亏临界点的销售额
安全边际率 = 安全边际量 ÷ 正常（预计）销量（额）×100%
安全边际率 = 1 – 盈亏临界点作业率

因企业利润来自安全边际。

故有：利润 = 安全边际 × 单位边际贡献
　　　　 = 安全边际 × 单价 × 单位边际贡献 ÷ 单价
　　　　 = 安全边际销售收入 × 边际贡献率

上式左右两边同除以产品销售收入：

销售利润率 = 安全边际 × 单价 ÷（正常销量 × 单价）× 边际贡献率
　　　　　 = 安全边际率 × 边际贡献率

【例4-1】 某企业只生产一种产品，该产品的单位售价为50元，单位变动成本为30元，固定成本为50 000元，预计销售4 000件。要求计算该企业的保本额和安全边际率。

解：单位边际贡献 = 50 – 30 = 20（元）
即该企业每销售一件产品可以获得单位边际贡献20元。
边际贡献率 = 20 ÷ 50 × 100% = 40%
变动成本率 = 30 ÷ 50 × 100% = 60%
保本量 = 50 000 ÷（50 – 30）= 2 500（件）
保本额 = 50 × 2 500 = 125 000（元）
即该企业销售量达到2 500件或销售额达到125 000元时，企业达到保本状态。
安全边际量 = 4 000 – 2 500 = 1 500（件）
安全边际额 = 4 000 × 50 – 125 000 = 75 000（元）
盈亏临界点的作业率 = 2 500 ÷ 4 000 × 100% = 62.5%
安全边际率 = 1 500 ÷ 4 000 × 100% = 37.5%

4.2　多品种条件下的本量利分析

多品种条件下的本量利分析有多种方法，本书只介绍最常用的3种方法：加权平均法、联合单位法和主要品种法。

4-5 知识讲解

4.2.1 加权平均法

加权平均法是指在计算每种产品边际贡献率的基础上，按各种产品销售额的比重进行加权平均，据以计算综合边际贡献率，进而计算多品种保本额和保利额的一种方法。计算步骤如下：

首先，计算各种产品销售额占全部产品总销售额的比重。

其次，以各种产品的边际贡献率为基础，以各种产品销售额占全部产品总销售额的比重为权数进行加权平均计算，从而求出各种产品综合加权边际贡献率。

$$\text{综合加权边际贡献率} = \sum \left(\text{各种产品边际贡献率} \times \text{各种产品销售额占全部产品总销售额的比重} \right)$$

再次，计算整个企业综合盈亏临界点销售额（综合保本销售额）。

$$\text{综合盈亏临界点销售额（以金额表现）} = \frac{\text{固定成本总额}}{\text{综合加权边际贡献率}}$$

最后，计算各种产品盈亏临界点销售额。

各种产品盈亏临界点销售额 = 综合盈亏临界点销售额 × 各种产品销售额占全部产品总销售额的比重

【例 4–2】 A 股份有限公司生产甲、乙、丙 3 种产品，其固定成本总额为 19 800 元，3 种产品的有关资料如表 4–2 所示。

表 4–2　　　　　　　　　A 股份有限公司甲、乙、丙 3 种产品资料

品　　种	销售单价/元	销售量/件	单位变动成本/元
甲	2 000	60	1 600
乙	500	30	300
丙	1 000	65	700

要求：（1）采用加权平均法计算该公司的综合保本销售额及各产品的保本销售量。
　　　（2）计算该公司营业利润。

解：（1）3 种产品销售收入合计 =2 000×60 +500×30+1 000×65=200 000（元）
　　　　甲产品销售收入占全部销售收入的比重 =2 000×60÷200 000×100%=60%
　　　　乙产品销售收入占全部销售收入的比重 =500×30÷200 000×100%=7.5%
　　　　丙产品销售收入占全部销售收入的比重 =1 000×65÷200 000×100%=32.5%
　　　　甲产品边际贡献率 =（2 000–1 600）÷2 000×100%=20%
　　　　乙产品边际贡献率 =（500–300）÷500×100%=40%
　　　　丙产品边际贡献率 =（1 000–700）÷1 000×100%=30%
　　　　综合加权边际贡献率 =60%×20%+7.5%×40%+32.5%×30%
　　　　　　　　　　　　　 =12%+3%+9.75%=24.75%
　　　　综合保本销售额 =19 800÷24.75%=80 000（元）
　　　　甲产品保本销售额 =60%×80 000=48 000（元）
　　　　乙产品保本销售额 =7.5%×80 000=6 000（元）

丙产品保本销售额 =32.5%×80 000=26 000（元）
甲产品保本销售量 =48 000÷2 000=24（件）
乙产品保本销售量 =6 000÷500=12（件）
丙产品保本销售量 =26 000÷1 000=26（件）
（2）该公司营业利润
=60×（2 000–1 600）+（500–300）×30+（1 000–700）×65–19 800=29 700（元）

鉴于销售额比重会影响综合边际贡献率水平，因而销售额比重（品种结构）因素必然是影响多品种本量利关系的要素。显然，在其他条件不变的前提下，企业应积极采取措施，努力提高边际贡献率水平较高产品的销售比重，降低边际贡献率水平较低产品的销售比重，从而提高企业的综合边际贡献率水平，达到降低企业保本额或保利额的目的。

4.2.2 联合单位法

联合单位法是指在事先掌握多品种之间客观存在相对稳定产销实物量比例的基础上，确定每一联合单位的单价和单位变动成本，进行多品种条件下本量利分析的一种方法，计算公式如下。

联合保本量 = 固定成本 ÷（联合单价 – 联合单位变动成本）
联合保利量 =（固定成本 + 目标利润）÷（联合单价 – 联合单位变动成本）
某产品保本量 = 联合保本量 × 该产品销量比
某产品保利量 = 联合保利量 × 该产品销量比

【例 4-3】 红星公司组织 A、B、C 3 种产品的生产经营，202× 年全厂预计发生的固定成本为 300 000 万元，各种产品的预计销售量、单价、单位变动成本等的计划资料如表 4-3 所示，假定目标利润为 150 000 万元。要求：计算 A、B、C 3 种产品的保本量和保本额。

表 4-3　　　　　　　　　红星公司 A、B、C 3 种产品的计划资料

品　种	销售量	单价 / 万元	单位变动成本 / 万元
A	100 000 件	10	8.5
B	25 000 台	20	16
C	10 000 套	50	25

解：（1）确定产品销售量比 A：B：C=10：2.5：1
（2）联合单价 =10×10+20×2.5+50×1=200（万元 / 联合单位）
（3）联合单位变动成本 =8.5×10+16×2.5+25×1=150（万元 / 联合单位）
（4）联合保本量 =300 000÷（200–150）=6 000（联合单位）
（5）计算各种产品保本量
　A 产品保本量 =6 000×10=60 000（件）
　B 产品保本量 =6 000×2.5=15 000（台）
　C 产品保本量 =6 000×1=6 000（套）
（6）计算各种产品保本额
　A 产品保本额 =10×60 000=600 000（万元）

B 产品保本额 =20×15 000=300 000（万元）
C 产品保本额 =50×6 000=300 000（万元）

4.2.3 主要品种法

主要品种法是指在特定条件下，通过在多种产品中确定一种主要品种，完成多品种条件下本量利分析任务的一种方法，其通常以边际贡献额为标志确定主要品种。

【例 4-4】 已知：某企业生产甲、乙、丙 3 种产品，资料如表 4-4 所示，本期发生的固定成本为 400 万元。

表 4-4　　　　　　　　　某企业甲、乙、丙 3 种产品资料

品　种	销售收入		边际贡献		边际贡献率/（%）
	金额 / 万元	比重 /（%）	金额 / 万元	比重 /（%）	
甲	2 250	22.5	900	90	40
乙	100	1	80	8	80
丙	7 650	76.5	20	2	0.26
合计	10 000	100	1 000	100	—

要求：（1）如果分别以销售额和边际贡献率作为判断主要品种的标志，应当选择哪种产品作为主要品种。

（2）以边际贡献作为判断主要品种的标志，计算企业本期最保守的保本额。

解：（1）如果以销售额为判断标志，则丙产品应为主要品种；如果以边际贡献率为判断标志，则乙产品应为主要品种。

（2）以边际贡献作为判断主要品种的标志，应以甲产品为主要品种。

企业最保守的保本额 = 甲产品保本额 =400÷40%=1 000（万元）

4-6 知识讲解

4.3　盈亏临界图及本量利分析的其他问题

盈亏临界图又称本量利图或损益平衡图。盈亏临界图将影响企业利润的有关因素及其相应关系，形象地用图形表现出来。利用它可以清楚地看到有关因素变动对利润的影响，从而有利于决策者在经营管理中提高预见性和主动性。盈亏临界图具有简明、直观的优点，通常有传统式、边际贡献式、利量式三种形式。

4.3.1 盈亏临界图

1. 传统式

传统式盈亏临界图的特点是其所反映的总成本是以固定成本为基础的，能在图中清晰地反映出固定成本总额不变的特点；同时能揭示安全边际、盈亏临界点、盈利区与亏损区的关系，如图 4-1 所示。

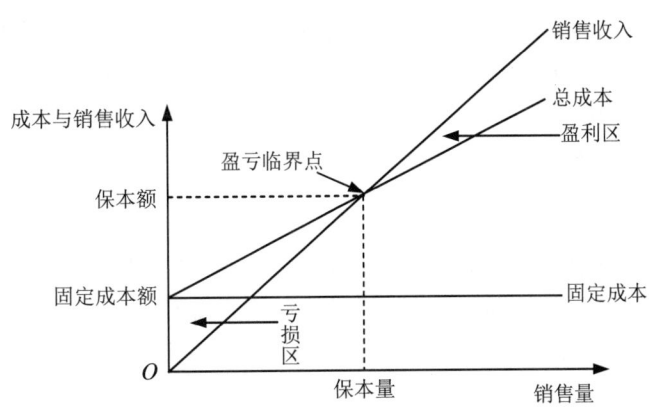

图 4-1 传统式盈亏临界图

传统式盈亏临界图绘制过程如下。
（1）在直角坐标系中，以横轴表示销售量，以纵轴表示成本与销售收入。
（2）在纵轴上确定固定成本额，并以此为起点，绘制一条平行于横轴的直线，即为固定成本线。
（3）在横轴上取一点，计算销售收入，然后与原点连接，即为销售收入线。
（4）绘出总成本线。
（5）销售收入线与总成本线的交点即为盈亏临界点。

2．边际贡献式

边际贡献式盈亏临界图是一种将固定成本置于变动成本线之上，能直观地反映边际贡献、固定成本及利润之间关系的图形。边际贡献式盈亏临界图的绘制方法是：先确定销售收入线和变动成本线，在纵轴上确定固定成本额并以此为起点画一条与变动成本平行的直线，即为总成本线，它与销售收入线的交点为盈亏临界点，如图4-2所示。

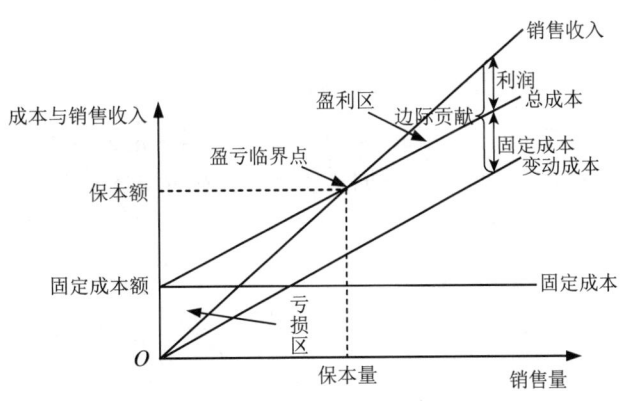

图 4-2 边际贡献式盈亏临界图

与传统式盈亏临界图相比，边际贡献式盈亏临界图可以表示边际贡献的数值。企业的销售收入与销售量成正比例关系，这些销售收入首先用于弥补产品自身的变动成本，剩余的是边际贡献。边际贡献随销售量的增加而扩大，当边际贡献达到固定成本时，企业处于保本状态，当边际贡献超过固定成本后，企业进入盈利状态。

边际贡献式盈亏临界图与传统式盈亏临界图的主要区别在于：前者增加了变动成本线，形象地反映边际贡献的形成过程和构成，即产品的销售收入减去变动成本以后就是边际贡献，边际贡献再减去固定成本便是利润；而后者则将固定成本线置于总成本线之下，以表明固定成本在相关范围内稳定不变的特征。

3. 利量式

利量式盈亏临界图是一种以横轴代表销售量，纵轴代表利润，能直观地反映销售量与边际贡献、固定成本及利润之间关系的图形。利量式盈亏临界图表现了利润与销售量的直接关系，是一种简化的盈亏临界图，简明扼要，更易于企业管理人员理解，如图4-3所示。

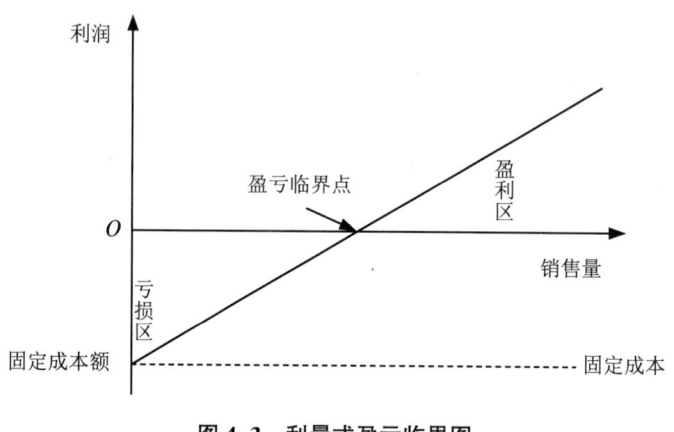

图 4-3　利量式盈亏临界图

4.3.2　相关因素变动对盈亏临界点的影响

通过上述分析可以看出，影响盈亏临界点的因素有固定成本、单位变动成本、产品的单价及品种结构等。

1. 固定成本变动对盈亏临界点的影响

一般情况下，固定成本对盈亏临界点的影响是：当其他因素不变时，固定成本增加，则企业的保本销售量和销售额也随之增加；反之，则相反。固定成本变动对盈亏临界点的影响如图4-4所示。

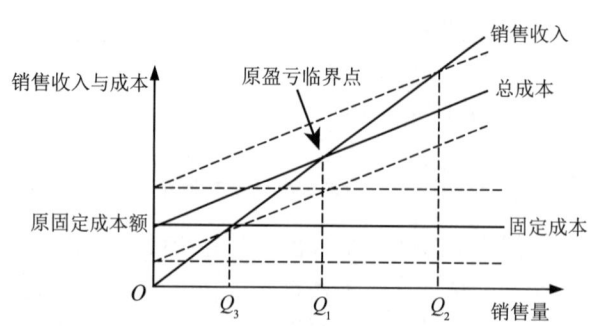

图 4-4　固定成本变动对盈亏临界点的影响

【例4-5】 某企业只生产一种产品,单价为2元,单位变动成本为1.2元,固定成本由1 600元/月增加到1 920元/月。要求:计算保本销售量和保本销售额。

解:当固定成本为1 600元/月时

保本销售量 =1 600÷(2-1.2)=2 000(件)

保本销售额 =2 000×2=4 000(元)

边际贡献率 =(2-1.2)÷2×100%=40%

当固定成本由1 600元/月增加到1 920元/月时

保本销售量 =1 920÷(2-1.2)=2 400(件)

保本销售额 =2 400×2=4 800(元)

2. 单位变动成本变动对盈亏临界点的影响

一般情况下,当其他因素不变时,单位变动成本增加,保本销售量和销售额都随之增加;反之,则相反。劳动生产率的变化、原材料的综合利用等,都会引起单位变动成本的变动。单位变动成本变动对盈亏临界点的影响如图4-5所示。

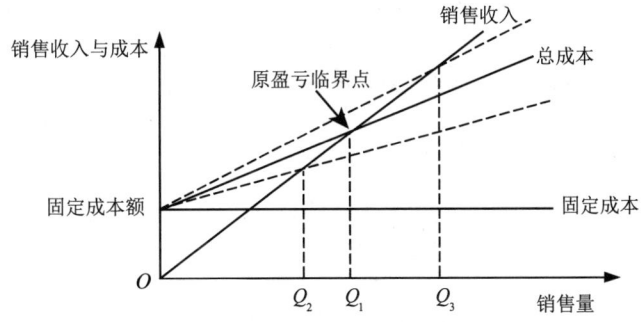

图4-5 单位变动成本变动对盈亏临界点的影响

例4-5中,若固定成本仍为1 600元/月,单位变动成本由1.2元变为1.5元,则

保本销售量 =1 600÷(2-1.5)=3 200(件)

保本销售额 =3 200×2=6 400(元)

3. 单价变动对盈亏临界点的影响

一般情况下,当其他因素不变时,单价增加,保本销售量和销售额随之下降;反之,则相反。单价变动对盈亏临界点的影响如图4-6所示。

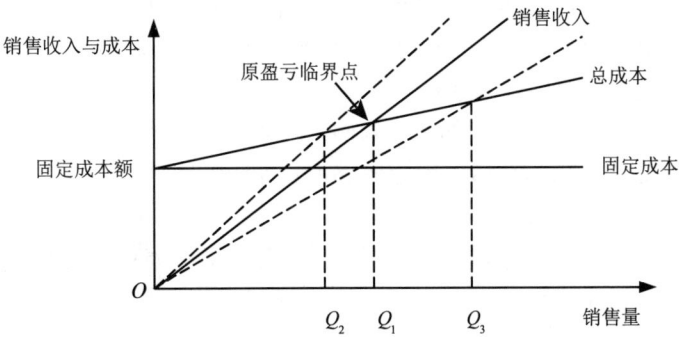

图4-6 单价变动对盈亏临界点的影响

例 4-5 中，若产品单价从 2 元上升为 2.4 元，其他条件不变，则
保本销售量 =1 600÷（2.4-1.2）=1 333（件）
保本销售额 =1 333×2.4=3 199（元）

4. 有关因素同时变动对盈亏临界点的影响

有关因素同时变动时，要根据实际情况进行分析。固定成本与单价同时变动对盈亏临界点的影响如图 4-7 所示。

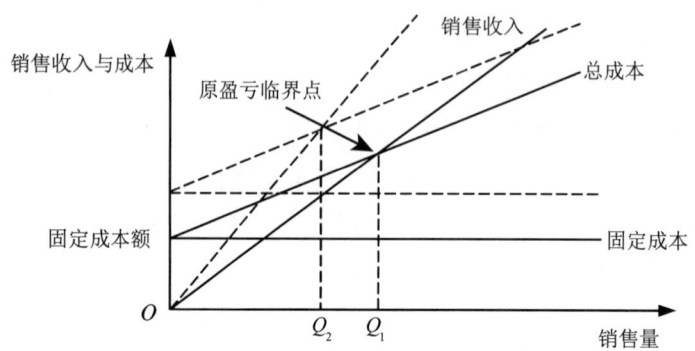

图 4-7　固定成本与单价同时变动对盈亏临界点的影响

5. 产品品种结构变化对盈亏临界点的影响

产品单价和成本水平都不变，产品品种结构变化，盈亏临界点也会发生变化。

【例 4-6】某企业有关资料如表 4-5 所示。

表 4-5　　　　　　　　　　某企业本量利分析资料

产品品种	单价/元	单位边际贡献/元	边际贡献率/（%）	原销售收入/元	现销售收入/元	固定成本/元
A	5	3	60	10 000	3 000	
B	5	2	40	5 000	7 000	
C	5	1	20	10 000	15 000	
合计				25 000	25 000	5 000

原品种结构 =2∶1∶2=40%∶20%∶40%
边际贡献率 = ∑该产品的边际贡献率 × 该产品销售比重
　　　　　　=60%×40%+40%×20%+20%×40%=40%
保本销售额 =5 000÷40%=12 500（元）
现品种结构 =3∶7∶15=12%∶28%∶60%
边际贡献率 =60%×12%+40%×28%+20%×60%=30.4%
保本销售额 =5 000÷30.4%=16 447（元）

由此分析可知，企业产品品种结构发生变化，盈亏临界点也会发生变化，保本销售额由 12 500 元增加到 16 447 元。

4.3.3 盈利条件下的本量利分析

当企业的销售量超出盈亏临界点时，可以实现利润。盈亏临界分析是在假定企业利润为零的这样一种特殊经营状态下来研究问题的。企业的经营目标是实现利润，因此，需要进行在盈利条件下的本量利分析，分析的模型如下。

因为

利润 =（单价 – 单位变动成本）× 销售量 – 固定成本

所以

实现目标利润的销售量 =（固定成本 + 目标利润）÷（单价 – 单位变动成本）

=（固定成本 + 目标利润）÷ 单位产品边际贡献

实现目标利润的销售额 =（固定成本 + 目标利润）÷ 边际贡献率

实现目标利润应控制的单位变动成本 = 销售单价 –（固定成本 + 目标利润）÷ 销售量

实现目标利润应控制的固定成本 = 单位边际贡献 × 销售量 – 目标利润

实现目标利润的产品销售单价 = 单位变动成本 +（固定成本 + 目标利润）÷ 销售量

【例 4–7】 东方公司生产 A 产品，单价为 50 元，单位变动成本为 30 元，固定成本为 24 000 元。假定东方公司计划年度目标利润确定为 120 000 元。

要求：

（1）试计算东方公司实现上述目标利润应完成的销售量、销售额。

（2）如果当期最大的产量仅为 6 000 件，其他有关单价、固定成本及目标利润情况不变。计算实现目标利润应控制的单位变动成本水平。

（3）假定因受市场的影响，当期最多销售产品 6 000 件，其他有关单位变动成本、固定成本以及目标利润等情况不变。计算实现目标利润的单价水平。

解：（1）实现目标利润应完成的销售量 =（120 000+24 000）÷（50–30）=7 200（件）

实现目标利润应完成的销售额 =7 200×50=360 000（元）

（2）实现目标利润应控制的单位变动成本 =50–（120 000+24 000）÷6 000=26（元/件）

（3）实现目标利润的单价 =30+（120 000+24 000）÷6 000=54（元）

4.4 本量利关系中的敏感性分析

4–7 知识讲解

敏感性分析是目标值变动百分比相当于因素变动百分比的倍数，通常用敏感系数衡量。敏感性分析的主要目的：研究与提供能引起目标发生质变（如由盈利转为亏损）时各因素变化的界限；各个因素对利润变化影响的敏感程度；当个别因素变化时，如何保证原定目标利润的实现。敏感性分析主要研究两个方面的问题：一是有关因素发生多少变化会使企业由盈利变为亏损；二是有关因素变化对利润变化的影响程度。

4.4.1 有关因素临界值的确定

影响利润的主要因素有单价、单位变动成本、销售量和固定成本。这些变量变化到什么程度时，会使企业由盈利转为亏损？实际上，达到盈亏临界点的销售量与单价的最小允许值和单位变动成本与固定成本的最大允许值，就是盈亏临界值。有关因素临界值确定如下。

销售量 = 固定成本 ÷（单价 – 单位变动成本）

单价 = 固定成本 ÷ 销售量 + 单位变动成本

单位变动成本 = 单价 – 固定成本 ÷ 销售量

固定成本 = 销售量 ×（单价 – 单位变动成本）

【例 4–8】设某企业只生产一种产品，单价为 2 元，单位变动成本为 1.2 元，全年固定成本预计为 50 000 元，销售量计划为 110 000 件。全年利润为 38 000 元 [110 000×（2–1.2）– 50 000]。试确定各因素的临界值。

解：销售量的最小值 =50 000÷（2–1.2）=62 500（件）

单价的最小值 =50 000÷110 000+1.2=1.65（元）

单位变动成本的最大值 =2–50 000÷110 000=1.55（元）

固定成本的最大值 =110 000×（2–1.2）=88 000（元）

4.4.2 有关因素变化对利润变化的影响程度

单价、单位变动成本、销售量和固定成本总额这些因素的变化，都会对利润产生影响，但它们的敏感程度不同。只要有较小变动就会引起利润较大变动的因素称为强敏感因素；虽有较大变动，但对利润的影响不大的因素称为弱敏感因素。敏感程度一般用敏感系数来表示。

敏感系数计算结果为正，表示该因素与利润的关系是同向变动的关系；结果为负，则相反。一般单价和销售量的敏感系数为正，成本的敏感系数为负。

敏感系数 = 目标值变动的百分比 ÷ 因素值变动百分比

【例 4–9】在例 4–8 中，假设单价、单位变动成本、销售量和固定成本在原有水平的基础上各增加 20%，则各因素的敏感程度如下。

（1）单价的敏感系数。

单价变动后的利润 =（2×1.2–1.2）×110 000–50 000=82 000（元）

目标值变动百分比 =（82 000–38 000）÷38 000×100%=115.79%

单价的敏感系数 =115.79%÷20%=5.79

单价对利润的影响：单价变动 1%，利润就会变动 5.79%。

（2）单位变动成本的敏感系数。

单位变动成本变动后的利润 =（2–1.2×1.2）×110 000–50 000=11 600（元）

目标值变动百分比 =（11 600–38 000）÷38 000×100%= –69.47%

单位变动成本的敏感系数 = –69.47%÷20%= –3.47

单位变动成本对利润的影响：单位变动成本变动 1%，利润就会变动 –3.47%。

（3）销售量的敏感系数。

销售量变动后的利润 =（2-1.2）×110 000×1.2-50 000=55 600（元）

目标值变动百分比 =（55 600-38 000）÷38 000×100%=46.32%

销售量的敏感系数 =46.32%÷20%=2.32

销售量对利润的影响：销售量变动 1%，利润就会变动 2.32%。

（4）固定成本的敏感系数。

固定成本变动后的利润 =（2-1.2）×110 000-50 000×1.2=28 000（元）

目标值变动百分比 =（28 000-38 000）÷38 000×100%= -26.32%

固定成本的敏感系数 = -26.32%÷20%= -1.32

固定成本对利润的影响：固定成本变动 1%，利润就会变动 -1.32%。

企业有时会列出有关因素变动的敏感分析表，来直接反映各因素变动后的利润值，以便为企业决策人员提供直观的数据。例如，在例 4-8 中，除了 20% 的变动率，企业还有各因素的变动率分别为 -20%、-10%、10% 三种情况。各因素变动敏感分析如表 4-6 所示。

表 4-6　　　　　　　　　　各因素变动敏感分析表

因素	变动百分比 / (%)				
	-20	-10	0	+10	+20
	利润 / 元				
单价 / 元	14 000	16 000	38 000	60 000	82 000
单位变动成本 / 元	64 400	51 200	38 000	24 800	11 600
固定成本 / 元	48 000	43 000	38 000	33 000	28 000
销售量 / 元	20 400	29 200	38 000	46 800	55 600

在该分析表中，各因素变动幅度只是选择了正负各两个值，如果选择更多的值，就可以得到更多的利润数据，这样根据各因素的变动幅度值和相应的利润值，就可以得到一系列的点，再把这些点连接起来，就可以得到一张分析图了。

本 章 小 结

本章主要介绍了本量利分析的基本原理及应用。本量利分析是管理会计的重要方法，其基本内容包括将总成本划分为变动成本和固定成本；计算产品的边际贡献；确定产品生产销售的盈亏临界点（保本点）；分析产品销售的安全边际等。盈亏临界点分析是本量利分析的核心内容。

在以目标管理为基本特征的现代化管理中，管理人员还可以盈亏临界点为基础，通过对本量利基本模式的扩展，进行有效的目标管理。

关 键 术 语

本量利分析　边际贡献　边际贡献率　变动成本率　盈亏临界点　盈亏临界图　安全边际　安全边际率　保本作业率　综合边际贡献率　敏感性分析　敏感系数

综 合 练 习

一、问答题

1. 什么是本量利分析？本量利分析的基本假设有哪些？
2. 什么是盈亏临界点？如何确定盈亏临界点？
3. 如何判定企业经营的安全性？
4. 如何进行多品种的本量利分析？
5. 什么是敏感性分析？为什么要进行敏感性分析？

二、不定项选择题

1. 在本量利分析中，必须把企业全部成本分为变动成本和（　　　）。
   A. 固定成本　　　　　　　　B. 机会成本
   C. 可控成本　　　　　　　　D. 边际成本

2. 盈亏临界点的表现形式有（　　　）。
   A. 保本作业率　　　　　　　B. 变动成本率
   C. 保本额　　　　　　　　　D. 保本量
   E. 安全边际率

3. 边际贡献率与变动成本率二者之间的关系是（　　　）。
   A. 变动成本率高，边际贡献率也高
   B. 变动成本率高，边际贡献率低
   C. 变动成本率与边际贡献率二者没有关系
   D. 变动成本率是边际贡献率的倒数

4. 当单价上涨，而其他因素不变时，会引起（　　　）。
   A. 盈亏临界点降低、安全边际降低、利润减少
   B. 盈亏临界点上升、安全边际上升、利润增加
   C. 盈亏临界点上升、安全边际降低、利润减少
   D. 盈亏临界点降低、安全边际上升、利润增加

5. 已知某企业本年目标利润为 2 500 万元，产品单价为 1 000 元，单位变动成本率为 40%，产品固定成本为 700 万元。要达到目标利润，该企业应销售产品（　　　）件。
   A. 80 000　　　　　　　　　B. 53 334
   C. 41 667　　　　　　　　　D. 62 550

6. 东方公司生产销售某产品，单价为 20 元，单位变动成本为 12 元，销售量为 2 000 件，固定成本为 8 000 元，计划实现利润为 10 000 元，那么东方公司可以采取的措施有（　　　）。
   A. 提高售价 1 元　　　　　　B. 提高销量 250 件

C. 降低单位变动成本 1 元　　D. 降低固定成本 2 000 元

7. 下列各项中，导致利润减少的有（　　）。
   A. 单价降低
   B. 单价上涨
   C. 单位变动成本增加
   D. 固定成本减少
   E. 销售量减少

8. 下列公式正确的是（　　）。
   A. 保本量 = 固定成本 ÷ 边际贡献率
   B. 安全边际率 = 安全边际 / 保本量
   C. 安全边际率 + 保本作业率 = 1
   D. 安全边际额 + 保本额 = 销售额
   E. 以上都正确

9. 边际贡献除了以总额的形式表现，还包括以下（　　）的表现形式。
   A. 单位边际贡献
   B. 边际贡献率
   C. 目标利润
   D. 固定成本
   E. 延期变动成本

三、计算题

1. 某厂只生产一种产品，有关资料如下：产品单价为 5 元，单位产品变动成本为 3 元，全月固定成本为 32 000 元，全月预计销售 20 000 件。

要求：(1) 计算保本销售量、安全边际、预测预计销售量的利润。

(2) 该厂通过调查，认为产品单价如提高到 5.5 元，全月预计可销售产品 18 000 件，重新计算提高单价情况下的保本销售量、安全边际和预测预计销售量的利润。

(3) 该厂通过调查，认为由于出现的一些新的情况，产品单价将降低到 4.6 元，同时每月还需增加广告费 4 000 元，重新计算保本销售量，并且计算要销售多少件，才能使利润比售价变动前（即单价仍为 5 元时）的利润增加 10%。

2. 表 4-7 所示为 4 个工厂在过去一年中生产和销售的情况，假定每个工厂产销平衡，同时都只产销一种产品。

表 4-7　　　　　　　　4 个工厂在过去一年中生产和销售情况表

工厂	销售收入总额/元	变动成本总额/元	边际贡献率/(%)	固定成本总额/元	营业利润/元
1	180 000	①	40	②	12 000
2	300 000	165 000	③	100 000	④
3	⑤	⑥	30	80 000	(5 000)
4	400 000	260 000	⑦	⑧	30 000

要求：根据本量利分析的基本原理以及边际贡献率的实质，通过具体计算，将有关数据①~⑧填入表内，并分别写出其计算过程。

3. 某企业生产甲、乙、丙 3 种产品，单价分别为 800 元、900 元和 600 元，单位变动成本分别为 600 元、500 元和 100 元，销售量分别为 50 件、50 件和 40 件，固定成本总额为 10 000 元，要求：用加权平均法对该企业进行本量利分析。

4．某企业预计 202× 年产销某产品 20 000 件，单价为 50 元，单位变动成本为 30 元，年固定成本总额为 200 000 元，企业的最大生产能力为 40 000 件，根据上述条件进行分析：如果计划利润增加 20%，企业应该采取哪些措施？

4-8 拓展练习

第二篇 预测与决策会计篇

第 5 章

预 测 分 析

教 学 要 点

知识要点	能力要求	相关知识
预测分析概述	理解预测分析	（1）预测分析的含义、作用及特征 （2）预测分析的内容 （3）预测分析的步骤 （4）预测分析的方法
销售、成本、利润以及资金需要量预测	学会对销售、成本、利润以及资金需要量进行预测	（1）销售预测的方法 （2）成本预测的方法 （3）利润预测的方法 （4）资金需要量预测的方法

导入案例

德尔菲法预测产品的未来销售量

相关背景和数据

某公司研制出一种新产品，因为目前市场上还没有相似产品，所以没有历史数据可以借鉴。但公司需要对可能的销售量做出预测，以决定产量。于是该公司聘请业务经理、市场专家和销售人员等 8 位专家成立专家小组，预测全年的销售量。8 位专家通过对新产品的特点、用途的分析，以及对人们的消费能力和消费倾向的调查，作出了判断，经过三次反馈得到了专家预测结果，如表 5-1 所示。

表 5-1　　　　　　　　　　　专家预测结果

单位：台

专家编号	第一次判断			第二次判断			第三次判断		
	最低销售量	最可能销售量	最高销售量	最低销售量	最可能销售量	最高销售量	最低销售量	最可能销售量	最高销售量
1	500	750	900	600	750	900	550	750	900
2	200	450	600	300	500	650	400	500	650

续表

专家编号	第一次判断			第二次判断			第三次判断		
	最低销售量	最可能销售量	最高销售量	最低销售量	最可能销售量	最高销售量	最低销售量	最可能销售量	最高销售量
3	400	600	800	500	700	800	500	700	800
4	750	900	1 500	600	750	1 500	500	600	1 250
5	100	200	350	220	400	500	300	500	600
6	300	500	750	300	500	750	300	600	750
7	250	300	400	250	400	500	400	500	600
8	260	300	500	350	400	600	370	410	610
平均数	345	500	725	390	550	775	415	570	770

分析过程和预测结果

（1）在预测时，最后一次判断是综合前几次的反馈做出的，因此一般取最后一次判断为最终预测结果。如果按照 8 位专家第三次判断的平均值计算，则这个新产品的预测销售量为：

$$(415+570+770) \div 3 = 585（台）$$

（2）将最可能销售量、最低销售量和最高销售量分别按 0.5、0.2 和 0.3 的概率加权平均，则预测销售量为：

$$570 \times 0.5 + 415 \times 0.2 + 770 \times 0.3 = 599（台）$$

（3）用中位数计算，可将第三次判断按预测值高低排列如下。

最低销售量　　　300　　370　　400　　500　　550
最可能销售量　　410　　500　　600　　700　　750
最高销售量　　　600　　610　　650　　750　　800　　900　　1250

中间项的计算公式为 $(n+1)/2$（n= 项数）。

最低销售量的中位数为第三项，即 400 台。
最可能销售量的中位数为第三项，即 600 台。
最高销售量的中位数为第四项，即 750 台。

将最可能销售量、最低销售量和最高销售量分别按 0.5、0.2 和 0.3 的概率加权平均，则预测销售量为：

$$600 \times 0.5 + 400 \times 0.2 + 750 \times 0.3 = 605（台）$$

需要说明的是，如果数据分布的偏态较大，一般使用中位数，以免受个别偏大或偏小判断值的影响；如果数据分布的偏态较小，一般使用平均数，以便考虑到每个判断值的影响。

由以上案例可以看出，企业要健康稳定的发展离不开预测分析，正确的预测离不开科学的预测方法，下面我们学习预测分析的相关知识。

5.1 预测分析概述

5.1.1 预测分析的含义、作用及特征

5-1 知识讲解

1. 含义

预测分析是按照一定的原则和程序,运用专门方法进行预测的过程。也就是根据研究对象发展变化的实际数据和历史资料,以及客观事物的内在联系,运用现代的科学理论、方法、经验和知识,对事物在未来一定时期内的变化情况进行预测。根据事物的过去和现在估计未来,根据已知预测未知,指导我们的决策行动,从而减少决策的盲目性。

2. 作用

预测分析是企业管理的重要职能,是决策的依据。

3. 特征

(1) 依据客观:历史资料与合理经验。
(2) 时间相对性:时间越短,结果越准确。
(3) 结论可检验:误差可根据检验结果调整。
(4) 方法灵活:多种方法可供选择。

5.1.2 预测分析的内容

对一般企业而言,预测分析的主要内容包括:销售预测、成本预测、利润预测、资金需要量预测。

5.1.3 预测分析的步骤

预测是一项复杂细致的工作,应该遵循一定的程序和步骤。预测步骤一般分为确定预测目标、收集资料、选择预测方法、预测分析和修正、编写预测报告等。

1. 确定预测目标

明确目的是开展市场预测工作的第一步。因为预测目的不同,预测的内容和项目、所需要的资料和所运用的方法都会有所不同。明确预测目标,就是根据经营活动存在的问题,拟定预测的项目,制订预测工作计划,编制预算,调配力量,组织实施,以保证市场预测工作有计划、有节奏地进行。

2. 收集资料

收集资料是预测工作的起点,是进行预测的依据。收集的资料是否准确、可信、全面,对预测的准确性起着决定性的作用。因此,对于所收集资料的来源是否可靠、真实、全面,要认真进行审查,同时要把这些资料进行分组、归类,以确保这些资料的系统性、可比性、连续性。

3. 选择预测方法

根据预测的目标以及各种预测方法的适用条件和性能，选择出合适的预测方法。有时可以运用多种预测方法来预测同一目标。预测方法的选用是否恰当，将直接影响预测的精确性和可靠性。运用预测方法的核心是建立描述、概括研究对象特征和变化规律的模型，根据模型进行计算或者处理，即可得到预测结果。

4. 预测分析和修正

分析判断是对调查收集资料的内外部各种影响因素进行分析，并通过判断、推理，使感性认识上升为理性认识，从事物的现象深入事物的本质，从而预计市场的未来发展变化趋势。通常在分析判断的基础上，还要根据最新信息对原预测结果进行评估和修正。因为预测是把过去事物发展的模式引申到未来，均带有一定的假定性，所以预测的结果难免会有一定的误差存在。若误差过大，就将失去预测的意义。因此，还要根据有实际经验的专家所估计的数据，对预测结果进行修正，以保证预测目标的实现。

5. 编写预测报告

预测报告应该概括预测研究的主要活动过程，包括预测目标、预测对象及有关因素的分析结论、主要资料和数据，预测方法的选择和模型的建立，以及对预测结论的评估、分析和修正等。

5.1.4 预测分析的方法

1. 定量分析法

定量分析法是根据过去比较完备的统计资料，应用一定的数学模型或数理统计方法对各种数量资料进行科学的加工处理，借以充分揭示有关变量之间的规律性联系，作为对未来事物发展趋势预测的依据。这种方法适用于历史资料齐全的企业。定量分析法包括趋势外推分析法（算术平均法、移动平均法、趋势平均法、加权平均法、指数平滑法）和因果预测法。

2. 定性分析法

定性分析法是以人的逻辑判断为主，并根据由各种途径得到的意见、信息和有关资料，综合分析当前的政治、经济、科技等形势以及预测对象的内在联系，以判断事件发展的前景，并尽量把这种判断转化为可计量的预测。这种方法适合在资料缺乏，或主要因素难以定量分析的情况下应用。定性分析方法一般包括经验分析法、直接调查法、集合意见法等。

5.2 销售预测

5.2.1 销售预测的概念及作用

1. 销售预测的概念

销售预测是指在未来特定时间内，对全部产品或特定产品的销售数量与销售金额的估计。销售预测是在充分考虑未来各种影响因素的基础上，结合本企业的销售实绩，通过一定的分析方法提出切实可行的销售目标。

2．销售预测的作用

（1）销售预测是企业经营预测的起点和基础

销售预测是利润预测、成本预测、资金需要量预测的基础。只有做好销售预测，才能做好其他经营预测。销售预测的正确与否，直接或间接地关系到其他各项经营预测的质量。

（2）销售预测为企业经营决策提供最重要的依据

做好销售预测，不仅有利于提高企业经营决策的科学性，而且此预测工作直接关系到企业的经济效益。销售预测是制定企业经营决策最重要的依据。

5.2.2 销售预测的影响因素

尽管销售预测十分重要，但进行高质量的销售预测却并非易事。在进行预测和选择最合适的预测方法之前，了解对销售预测产生影响的各种因素是非常重要的。

一般来讲，在进行销售预测时考虑两大类因素：外界因素和内部因素。

1．外界因素

（1）需求动向。

需求是外界因素之中最重要的一项，如流行趋势、爱好变化、生活形态变化、人口流动等，均可成为产品（或服务）需求的质与量方面的影响因素。因此，必须加以分析与预测。企业应尽量收集有关对象的市场资料、市场调查机构资料、购买动机调查等统计资料，以掌握市场的需求动向。

（2）经济变动。

销售收入深受经济变动的影响，经济因素是影响商品销售的重要因素，为了提高销售预测的准确性，应特别关注商品市场中的供应和需求情况。尤其近几年来，科技、信息快速发展，带来更多无法预测的影响因素，导致企业销售收入波动。因此，为了正确预测，需特别注意资源问题的未来发展态势，政府及财经界对经济政策的见解，以及基础工业、加工业生产、经济增长率等变动情况，尤其要关注突发事件对经济的影响。

（3）同业竞争动向。

销售额的高低深受同业竞争者的影响，企业为了生存和发展，必须掌握竞争对手在市场上的所有活动。例如，竞争对手的目标市场在哪里、产品价格高低、促销与服务措施等。

（4）政府、消费者团体的动向。

考虑政府的各种经济政策、方案措施，以及消费者团体所提出的各种要求等。

2．内部因素

（1）营销策略。

考虑市场定位、产品政策、价格政策、渠道政策、广告及促销政策等变更对销售额所产生的影响。

（2）销售政策。

考虑变更管理内容、交易条件、付款条件、销售方法等对销售额所产生的影响。

（3）销售人员。

销售活动是一种以人为核心的活动，所以人为因素对于销售额的实现具有相当深远的影响，这是我们不能忽略的。

（4）生产状况。

考虑货源是否充足，能否保证销售需要等。

5.2.3　销售预测的程序

销售预测可以看作是一个系统，是由有关信息资料的输入、处理和预测结果的输出所组成的信息资料转换过程。对于复杂的预测对象，有时需要把它分解，然后对分解后的子系统进行预测，在此基础上再对总的预测目标进行预测。销售预测是一项很复杂的工作，要使这一复杂工作有条不紊地进行，就必须遵循一定的程序。销售预测的基本程序如下。

1. 确定预测目标

销售预测是以产品的销售为中心的，产品的销售本身就是一个复杂的系统。有关的系统变量很多，例如，市场需求潜量、市场占有率、产品的售价等。这些变量对预测资料的要求、预测方法的选择都有所不同。所以，预测目标的确定是销售预测的主要问题。

2. 收集和分析资料

在预测目标确定以后，为满足预测工作的要求，必须收集与预测目标有关的资料。所收集资料的充足与可靠程度对预测结果的准确度具有重要影响。所以，对收集的资料必须进行分析，并需要满足如下条件。

（1）资料的针对性。所收集的资料必须与预期目标的要求相一致。

（2）资料的真实性。所收集的资料必须是从实际中得来的，并且是经过核实的资料。

（3）资料的完整性。资料的完整性直接影响销售预测工作的进行。所以，必须采取各种方法，以保证得到完整的资料。

（4）资料的可比性。对于同一种资料，来源不同、统计口径不同，差别也可能很大。所以，在收集资料时，对所得到的资料必须进行分析，剔除一些因随机事件造成不真实性的资料；对不具备可比性的资料，通过分析进行调整等，以避免资料本身原因给预测结果带来的误差。

5.2.4　销售预测的方法

销售预测的方法包括销售预测的定性方法和销售预测的定量方法。

1. 销售预测的定性方法

企业采用定性方法进行销售预测，一般可以采用顾客需求意向调查法、销售人员意见综合法、专家意见法、市场测试法、产品寿命周期推断法等。

（1）顾客需求意向调查法。

顾客需求意向调查法是一种通过调查购买者的购买计划，来预测某种商品销售量的销售预测方法。这种方法通过随机抽样原则，抽选一定数目的购买者进行调查，或者通过发放调查表、派调查人员直接找购买者征询意见，来询问他们是否打算购买某种商品。然后将调查数据进行整理，据以推测该种商品的需求量。顾客需求意向调查法包括购买者意向调查法和意愿调查法等多种方法。这些方法通过不同的方式收集和分析购买者的意向和意愿，以预测市场需求和消费者行为。

（2）销售人员意见法。

销售人员意见法是由销售人员对产品的未来销售进行预测。有时由每个销售人员单独作出这些预测，有时则与销售经理共同讨论而作出这些预测。预测结果以地区或行政区划分，然后一级一级汇总，最后得出企业的销售预测结果。

销售人员意见法的优点：①比较简单明了，容易进行；②销售人员经常接触客户，对客户意向有较全面深刻的了解，比其他人对市场有更敏锐的洞察力，因此所作预测值可靠性高，风险性小；③适应范围广；④除了可以对商品销售量、销售额进行预测，还可以对商品的花色、品种、规格等进行预测，能比较实际地反映当地需求；⑤销售人员直接参与公司预测，从而对公司下达的销售配额有较大信心去完成；⑥运用这种方法，也可以按产品、区域、顾客或销售人员来划分各种销售预测值。

销售人员意见法的缺点：①销售人员可能对宏观经济形势及企业的总体规划缺乏了解；②销售人员受知识、能力或兴趣影响，其判断难免会有偏差，可能受情绪的影响，也可能估计过于乐观或悲观；③有些销售人员为了能超额完成下一年度的销售配额指标，获得奖励或升迁机会，可能会故意压低预测数字。

（3）专家意见法。

公司也可以借助专家意见法来进行预测。专家可以来自经销商、分销商、供应商、营销顾问团队和贸易协会。例如，汽车公司向其经销商定期调查以获得短期需求的预测。但是，经销商的估计和销售人员的估计一样，有着相同的优点和缺点。许多公司从一些著名的经济预测公司那里购买经济和行业预测。这些预测专家处在较有利的位置，由于他们有更多的数据和更好的预测技术，因此他们的预测往往优于公司的预测。

公司可以召集专家，组成一个专门小组，请专家们交换观点并做出估计（小组讨论法）；或者要求专家们分别提出自己的估计，然后由一位分析人员把这些估计汇总成一个估计（个人估计汇总法）；或者由专家们提出各自的估计和设想，由公司审查、修改，并继续进行更深化的估计（德尔菲法）。

（4）市场测试法。

在购买者无购买计划、购买意图无规则性、专家并非可靠预测者的情况下，一个直接的市场测试是必要的。市场测试法特别适用于对新产品的销售预测，或为产品建立新的分销渠道或地区的情况。

（5）产品寿命周期推断法。

产品寿命周期推断法是一种基于产品生命周期理论，用于分析产品从引入市场到最终退出市场全过程的定性分析方法，它是对其他预测分析方法的补充。产品在开拓期（介绍期）、成长期、成熟期、衰退期的销售量和利润，一般均有规律可循。例如，在成长期，可以稍稍降价，以扩大销售量；在衰退期，销售额大大降低时，应以价格作为主要的竞争工具。

2. 销售预测的定量方法

企业采用定量方法进行销售预测，一般可以采用算术平均法、移动平均法、指数平滑法、直线回归分析法等。

（1）算术平均法。

算术平均法是以过去若干期的销售量或销售额的算术平均值作为计划期间的销售预测值。其计算公式为：

$$\bar{x} = \frac{\sum x_i}{n}$$

式中　$\bar{x}$——计划期内的销售预测值；
　　　x_i——各期的销售量或销售额；
　　　n——时期数。

该方法具有计算简单的优点，但由于该方法简单地将各期销售差异平均化，没有考虑到近期的变动趋势，因而预测数与实际数可能会有较大的误差。这种方法适用于销售业务量较稳定的产品的预测。

【例 5-1】　某企业生产一种产品，2024 年各月销售额如表 5-2 所示。

表 5-2　　　　　　　　　　　　　　2024 年各月销售额

单位：万元

月　份	1	2	3	4	5	6	7	8	9	10	11	12
销售额	10	12	13	11	14	16	17	15	12	16	18	19

要求：运用算术平均法预测 2025 年 1 月的销售额。

解：预测销售额 =（10+12+13+11+14+16+17+15+12+16+18+19）÷12=14.42（万元）

（2）移动平均法。

移动平均法是根据时间序列逐项移动，依次计算包含一定项数的平均数，形成平均数时间序列，并据此对预测对象进行预测。其计算公式为：

销售预测数 = 最后移动期平均销售数 + 趋势值 b（最后移动期平均销售数 – 上一移动期平均销售数）

移动平均法计算简单，克服了算术平均法简单地将各期销售差异平均化的缺点，同时考虑到近期的变动趋势，但是其预测数代表性较差。这种方法适用于销量略有波动的产品的预测。

【例 5-2】　根据例 5-1 资料，设移动期为 5 个月，利用移动平均法预测 2025 年 1 月销售额。

解：最后移动期平均销售额 =（15+12+16+18+19）÷5=16（万元）
　　　上一移动期平均销售额 =（17+15+12+16+18）÷5=15.6（万元）
　　　修正后的预测销售额 =16+（16-15.6）=16.4（万元）

（3）指数平滑法。

指数平滑法来自移动平均法，是一次移动平均法的延伸。指数平滑法是对时间数据给予加工平滑，从而获得其变化规律与趋势。采用指数平滑法预测计划期销售量或销售额时，需要导入平滑系数（平滑系数的值要求大于 0，小于 1，一般取值为 0.3～0.7）进行运算。其计算公式为：

销售预测数 = 平滑系数 × 前期实际销售数 + (1 – 平滑系数) × 前期预测销售数

这种方法适用于产品短期销售预测，比较经济、简便。

【例 5–3】 某通信公司 1—5 月手机销售额如表 5–3 所示。

表 5–3　　　　　　　　　　某通信公司 1—5 月手机销售额

单位：万元

月　份	1	2	3	4	5
销售额	21.17	20.4	53.6	30.04	25.33

设 5 月预测销售额为 35 万元，平滑系数 $\alpha = 0.4$，要求预测 6 月手机销售额。

解：6 月预测销售额 = 0.4×25.33 + (1–0.4)×35 = 31.132（万元）

从例 5–3 中可以看出，其实指数平滑法也是一种加权平均法，其中 α、$1-\alpha$ 都是权数。

（4）直线回归分析法。

直线回归分析法是根据 $y=a+bx$ 的直线方程式，按照最小二乘法的原理确定一条能正确反映自变量 x 和因变量 y 之间关系的直线。直线方程中的常数项 a 和系数 b 可按下列公式计算：

$$a = \frac{\sum y - b \sum x}{n}$$

$$b = \frac{n \sum xy - \sum x \cdot \sum y}{n \sum x^2 - (\sum x)^2}$$

同时，相关系数

$$r = \frac{\sum xy}{\sqrt{\sum x^2 \cdot \sum y^2}}$$

如果销售历史数据呈现出直线变化趋势，就可以应用直线回归分析法进行销售预测，也就是说如果相关系数 r 的绝对值大于 0.5，就可以用 $y = a+bx$ 来进行预测。

需注意的是：销售预测的具体方法同样适用于其他经营预测。要针对不同的预测对象，根据所掌握的资料的特点，选择适宜的预测方法。

【例 5–4】 某企业通过调查发现某商品的销售量与当地居民的人均月收入有关，资料如表 5–4 所示。假设某年的居民人均月收入为 2 000 元，要求预测这年的销售量。

表 5–4　　　　　　　　　　人均月收入与销售量表

年　份	2019	2020	2021	2022	2023	2024
人均月收入 x/元	780	820	960	1 000	1 050	1 250
销售量 y/吨	42	48	49	56	60	62

解：初步判断可知，人均月收入与销售量之间有联系，即随着收入提高，销售量上升。需要计算相关系数以进一步判断两者之间是不是线性关系。一元线性回归计算表如表 5–5 所示。

表 5-5　　　　　　　　　　　　　一元线性回归计算表

年　份	人均月收入 x/元	销售量 y/吨	xy	x^2	y^2
2019	780	42	32 760	608 400	1 764
2020	820	48	39 360	672 400	2 304
2021	960	49	47 040	921 600	2 401
2022	1 000	56	56 000	1 000 000	3 136
2023	1 050	60	63 000	1 102 500	3 600
2024	1 250	62	77 500	1 562 500	3 844
合计	5 860	317	315 660	5 867 400	17 049

$$r = \frac{\sum xy}{\sqrt{\sum x^2 \cdot \sum y^2}} = 0.998$$

因为 $r>0.5$，所以收入与销售量之间基本正相关。可建立线性方程 $y=a+bx$。根据表 5-5 求出 $b=0.042$，$a=11.79$，从而列出方程 $y=11.79+0.042x$。当 $x=2\ 000$ 时，预测该年销售量将为 95.79 吨。

5-3 知识讲解

5.3　成本预测

5.3.1　成本预测的概念、分类及特点

1. 成本预测的概念

成本预测是指运用一定的科学方法，对未来成本水平及其变化趋势做出科学的估计。通过成本预测，掌握未来的成本水平及其变动趋势，有助于减少决策的盲目性，使经营管理者易于选择最优方案，做出正确决策。成本预测是全面加强企业成本管理的首要环节，也是正确编制产品成本计划的前提。成本预测能为企业挖掘降低成本的潜力、提高经济效益指明方向。准确地预测成本指标，能为企业的管理者正确进行生产经营决策提供依据。

2. 成本预测的分类

（1）按预测的期限分类。

成本预测按预测的期限可分为长期预测和短期预测。长期预测是指一年以上的预测，如 3~5 年的成本预测。短期预测是指一年及以下的预测，如按月、按季或按年的成本预测。

（2）按预测内容分类。

成本预测按预测的内容可分为制订计划或方案阶段的成本预测和在计划实施过程中的成本预测。

3. 成本预测的特点

成本预测的特点：预测过程的科学性、预测结果的近似性、预测结论的可修正性。

5.3.2 成本预测的程序

成本预测应以过去和现在的本企业和其他企业同类产品的有关数据为基础，由企业管理团队决定采用哪种专门方法，结合科学技术的发展和市场的供需情况对本企业的生产、供应、销售、运输等方面可能发生的影响进行计量、比较、分析，最后得出成本预测的结果。成本预测通常按以下四个步骤进行。

第一步，根据企业总体目标提出初步成本目标。

第二步，初步预测在目前情况下成本可能达到的水平，找出达到成本目标的差距。其中初步预测，就是不考虑任何特殊的降低成本措施，按目前主客观条件的变化情况，预计未来时期成本可能达到的水平。

第三步，考虑各种降低成本方案，预计实施各种方案后成本可能达到的水平。

第四步，选取最优成本方案，预计实施后的成本水平，正式确定成本目标。

以上成本预测程序表示的只是单个成本预测过程，而要达到最终确定的正式成本目标，这种过程必须反复多次。也就是说，只有经过多次的预测、比较以及对初步成本目标的不断修改、完善，才能最终确定正式成本目标，并依据本目标组织实施成本管理。

5.3.3 成本预测的方法

1. 定量预测法

定量预测法是指根据历史资料以及成本与影响因素之间的数量关系，通过建立数学模型来预计、推断未来成本的各种预测方法的统称。

（1）趋势预测法。

趋势预测法是按时间顺序排列有关的历史成本资料，运用一定的数学模型和方法进行加工计算并预测的各类方法。趋势预测法包括简单平均法、指数平滑法等。

（2）因果预测法。

因果预测法是根据成本与其相关因素之间的内在联系，建立数学模型并进行分析预测的各种方法。因果预测法包括本量利分析、投入产出分析法、回归分析法等。

2. 定性预测法

定性预测法是预测者根据掌握的专业知识和丰富的实际经验，运用逻辑思维方法对未来成本进行预计推断的方法的统称。

5.4 利润预测

5.4.1 利润预测的概念

利润是企业在一定会计期间进行经营活动的结果，是营业收入减去与之相匹配的费用后的余额。利润预测是按照企业经营目标的要求，通过对影响利润变化的成本、产销量等因素的综合分析，对未来一定时间内可能达到的利润水平和变化趋势所进行的科学预计和推测。利润预测是在销售预测和成本预测的基础上进行的。

5.4.2 利润预测的方法

1. 直接预测法

直接预测法是指根据本期的有关数据，直接推算出预测期的利润数额。预测时可根据利润的构成公式，首先分别预测营业总收入、营业总成本、其他经营收益等，然后根据利润的构成公式进行计算，得到的结果即为利润预测数额。

2. 因素分析法

因素分析法是在本期已实现的利润水平基础上，充分估计预测期影响产品销售利润的各因素增减变动的可能，来预测企业预测期产品销售利润的数额。影响产品销售利润的主要因素有产品销售数量、产品品种结构、产品销售成本、产品销售价格及产品销售税金等。

【例5-5】 某企业只经营一种产品，单价为100元/件，单位变动成本为60元/件，固定成本为300 000元。当年实现销售10 000件，获得利润为100 000元。企业按同行业先进企业的资金利润率20%预测下一年度企业的目标利润基数，预计下一年度企业资金占用额为800 000元。要求：按本量利分析原理，说明下一年度可采取的措施。

解：下一年度目标利润基数 =20%×800 000=160 000（元）。

按本量利分析原理，可计算出下一年度为实现160 000元利润应采取的单项措施（即在考虑某一因素变动时，假定其他因素不变）如下。

（1）增加销量1 500件，增长率为15%。

　　保利量 =（160 000+300 000）÷（100–60）=11 500（件）

　　销量变动量 =11 500–10 000=1 500（件）

　　销量变动率 =（11 500–10 000）÷10 000×100%=15%

（2）降低单位变动成本6元，降低率为10%。

　　保利单位变动成本：

$$100 - \frac{160\ 000 + 300\ 000}{10\ 000} = 100 - 46 = 54（元/件）$$

　　单位变动成本变动额 =54–60= –6（元/件）

　　单位变动成本变动率 = –6÷60×100%= –10%

（3）压缩固定成本开支60 000元，降低率为20%。

　　保利固定成本 =（100–60）×10 000–160 000=240 000（元）

　　固定成本变动额 =240 000–300 000= –60 000（元）

　　固定成本变动率 = –60 000÷300 000×100%= –20%

（4）提高单价6元，增长率为6%。

　　保利单价 $= \dfrac{160\ 000 + 300\ 000}{10\ 000} + 60 = 46 + 60 = 106（元/件）$

　　单价变动额 =106–100=6（元/件）

　　单价变动率 =6÷100×100%=6%

可见，企业只要采取以上任何一项单项措施，均可保证目标利润实现。若由于种种原因上述任何一项措施都无法实现，那么还必须考虑采取综合措施。假定企业可考虑采取下列综合措施（计算过程略）。

① 为提高产品质量，追加 2% 的单位变动成本投入，可使售价提高 3%。则此时实现目标利润的销量期望值为 11 005 件。

② 假定该产品价格弹性较大，降低价格 10%，可使市场容量增长 60%。若企业生产能力尚有潜力，可以满足市场需要，企业只要销售 15 334 件，就可实现目标利润。

③ 在市场容量不变的条件下，若追加 5 000 元约束性固定成本投入，可以提高自动化水平和人工效率，降低材料消耗。只要单位变动成本期望值达到 53.5 元/件，企业也能实现目标利润。

如果上述综合措施所要求的假定条件仍然无法实现，经过反复测算比较，企业确定的目标利润基数与可能实现利润的测算数之间仍有一段差距（假定为 10 000 元），目标太高，难以实现，可将目标利润修正值确定为 -10 000 元。最终确定下达的目标利润预测值应为：160 000-10 000=150 000（元）。

5.5 资金需要量预测

5.5.1 资金需要量预测的概念及方法

资金需要量的预测就是以预测期企业生产经营规模的发展和资金利用效果的提高等为依据，在分析有关历史资料、技术经济条件和发展规模的基础上，运用数学方法，对预测期资金需要量进行科学的预测。

1. 资金增长趋势预测法

资金增长趋势预测法就是运用回归分析法原理对过去若干期销售收入及资金需要量的历史资料进行分析、计量后，确定反映销售收入与资金需要量之间的回归直线，并据以推算未来期间资金需要量的一种方法。

2. 预计资产负债表法

预计资产负债表法是通过编制预计资产负债表来预计预测期资产、负债和留用利润，从而测算外部资金需要量的一种方法。

5.5.2 固定资金需要量预测

固定资金需要量预测是对未来一定时期内企业进行生产经营活动所需固定资金进行预测。要预测固定资金需要量，首先需要预测固定资产需要量。固定资产需要量的预测，就是根据企业的生产经营方向、生产经营任务和现有的生产能力，预测企业为完成生产经营任务所需要的固定资产数量。固定资产需要量的预测既要保证生产经营的正常需要，又要尽可能地节约资金、减少占用；既要考虑企业现有的技术条件，充分利用、挖掘现有的生产经营能力，又要尽可能地采用先进的科学技术，不断提高企业生产经营技术的现代化水平。

1. 生产设备需要量的预测

预测生产设备需要量最基本的方法是生产能力和生产经营任务相平衡的方法，也就是说在对现有设备的数量、质量和生产能力进行彻底清查的基础上，将现有生产设备全年有效台时总数与完成预测期生产经营任务所需要的定额台时总数进行比较，计算出各类生产设备对完成预计生产经营任务的保证程度以及多余或不足的设备数量，最后决定对多余或不足设备的处理方法。

2. 其他固定资产需要量的预测

其他固定资产需要量可在测定生产设备需要量的基础上，按照其在基年与生产设备的比例关系，结合预测年度提高设备利用率的要求进行测算。将预测年度需要量与基年实有数进行比较，就可算出预测年度该类设备的多余或不足量。

对固定资产需要量进行预测之后，根据固定资产的相关价格，就可以预测固定资金需要量。

5.5.3 流动资金需要量预测

1. 资金占用比例法

资金占用比例法是指企业根据预测期确定的相关指标，按基年流动资金实际平均占用额与相关指标的比例关系，来预测流动资金需要量的一种方法。

2. 周转期预测法

周转期预测法是根据流动资金完成一次循环所需要的日数和每日平均周转额来计算流动资金需要量的一种方法。

3. 因素测算法

因素测算法是以有关流动资金项目基年的实际平均需要量为基础，根据预测年度的生产经营任务和加速流动资金周转的要求进行分析调整，来预测流动资金需要量的一种方法。

4. 余额测算法

余额测算法是以基年结转余额为基础，根据预测年度发生数额、摊销数额来测算流动资金需要量的一种方法。

本章小结

本章介绍了预测分析的基本概念、内容、步骤和方法，重点介绍定量分析的方法在销售预测、成本预测、利润预测、资金需要量预测中的应用；强调预测方法与实际工作的结合，利用预测的方法指导企业实际的预测工作，提高预测的准确性。

关键术语

预测分析　销售预测　成本预测　利润预测　资金需要量预测　定量分析　定性分析

综合练习

一、思考题

1. 销售预测方法有哪些？它们各有哪些特点？
2. 资金需要量预测的意义有哪些？
3. 算术平均法与加权平均法的适用范围有哪些不同？
4. 定量分析和定性分析两类方法的特点是什么？

二、判断题

1. 定性分析法就是运用现代数学方法，对历史资料进行加工整理，建立与之相适应的数学模型的一种科学的预测方法。（   ）
2. 指数平滑法的平滑指数越大，则前期实际数对预测结果的影响越小。（   ）
3. 销售预测中的算术平均法适用于销售量略有波动的产品的预测。（   ）
4. 预测利润等于销售收入总额减去变动成本总额，再减去固定成本总额后的余额。（   ）
5. 预测是为决策服务的，有时候也可以代替决策。（   ）
6. 回归分析法是因果预测法的一种。（   ）

三、单项选择题

1. 在企业经营状况预测分析中，其重要性处于首位的是（   ）。
   A. 利润预测   B. 销售预测
   C. 成本预测   D. 资金需要量预测
2. 与利润相关的4个因素中，（   ）的利润灵敏度指标值总是最大。
   A. 单位变动成本   B. 单位销售价格
   C. 固定成本   D. 销售量
3. 下列各项中，不能按照统一的方法直接确定各期权数值的是（   ）。
   A. 移动平均法   B. 趋势平均法
   C. 加权平均法   D. 指数平滑法

四、多项选择题

1. 下列各项中，属于预测分析内容的有（   ）。
   A. 销售预测   B. 利润预测
   C. 成本预测   D. 资金需要量预测
   E. 定性预测
2. 下列各项中，可用于成本预测的方法包括（   ）。
   A. 指数平滑法   B. 加权平均法
   C. 回归直线分析法   D. 高低点法
   E. 趋势平均法
3. 下列各项中，可作为目标利润率标准的有（   ）。
   A. 投资报酬率   B. 销售利润率
   C. 产值利润率   D. 资金利润率
   E. 现金回收率

4. 下列各项中，可用于销售预测的定量分析方法有（　　）。
   A. 算术平均法　　　　　　　　B. 趋势预测法
   C. 移动平均法　　　　　　　　D. 指数平滑法
   E. 产品寿命周期推断法
5. 下列各项中，属于影响销售量的外部因素有（　　）。
   A. 市场环境　　　　　　　　　B. 竞争对手
   C. 产品价格　　　　　　　　　D. 经济发展趋势
   E. 生产条件

五、计算分析题

1. 已知：某企业生产一种产品，2024年1—12月的销售量资料如表5-6所示。

表5-6　　　　　　　　　　2024年1—12月的销售量

月　份	1	2	3	4	5	6	7	8	9	10	11	12
销售量/吨	10	12	13	11	14	16	17	15	12	16	18	19

要求：分别按以下方法预测2025年1月销售量。
（1）指数平滑法（假设2024年12月销售量预测数为16吨，平滑系数为0.3）。
（2）修正的时间序列回归法。

2. 已知：某企业生产一种产品，2025年上半年的成本资料如表5-7所示。

表5-7　　　　　　　　某企业2025年上半年的成本资料

单位：万元

月　份	固定成本	单位变动成本
1	12 000	14
2	12 500	13
3	13 000	12
4	14 000	12
5	14 500	10
6	15 000	9

要求：当7月产量为500件时，采用加权平均法预测7月产品的总成本和单位成本。

3. 资料：某企业基期实际利润为20万元，基期销售量为10 000件，基期销售单价为200元，单位变动成本为130元/件。计划期销售量将比基期增加10%。

要求：计算计划期利润额。

4. 资料：某公司2024年实际销售收入总额为850 000元，税后净利润为42 500元，其中17 000元已发放了股利。公司的生产能力利用率为65%。该公司2024年年末的资产负债表如表5-8所示。

表 5–8   资产负债表

单位：元

资产		负债及所有者权益	
现金	20 000	应付账款	100 000
应收账款	150 000	应付税金	50 000
存货	200 000	长期借款	230 000
固定资产（净额）	300 000	普通股股本	350 000
长期投资	40 000	留存收益	40 000
无形资产	60 000		
资产合计	770 000	负债和所有者权益合计	770 000

若公司 2025 年预计销售收入总额增至 1 000 000 元，股利发放率不变。

要求：预测该公司 2025 年需要追加的资金数量。

5–4 拓展练习

第 6 章

短期经营决策分析

教学要点

知识要点	能力要求	相关知识
短期经营决策概述	理解与短期经营决策相关的成本概念,以及这些成本对短期经营决策分析的意义	(1)决策概述 (2)短期经营决策经常使用的成本概念
短期经营决策分析常用的方法	了解短期经营决策分析的常用方法,具备运用这些方法进行短期经营决策分析的能力	(1)差量分析法 (2)成本无差别点分析法 (3)边际贡献分析法 (4)概率分析法
短期经营决策分析的具体问题	运用短期经营决策的相关方法解决实际中的决策问题	(1)亏损产品应否停产的决策分析 (2)零部件自制或外购的决策分析 (3)半成品出售或加工为成品出售的决策分析 (4)联产品是否进一步加工的决策分析 (5)采用不同工艺方案的决策分析 (6)特殊订货应否接受的决策分析
产品定价决策概述	运用产品定价决策的方法解决实际中的产品定价问题	(1)定价决策的基本目标 (2)定价决策应考虑的因素 (3)定价决策的基本方法

6-1 政策法规

 导入案例

A 冰激凌厂决策案例

案例：A 冰激凌厂产能为 2 000 万只，且只生产一种产品，目前只用了 80% 产能，该产品单位变动成本为 1.5 元，其中单位产品销售费用为 0.05 元，正常批发价为 2 元一只。某批发商愿以每只 1.48 元的价格委托 A 冰激凌厂贴牌生产 200 万只，并自行承担相关销售费用。如果您是冰激凌厂的经理人，请问接不接这个单子？

分析：从表面分析，1.48 元低于变动成本 1.5 元，不仅不能弥补固定成本，连变动成本都弥补不了，而且远远低于原来 2 元的批发价。但是由于冰激凌厂的剩余产能还有 400 万只，大于客户订单 200 万只，且如果接受了批发商的订单，冰激凌厂不需要负担额外的销售费用，这样就节省了 0.05 元的销售费用，使该笔订单的单位变动成本变为 1.45 元，低于订单价格 1.48 元，进而产生 0.03 元的单位贡献毛利，可以弥补部分固定成本，显然冰激凌厂是可以接受这个订单的。在对冰激凌厂的销售、生产、营销策略没有任何影响的情况下，接受该笔订单可增加贡献毛利，多赚 6 万元。

上述案例说明了企业中的一些特殊决策问题，通过本章的学习，结合财务会计提供的资料，才能解决上述问题。

6.1 短期经营决策概述

6.1.1 决策概述

1. 决策的概念及特点

6-2 知识讲解

所谓决策是指人们为了实现某一特定目标，在预测和占有必要信息的基础上，借助科学的理论和方法，进行必要的计算、分析和判断，从若干可供选择的方案中选择一个最优方案的过程。"管理的重心在经营，经营的重心在决策"，决策是经营管理的核心内容，是关系到企业未来发展兴衰成败的关键所在。

决策的主要特点有：①决策总是面向未来的，进行决策的目的是谋划、解决未来的事件；②决策要有明确的目标，在做出决策前确定决策目标是非常重要的；③决策时至少需要两个备选方案；④决策要考虑人的因素，当由于某种原因使得实施人员不能实施某备选方案时，即使该备选方案与其他方案相比具有明显的优点，决策时也不能将其定为实施方案。

2. 决策的步骤

决策的过程包括以下四个步骤：①明确决策问题和目标；②收集相关资料并制定备选方案；③对备选方案做出评价，选择最优方案；④决策方案的实施和控制。

3. 决策的分类

决策涉及的内容非常广泛，从不同的角度可以把决策分为不同的类型。

（1）按照决策内容和可能达到的结果分类。

按照决策内容和可能达到的结果，决策可以分为确定型决策、非确定型决策和风险型

决策。确定型决策中与决策相关的各项条件或自然状态都是已知的，而且每个方案只有一个确定的结果，这类决策相对来说比较容易，只要进行比较分析即可。非确定型决策的可供选择的方案中存在两种或两种以上的自然状态，而且这些自然状态所发生的概率是无法估计的，做出这类决策的难度较大，只能依靠决策者的实践经验和判断能力来解决。风险型决策的可供选择的方案中，存在两种或两种以上的自然状态，但每种自然状态所发生概率的大小是可以估计的，可以此为依据进行决策，但由于结果的不唯一性，存在一定的风险。

（2）按照决策的重复程度不同分类。

按照决策的重复程度不同，可以将决策分为程序化决策和非程序化决策。程序化决策是指呈现重复的、例行状态的决策，即有关常规的、反复发生的问题的决策。非程序化决策是指复杂的、不经常出现的、非例行状态的决策，即偶然发生的或首次出现而又较为重要的非重复性决策。当决策人员遇到新出现的问题时，如果没有解决方法可以参照遵循，则需要按照程序重新进行决策。

（3）按照决策的重要程度不同分类。

按照决策的重要程度不同，可以将决策分为战略决策和战术决策。战略决策是指涉及企业未来发展方向、政策方针的全局性重大决策。例如，经营目标的制定、新产品的开发、生产能力的扩大、产品生产结构的确定等关系全局发展的重大决策。战略决策对于企业具有重要而深远的影响。战术决策是指为了达到预期的战略决策目标，对日常经营活动所采用的方法和手段的局部性决策。

（4）按照决策时间的长短分类。

6-3 拓展视频

按照决策时间的长短，可以将决策分为短期经营决策和长期投资决策。短期经营决策是指企业为了有效组织现有的生产经营活动，合理利用经济资源，以期取得最佳的经济效益而进行的决策。它一般只涉及一年以内的有关经济活动。长期投资决策是指为改变或扩大企业的生产能力或服务能力而进行的决策。其主要特点是：投资支出的金额大，决策方案一旦执行后，事后很难改变，并将在企业生产经营中较长期地起作用，因此又称资本支出决策。

6.1.2 短期经营决策经常使用的成本概念

在进行短期决策分析时，经常使用以下成本概念。

1. 差别成本与边际成本

差别成本（Differential Cost）又称差异成本、差量成本。广义的差别成本是指可供选择的不同备选方案之间的预期成本的差异额。狭义的差别成本一般是指由于生产能力利用程度（或产量增减变化）的不同而形成的成本差异。在相关范围内，差别成本表现为变动成本。但是，当生产能力发生变动时，差别成本也可能包括固定成本。企业进行经营决策时，根据不同备选方案计算出来的差别成本，常用于反映不同的生产能力利用率在成本上产生的差别，也就是由于在原来基础上因追加批量产品的生产所追加的成本数额。例如，甲企业有剩余生产能力500工时，既能生产A产品，又能生产B产品，两种产品的成本分别为26 000元和32 000元，这两种产品的差别成本为26 000–32 000=–6 000（元）。

边际成本（Marginal Cost）是指产量（业务量）向无限小变化时成本的变动数额。在生产实践中，产量无限小的变化，最小只能小到一个单位，如果产量的变化低于一个单位，就没有什么实际意义。所以，边际成本的实质就是产量每增减一个单位而引起的成本变动。例如，某企业生产50件产品的成本为1 200元，生产51件产品的成本为1 300元，则产品边际成本为100元。

从定义上看，边际成本属于差别成本的特定表现形式。二者一般情况下是相关成本。

2. 付现成本与沉没成本

付现成本（Out-of-pocket Cost）是指在经营决策中，需要用现金支付而产生的成本。这里的现金指的是现金或现金等价物。可见，付现成本是决策考虑的重要影响因素。在经营决策中，特别是当企业的资金处于紧张状态，资金来源受到限制时，管理当局在进行决策分析时往往会选择成本最高而付现成本最小的方案来代替总成本最低的方案。付现成本是相关成本。

沉没成本（Sunk Cost）又称旁置成本、沉入成本，是指过去决策所发生的，并已支付过的款项，无法由现在或将来的任何决策所能改变的成本。可见，沉没成本是对现在或将来的任何决策都没有影响的成本。沉没成本是无关成本。

例如，某企业生产甲产品需要购进原材料2 000千克，该企业资金周转困难，如果从银行取得贷款，利率为15%。现有两个方案可供选择：第一种方案，该企业可以立即付现，每千克材料890元；第二种方案，该企业可以分期付款，每千克材料900元，但是需要先支付部分款项12 000元。如果企业选择第一种方案，那么货款为2 000×890=1780 000（元），需要全部用现金支付，那么付现成本就是1780 000元。

又如，某企业购买一台机床，原价100 000元，预计使用10年，期满残值5 000元。采用直线法计提折旧。使用3年后，由于科学技术的进步，该机床已经落后，如果再购买新机床，那么旧机床的折余价值71 500（100 000 −28 500）元就为沉没成本。

3. 机会成本与假计成本

机会成本（Opportunity Cost）是在进行决策时有多个备选方案，因选择一个方案放弃次要方案而丧失的潜在利益。企业在进行经营决策时，必须从多个备选方案中选择一个最优方案，而放弃另外的方案。此时，被放弃的次优方案可能获得的潜在利益就称为已选最优方案的机会成本。机会成本既不构成企业的实际支出，又不记入会计账簿。例如，某企业有一空闲厂房，既可以自己生产产品，又可以对外出租，此时自己生产产品的机会成本就是厂房的租金收入。

机会成本是人们为了得到某种东西而必须放弃的东西。很明显，机会成本之所以存在，是因为人们生活在众多的选择和机会当中，面临着各种不同的交替关系。因此，企业在决策时，就不能只考虑拟选方案的成本，还必须考虑放弃备选方案的成本——机会成本。机会成本的存在是因为资源供给的约束性和资源的多用途性。

假计成本（Imputed Cost）又称估算成本，是机会成本的一种特殊形式。从某种意义上说，假计成本不是一般意义上以直观形式表现的机会成本，而是需要进行特殊计量的、非直观形式的机会成本。假计成本和机会成本在一般情况下是相关成本。例如，某企业有一笔闲置资金50 000元，既可以购买设备生产产品，又可以对外进行投资。假定利息收入及投资报酬为 5 000 元，如果企业选择购买设备进行生产，那么购买设备的成本除了包括设备的成本，还包括假计成本 5 000 元。

4. 历史成本与重置成本

历史成本（Historical Cost）是指过去已经支付的成本，也称实际成本或账面成本。历史成本在一般情况下是无关成本。例如，某企业购买一台机床，原价 100 000 元，预计使用 10 年，期满残值 5 000 元。这 100 000 元就是这台机床的历史成本。

重置成本（Replacement Cost）是指从目前市场上购置某些资产需支付的成本。也就是说重新购买同一项原有资产所需支付的成本。重置成本在一般情况下是相关成本。例如，某企业有一台设备预计今年报废，现市场上有相同型号设备，价格为 500 000 元，则这台设备的重置成本为 500 000 元。

5. 专属成本与共同成本

专属成本（Specific Cost）是指可以明确归属于企业生产的某种产品，或为企业设置的某个部门而发生的固定成本，也称"特定成本"。

共同成本（Common Cost）是指那些需由几种、几批或几个有关部门分担的固定成本。

例如，某企业加工生产 A、B 两种产品，固定成本总额为 100 000 元；有剩余生产能力 3 000 小时，可用于加工生产 C 零件，但需要购买一台专用设备，设备价值 20 000 元；购买专用设备的 20 000 元就是加工生产 C 零件的专属成本，100 000 元为共同成本。

6. 联合成本与可分成本

联合成本（Joint Cost）是指为多种产品生产或为多个部门设置而发生的，应由这些产品或部门共同负担的成本。联合成本一般是指联产品或半成品在进一步加工前所发生的变动成本和固定成本。

可分成本（Separable Cost）是指联产品或半成品在进一步加工阶段所需追加的变动成本和固定成本。在对联产品或半成品是否需要进一步加工进行决策分析时，只要将可分成本与加工后所能增加的收入进行对比，就可做出判断。

一般情况下，联合成本是无关成本，可分成本是相关成本。

例如，某公司生产主产品的同时生产出两种价值比较大的产品 A 和产品 B，发生的成本合计 200 000 元，其中生产 A、B 两种产品的成本可以进一步分离，分离出来的成本分别为 50 000 元和 30 000 元，那么 200 000 元就是联合成本，50 000 元和 30 000 元是可分成本。

7. 可避免成本与不可避免成本

可避免成本（Avoidable Cost）是指通过某项决策行动可以改变其数额的成本。例如，企业的广告费、新产品研究开发费、职工培训费等。可避免成本一般与企业的某项决策有连带关系，当该项决策被取消时，可避免成本也随即消失。一般情况下，可避免成本是相关成本。例如，企业零部件可自制也可外购，如果外购，自制的成本就是可避免成本。

不可避免成本（Unavoidable Cost）是指无论选择何种决策行动都不能改变其数额的成本。不可避免成本是无关成本。企业生产产品的折旧费、管理人员的工资、固定资产租金等，都是不可避免成本。

8. 可递延成本与不可递延成本

可递延成本（Deferrable Cost）也称可延缓成本，是指与已经选定但可以延期实施而不会影响大局的某方案相关联的成本。一般情况下，可递延成本是相关成本。例如，某企业办公楼破旧，准备新建一幢办公楼，需花费 8 000 000 元，但是由于资金紧张，决定推迟两年再进行，那么这幢楼的成本就是可递延成本。

不可递延成本（Undeferrable Cost）是指已经选定的某一方案，即使在企业财力负担有限的情况下，也不能推迟执行，否则就会影响企业大局，那么与这一方案有关的成本就成为不可递延成本。不可递延成本是指如果选定某一决策方案，必须立即执行，否则，将会对企业生产经营活动的正常运行产生重大的不良影响，它是与可递延成本相反的概念。不可递延成本是无关成本。

例如，某企业锅炉对环境污染严重，环保部门要求整改，需要花费 500 000 元，那么这 500 000 元就是不可递延成本。

将决策成本分为可递延成本和不可递延成本，具有重大的现实意义。在决策分析过程中，对任何已选定的方案，在企业财力负担有限的情况下，应该区分轻重缓急，依次排队，量力而行。只有这样，才能更有效地利用现有资源，最大限度地提高企业的经济效益和社会效益。

9. 相关成本与无关成本

在决策时，只考虑相关成本（Relevant Cost），而不考虑无关成本（Irrelevant Cost）。相关成本是对决策有影响的各种形式的未来成本，如差别成本、机会成本、边际成本、付现成本、专属成本等。这是决策者进行决策分析时必须认真考虑的各种形态的决策成本。

那些对决策没有影响的成本，称为无关成本。一般在决策时不予考虑，如沉没成本、联合成本等。另外，在各个备选方案中，凡项目相同、金额相等的未来成本，也属于无关成本。

6.2 短期经营决策分析常用的方法

短期经营决策分析所采用的方法，因决策的具体内容不同而异，但其常用的方法有差量分析法、成本无差别点分析法、边际贡献分析法、概率分析法等，本节重点介绍前 3 种方法。

6.2.1 差量分析法

在管理会计中，不同备选方案之间的差别叫作差量。当两个备选方案具有不同的预期收入和预期成本时，根据这两个备选方案的差量收入、差量成本计算的差量损益进行最优方案选择的方法，就是差量分析法。差量分析法又称差别分析法。

当差量收入大于差量成本时，其数量差异为差量收益；当差量收入小于差量成本时，其数量差异为差量损失。差量分析法并不严格要求哪个方案是比较方案，哪个方案是被比较方案，只要遵循同一会计处理原则，就可以得出正确的结论。

【例6-1】 某企业的一台设备既可以生产甲产品也可以生产乙产品,有关资料如下。

甲产品预计销量为80件,乙产品预计销量为60件;甲产品预计售价为12元,单位变动成本为8元,乙产品预计售价为26元,单位变动成本为22元。试用差量分析法做出企业生产哪种产品的决策。

解:两种产品的差量收入 =80×12-60×26= -600(元)

两种产品的差量成本 =80×8-60×22= -680(元)

差量损益 = -600-(-680)=80(元)

因此选择生产甲产品。

6.2.2 成本无差别点分析法

成本无差别点分析法是指在一个业务量水平上,两个不同方案的总成本相等,但当高于或低于该业务量水平时,不同方案就具有了不同的业务量优势区域。利用不同方案的不同业务量优势区域进行最优方案选择的方法,称为成本无差别点分析法。

【例6-2】 某企业零部件可以自制也可以外购。如果自制,单位变动生产成本为29元,固定成本总额为20 000元,如果外购,每个零部件的价格为34元,该企业应如何进行决策?

解:设企业需要零部件 x 件,两种方案成本相等,则

$29x+20\,000=34x$

解得 $x=4\,000$(件)

即成本无差别点为4 000件,如果需要量超过4 000件,则企业可以选择自制;如果需要量小于4 000件,则企业可以选择外购。

6.2.3 边际贡献分析法

边际贡献分析法也称贡献毛益法。在短期经营决策中,由于一般不改变生产能力,因此固定成本稳定不变,对产品创造的边际贡献进行分析,就可以确定哪个备选方案最优,这种方法就是边际贡献分析法。

注意: 在决策分析时,一般以各种产品能创造的边际贡献总额或每人工小时(或设备工时)能创造的边际贡献的大小作为选优的主要依据。

【例6-3】 某企业原设计生产能力为600 000小时,实际开工率只有原生产能力的70%,现准备将剩余生产能力用于生产新产品A或新产品B。根据表6-1所示的A、B产品的资料,分析该企业应如何选择。

表6-1　　　　　　　　　某企业A、B产品的资料

项　目	A产品	B产品
每件定额工时/小时	10	5
销售单价/元	80	70
单位变动成本/元	60	58

解：A 产品提供的边际贡献总额 =600 000×30%÷10×（80–60）=360 000（元）
　　B 产品提供的边际贡献总额 =600 000×30%÷5×（70–58）=432 000（元）
　　因此该企业应生产 B 产品。

或：A 产品单位工时提供的边际贡献 =（80–60）÷10=2（元 / 时）
　　B 产品单位工时提供的边际贡献 =（70–58）÷5=2.4（元 / 时）
　　因此该企业应生产 B 产品。

6.2.4　概率分析法

以上 3 种决策方法，是在有关条件确定的情况下应用的。因为企业在很多情况下，面临着不确定的因素，所以需要采用概率分析法进行决策。

概率分析法就是对企业经营中的不确定因素，给出一定的概率，从而把影响决策的各种现象都考虑进去，使决策更加接近于实际情况。应用概率分析法时，应按以下步骤进行：①确定与决策结果有关的变量；②确定每个变量的变化范围以及相应的概率；③计算各个变量相应的联合概率；④将不同联合概率条件下的结果加以汇总，得到预期值。

6.3　短期经营决策分析的具体问题

6.3.1　亏损产品应否停产的决策分析

6-5 知识讲解

一般来说，亏损产品分为两种情况：一种情况是实亏产品，产品的边际贡献小于零，在这种情况下做出的决策，应该是停止生产亏损产品；另一种情况是虚亏产品，即产品的边际贡献大于零，这时应该根据实际情况进行决策分析。

【例 6-4】 某企业生产 A、B、C 3 种产品，资料如表 6-2 所示，A 产品为亏损产品，问 A 产品是否应该停止生产？

表 6-2　　　　　　　　　某企业 A、B、C 产品资料

单位：元

项　　目	A 产品	B 产品	C 产品	总　　计
销售收入	100 000	400 000	500 000	1 000 000
销货成本：	80 000	280 000	340 000	700 000
变动成本	60 000	200 000	220 000	480 000
固定成本	20 000	80 000	120 000	220 000
销售和管理费用：	31 000	80 000	120 000	231 000
变动成本	25 000	60 000	95 000	180 000
固定成本	6 000	20 000	25 000	51 000
税前利润	–11 000	40 000	40 000	69 000

解：A 产品的边际贡献 =100 000–60 000–25 000=15 000（元）

因为 A 产品的边际贡献为正，而且如果停止生产 A 产品，剩余生产能力也没有其他用途，所以，应继续生产 A 产品。这样 A 产品所提供的边际贡献还能补偿一部分固定成本。

在本例中，如果 A 产品的生产能力可出租或者能够生产其他产品，只要获得收益大于 A 产品提供的边际贡献，就可停止生产 A 产品。

6.3.2 零部件自制或外购的决策分析

企业经常会面临零部件自制或外购的决策分析。在进行此类决策分析时，当零部件的需要量固定时，一般比较自制成本与外购成本，二者中成本小者为最优方案；当零部件的需要量不固定时，一般用成本无差别点分析法进行分析决策。

【例 6-5】 某企业需用 A 零件 800 个，如从市场购买，每个价格为 38 元。若该企业利用加工车间剩余生产能力加工，预计制造一个 A 零件需支付直接材料 16 元，直接人工 14 元，变动制造费用 4 元。此外，固定制造费用 2 000 元。加工车间若不制造该零件，生产设备没有其他用途。问该企业 A 零件应该自制还是外购？

解：自制相关成本 = 直接材料 + 直接人工 + 变动制造费用
=16×800+14×800+4×800=27 200（元）

外购相关成本 =38×800=30 400（元）

因此企业应选自制方案。

【例 6-6】 在例 6-5 中，若企业自制 A 零件需另增加一台专用检测设备，价值 3 800 元，问企业应如何决策？

解：自制相关成本 =16×800+14×800+4×800+3 800=31 000（元）

外购相关成本 =38×800=30 400（元）

因此企业应选外购方案。

【例 6-7】 在例 6-5 中，假设外购零件时，原生产 A 零件的设备可出租，年租金收入净额为 1 000 元，问企业应如何决策？

解：自制相关成本 =16×800+14×800+4×800+1 000=28 200（元）

外购相关成本 =38×800=30 400（元）

因此企业应选自制方案。

6.3.3 半成品出售或加工为成品出售的决策分析

企业生产的半成品既可以直接出售也可以加工为成品对外出售。对于这类问题，决策时只需要考虑进一步加工后增加的收入是否超过增加的成本。如果前者大于后者，则应进一步加工为成品出售；反之，则应作为半成品销售。进一步加工前的收入和成本属于无关成本。

【例 6-8】 某企业生产甲零件 1 000 件，单位变动成本为 5 元，单位固定成本为 2 元，销售单价为 10 元。若把甲零件进一步加工成 A 产品，销售单价为 14 元，需追加单位变动成本 2 元，专属固定成本 10 000 元。企业应否将甲零件加工成 A 产品？

解：差量收入 =（14–10）×1 000=4 000（元）

差量成本 =2×1 000+10 000=12 000（元）

因为差量收入＜差量成本，所以应选择出售半成品（甲零件），不宜进一步加工。

6.3.4 联产品是否进一步加工的决策分析

联产品是否进一步加工的决策分析，也只需要考虑进一步加工后增加的收入是否超过增加的成本。如果前者大于后者，则应进一步加工；反之，则不应进一步加工。进一步加工前的收入和成本属于无关成本。

【例6-9】 某企业生产A、B两种联产品，它们分离出来后都可立即出售或进一步加工后再出售。相关资料如表6-3所示，试确定是否进一步加工。

表6-3　　　　　　　　　某企业A、B产品资料

项　　目	A产品	B产品
预计产销量/件	5 000	8 000
分离后出售单价/元	12	24
进一步加工后出售单价/元	25	30
分离前单位成本/元	17	13
分离后进一步加工追加成本：		
单位变动成本/元	8	7
专属固定成本/元	5 000	0

解：A产品　进一步加工增加收入 =（25-12）×5 000=65 000（元）

　　　　　　进一步加工增加成本 =8×5 000+5 000=45 000（元）

所以A产品分离后可以进一步加工。

B产品　进一步加工增加收入 =（30-24）×8 000=48 000（元）

　　　　进一步加工增加成本 =7×8 000=56 000（元）

所以B产品分离后应出售，不应该进一步加工。

6.3.5 采用不同工艺方案的决策分析

采用不同工艺方案的决策分析，一般采用成本无差别点分析法。具体分析过程已讲过，此处不再赘述。

【例6-10】 某企业生产甲产品，有A、B两种工艺方案，A方案的固定性工艺成本为20 000元，单位变动生产成本为12元，B方案的固定性工艺成本为16 000元，单位变动生产成本为16元，问企业应选择何种工艺方案？

解：设生产 x 件产品时用两种工艺方案成本相等，则

$12x+20\ 000=16x+16\ 000$

解得 $x=1\ 000$（件）

当产量为1 000件时，两种工艺方案生产的产品成本相等。

因此，当企业生产产品超过1 000件时，应选择A方案；当企业生产产品小于1 000件时，应选择B方案。

6.3.6 特殊订货应否接受的决策分析

特殊订货一般是指客户给的价格很低，甚至低于单位业务成本。一般来说，进行此类决策时，应该根据企业生产能力来进行决策。只要特殊订货的产品能提供收益，就可接受。

【例6–11】某企业生产能力为2 000件，目前正常销量为1 800件，单价为10元，单位变动成本为6元，固定成本为1 200元/年。有一客户要求订货200件，出价7元/件。应否接受这项追加订货？

解：因为接受特殊订货不用增加固定成本，是利用剩余生产能力进行加工的，所以固定成本作为无关成本，不用加以考虑。

接受订货可获得收益 =（7–6）×200=200（元）

因此应该接受此项订货。

6-6 知识讲解

6.4　产品定价决策概述

在市场经济条件下，产品和劳务价格的确定是一项重要的决策，直接影响企业利润的获得。在市场中，产品的价格是由供需双方的力量对比所决定的。但这种根植于供求规律基础上的产品定价基本原理，在现实中由于数据、信息不对称等各种条件的限制而无法直接进行操作。在企业的定价决策过程中，除了借助数学模型等工具，还要根据企业的实践经验和自身的战略目标进行必要的定性分析，以选择合适的定价策略。严格地说，定价属于企业营销战略的重要组成部分，管理会计人员主要是从成本与价格之间关系的角度为管理者提供产品定价的有用信息。

6.4.1　定价决策的基本目标

1. 以应对和防止竞争为定价目标

采用此种目标的企业，在成本和需求发生变化时，只要竞争对手维持原价，企业一般也维持原价，而当竞争对手改变价格时，企业则应对产品价格做出相应的调整，以应对和防止竞争。

2. 以提高市场占有率为定价目标

采用此种目标的企业要有潜在的生产经营能力，总成本的增长速度低于总销售量的增长速度，产品的需求价格弹性较大，即薄利能够促进多销。

3. 以获得最大利润为定价目标

（1）以扩大当前利润为目标。

一般实现这一定价决策目标的方法就是通过提高产品价格，扩大单位产品的盈利额，以追求短期利润最大化。

（2）以一定的预期利润率为目标。

采用这一定价决策目标的企业不是追求一时的利益，而是力图保持长期稳定的利润。

(3)以获得合理利润为目标。

企业为了达到长期占领市场的目的,需要保持销售稳定或减少竞争对手,此时以获得合理利润为定价决策目标较为合适。

6.4.2 定价决策应考虑的因素

1. 国家相关的政策法规

企业在进行价格决策时,首先要考虑到国家对价格进行间接调控的货币金融、税收、海关等政策。企业定价的重要前提就是不能违背国家的物价管理规定。尤其是在对外贸易中,更要考虑各国政府对价格的监管要求。

2. 产品的供求关系

市场上某种产品的供求关系与该种产品的价格相互影响、相互制约。一般来说,产品的市场需求超过市场供应,可将产品的价格定得高些;产品的市场供应超过市场需求,则应将产品的价格定得低些。

3. 产品的价值

价格是产品价值的货币表现,产品价值是形成价格的基础,二者关系极为密切。而产品价值中的成本在定价中起着决定性作用,产品的价格必须首先补偿成本,然后才能考虑利润等其他因素。

4. 产品的质量

产品的质量是产品价格的重要基础,质优的产品定价可以高些,而次品只能低价出售。

5. 产品的市场生命周期

产品的市场生命周期一般包括导入期、成长期、成熟期和衰退期。了解产品的市场生命周期,对于定价决策具有重要的意义,可以根据产品在不同阶段的需求变化规律,采取与之相适应的定价策略,从而为产品确定合适的价格。

6.4.3 定价决策的基本方法

站在管理会计的角度,产品定价的基本准则是:从长期来看,销售收入必须足以补偿全部的生产、行政管理和营销成本,并为投资者提供合理的利润,以维持企业的生存和发展。因此,产品的价格应该是在成本的基础上进行一定的加成后得到的。

6-7 拓展视频

1. 成本加成法

成本加成法的基本思路是先计算成本基数,然后在此基础上加上一定的"成数",通过"成数"获得预期的利润,以此得到产品目标价格。

(1)完全成本加成法。

在完全成本加成法下,成本基数为单位产品的制造成本。以这种制造成本进行加成,加成部分必须能弥补销售以及管理费用等非制造成本，并为企业提供满意的利润。也就是说，"加成"的内容应该包括非制造成本及合理利润。

【例6-12】某企业正在研究某新产品的定价问题，该新产品预计年产量为10 000件。企业财务部门收集的预计成本资料：该新产品的直接材料为每单位产品6元，直接人工为每单位产品4元，变动制造费用为每单位产品3元，总固定制造费用为70 000元，变动销售及管理费用为每单位产品2元，总固定销售及管理费用为10 000元。假定该企业确定在制造成本的基础上，加成50%作为这项产品的目标销售价格。要求：确定该新产品的价格。

解：该新产品的价格 =（6+4+3+70 000÷10 000）×（1+50%）= 30（元）

（2）变动成本加成法。

企业采用变动成本加成法，成本基数为单位产品的变动成本，加成的部分要求弥补全部的固定成本，并为企业提供满意的利润。此时，在确定"加成率"时，应该考虑是否涵盖了全部的固定成本和预期利润。

【例6-13】沿用例6-12，假设该企业确定采用变动成本加成法，在变动成本的基础上，加成100%作为该产品的目标销售价格。要求：确定该新产品的价格。

解：该新产品的价格 =（6+4+3+2）×（1+100%）=30（元）

通过例6-12和例6-13可知，变动成本加成法与完全成本加成法虽然计算的成本基数有所不同，但在思路上是相似的，都认为企业的定价必须弥补全部成本，只是成本基数的不同会引起加成比例的差异。

除了使用完全成本加成法和变动成本加成法，企业还可以使用标准成本法，即以标准成本作为成本基数，在此基础上进行加成定价。

2. 目标成本法

目标成本法是一种以市场为基础的定价方法，它以具有竞争性的市场价格和目标利润倒推出产品的目标成本。目标价格是指预计潜在客户愿意接受的价格，目标成本根据预计的市场价格和目标利润推出，其计算公式如下。

$$目标成本 = 目标价格 - 目标利润$$

目标成本法包括以下几个基本步骤。

（1）根据目标客户的需求，设想生产一种满足目标客户需要的产品。

（2）根据客户与竞争对手的情况确定该产品具有竞争性的市场价格和目标利润。

（3）根据竞争性的市场价格和目标利润确定目标成本。

（4）在生产阶段做好成本管理以实现目标成本。

目标成本法主要应用于对新产品在研发过程中的成本控制，以确保产品进入生产环节以后成本不会超过目标成本，从而能够为企业提供有保障的目标利润。在确定目标成本过程中，需要针对未来新产品的市场定位和目标顾客的需求程度等因素进行详细的分析，以确定未来新产品的目标价格。

3. 有闲置能力条件下的定价方法

有闲置能力条件下的定价方法是指在企业具有闲置生产能力时，面对市场需求的变化所采用的定价方法。当企业参加订货会，或者参加投标时，往往会遇到较强的竞争对手，虽然每个企业都希望以高价得标，从而获得高额利润，但是通常只有报价较低的企业才能中标。这时管理者为了确保中标，往往以该投标产品的增量成本作为定价基础。当企业存在剩余生产能力时，增量成本即为该批产品的变动成本。这种定价方法虽然定价会较低，但是短期内可以维持企业的正常经营，并维持员工的稳定，还可以抵补一部分固定成本。

在这种情况下，企业产品的价格应该在变动成本与目标价格之间进行选择。

【例 6-14】 某开发区管委会准备建造一座新的游船停泊港，拟向社会公开招标。某船舶运输公司主营各港口间的客运和货运服务，其下属的港口建设部准备参与该项目的竞标。经过会议讨论，公司管理层认为该港口项目对维持该部门的正常运转非常重要，因为港口建设部已经连续几个月处于生产能力部分闲置状态，并且该项目不会妨碍该部门承接其他工程项目。

根据财务部门测算，该工程成本估计：直接材料成本为 1 800 万元，直接人工成本为 3 000 万元，变动制造费用为 750 万元，变动成本合计 5 550 万元，固定成本为 1 200 万元，总成本预计为 6 750 万元。

要求：决策投标价格的底线。

解：由于该港口有剩余生产能力，因此只要投标价格超过该工程的变动成本 5 550 万元，就能弥补一些固定制造费用，并提供边际贡献。可见，只要投标价格高于 5 550 万元，就可以考虑参加投标。

本 章 小 结

本章主要介绍了短期经营决策的有关成本概念、短期经营决策的方法及应用举例、产品定价的方法。

其中，短期经营决策主要是探讨如何在生产经营过程中最有效、最经济、最合理地利用现有资源以获取最大的经济效益，包括亏损产品应否停产的决策分析、零部件自制或外购的决策分析、半成品出售或加工为成品出售的决策分析、联产品是否进一步加工的决策分析、采用不同工艺方案的决策分析、特殊订货应否接受的决策分析等。最后还介绍了产品定价决策的基本方法。

关 键 术 语

决策　短期经营决策　产品定价决策　差别成本与边际成本　付现成本与沉没成本　机会成本与假计成本　历史成本与重置成本　专属成本与共同成本　联合成本与可分成本　可避免成本与不可避免成本　可递延成本与不可递延成本　相关成本与无关成本　差量分析法　成本无差别点分析法　边际贡献分析法　成本加成法　目标成本法　有闲置能力条件下的定价方法

综 合 练 习

一、问答题

1. 与短期经营决策有关的成本概念有哪些？
2. 短期经营决策常用的方法有哪些？
3. 产品定价的基本方法有哪些？

二、判断题

1. 凡是亏损的产品都应该停产。（　　）
2. 在某种情况下，亏损的产品不停止生产反而对企业经营有利。（　　）
3. 如果某种产品的定价低于该产品的成本，那么企业就不能接受。（　　）
4. 机会成本是一项实际支出，应该入账。（　　）
5. 相关成本和无关成本的区分是绝对的。（　　）
6. 差量分析法只适用于两个方案的比较。（　　）
7. 在短期经营决策中，所有的固定成本都是沉没成本。（　　）
8. 定价决策属于长期投资决策。（　　）
9. 如果某零件的需要量不确定，那么在进行零部件自制还是外购的分析时，应该采用成本无差别点分析法。（　　）

三、不定项选择题

1. 下列成本中属于相关成本的有（　　）。
    A. 联合成本　　　　　　　　B. 机会成本
    C. 边际成本　　　　　　　　D. 沉没成本
    E. 可分成本

2. 下列各项中，属于短期经营决策的有（　　）。
    A. 亏损产品是否停产的决策　　B. 特殊产品是否接受订货的决策
    C. 生产工艺方案选择的决策　　D. 零部件是否自制的决策
    E. 产品售价决策

3. 采用边际贡献分析法在不同备选方案之间进行比较分析时，应该使用的评价标准是（　　）。
    A. 利润总额指标　　　　　　B. 单位边际贡献指标
    C. 边际贡献总额指标　　　　D. 剩余损益指标

4. 差量分析法涉及的指标包括（　　）。
    A. 差量收入　　　　　　　　B. 差量成本
    C. 差量损益　　　　　　　　D. 边际成本

5. 某企业计划投资300万元开发一条生产线，由于某种原因，决定推迟一年执行，对全局没有重大影响，则与该方案有关的成本称为（　　）。
    A. 可避免成本　　　　　　　B. 不可避免成本
    C. 可递延成本　　　　　　　D. 不可递延成本

6. 在进行半成品是否进一步加工决策时，应对半成品在加工后增加的收入和（　　）进行分析研究。
    A. 进一步加工前的变动成本　　B. 进一步加工追加的成本
    C. 进一步加工前的全部成本　　D. 加工前后的全部总成本

7. 康佳公司使用同一套设备可生产甲、乙两种产品。其中生产甲产品每件需要10机器小时，生产乙产品每件需要8机器小时。甲、乙产品的单位边际贡献同为18元，则（　　）。
    A. 生产甲产品有利　　　　　B. 生产乙产品有利

C. 生产甲、乙产品一样有利　　　　D. 分不清哪种产品有利
8. 企业在进行短期经营决策时，需要考虑下列（　　）因素。
　　A. 经济效益　　　　　　　　　　B. 时间价值
　　C. 社会效益　　　　　　　　　　D. 风险价值

四、计算题

1. 某单位新进一台设备可生产 A 产品，也可生产 B 产品，该设备最大生产能力为 12 000 机器小时，生产 A、B 两种产品资料如表 6-4 所示。

表 6-4　　　　　　　　　　生产 A、B 两种产品资料

项　　目	A 产品	B 产品
每件机器小时	30	40
销售单价 / 元	16	25
单位成本：		
单位变动成本 / 元	7	11
固定制造成本 / 元	8	12

要求：根据表 6-4 中的资料做出生产何种产品较为有利的决策。

2. 红光零配件厂生产甲、乙、丙 3 种产品，现除了正常生产，还有剩余生产能力，生产甲、乙、丙 3 种产品资料如表 6-5 所示。

要求：根据表 6-5 中的资料做出应该增产哪种产品较为有利的决策。

表 6-5　　　　　　　　　生产甲、乙、丙 3 种产品资料

项　　目	甲产品	乙产品	丙产品
每件机器小时	20	30	40
销售单价 / 元	54	66	78
单位成本：			
直接材料 / 元	15	16	18
直接人工 / 元	10	18	16
变动制造费用 / 元	5	12	4
固定制造费用 / 元	16	28	25

3. 假定丽兴公司生产销售甲、乙、丙 3 种产品，其中乙产品是亏损产品，甲、丙两种都是盈利产品。按传统方式编制的收益资料如表 6-6 所示。

表 6-6　　　　　　　　　生产甲、乙、丙 3 种产品收益表

单位：元

项　　目	甲产品	乙产品	丙产品
销售收入	3 000	4 000	5 000
制造成本：			
直接材料	500	900	600

续表

项　　目	甲产品	乙产品	丙产品
直接人工	300	800	400
变动制造费用	300	700	400
固定制造费用	600	1 100	1 000
非制造成本：			
变动推销费用	300	600	500
固定推销费用	400	400	600
销售成本总计	2 400	4 500	3 500
税前净利	600	（500）	1 500

要求：假定乙产品停产后，其设备不能移做他用，那么乙产品是否应该停产？

4. 新民制药厂生产某新药品若干瓶，单位售价为 18 元，生产该新药的单位成本如表 6–7 所示。

表 6–7　　　　　　　　　　生产某新药的单位成本表

单位：元

项　　目	金　　额
直接材料	5
直接人工	4
制造费用	
变动费用	3
固定费用	3
合　　计	15

根据目前的生产状况，新民制药厂尚有一定的剩余生产能力。现外地客户来订货 1 000 瓶，但只愿意出价 14 元 / 瓶，请问该项订货能否接受？

5. 某上海自行车厂每年从市场购买车轮 30 000 个，每个车轮进货价包括运杂费为 46 元。若企业自己生产该车轮，预计每个车轮成本如表 6–8 所示。

表 6–8　　　　　　　　　　每个车轮成本表

单位：元

项　　目	金　　额
直接材料	30
直接人工	5
变动制造费用	9
固定制造费用	7
单位成本	51

假如外购车轮的话，可以将生产车间出租，每月可得租金 20 000 元。

问：该厂车轮是自制还是外购较为有利？

6. 新华公司每年生产半成品甲 3 000 件，销售单价为 120 元，单位变动成本为 54 元，固定成本总额为 10 000 元。如果把半成品甲进一步加工成完工产品乙，则销售单价可提高到 150 元，但需追加单位变动成本 25 元，专属固定成本 20 000 元。

要求：为新华公司做出是否把甲产品进一步加工成乙产品的决策。

7. 假定宏达公司准备生产某电器 3 000 台，预期单位成本资料如表 6–9 所示。

表 6–9　　　　　　　　　　某电器的预期单位成本表

单位：元

项　　目	金　　额
制造成本：	
直接材料	900
直接人工	500
变动制造费用	200
固定制造费用	150
非制造成本：	
变动推销及管理费用	90
固定推销及管理费用	60

若宏达公司希望计划年度在该产品上获利不低于其变动总额的 40%，试问采用变动成本加成法，该电器售价为多少？

8. 麦道公司生产热水器，准备在计划年度生产出售 2 500 台。该产品预计单位变动成本为：直接材料 560 元，直接人工 230 元，变动制造费用 410 元；固定成本总额为 750 000 元；非制造成本总额为 250 000 元。若麦道公司计划年度营业资产平均占用额为 6 550 000 元，预期投资报酬率为 20%。假定采用全部成本法定价，则该产品的售价为多少？

6–8 拓展练习

第 7 章

存货决策分析

教学要点

知识要点	能力要求	相关知识
存货及存货成本	了解存货的概念、内容、功能及成本	（1）存货的含义 （2）存货的成本
存货经济订货批量决策	理解存货经济订货批量的概念及假设条件，运用经济订货批量基本模型及特殊的存货决策模型进行存货决策	（1）存货的经济订货批量的概念 （2）经济订货批量基本模型的假设条件 （3）经济订货批量基本模型及其变形 （4）有数量折扣的经济订货批量决策 （5）订货批量受限时的经济订货批量决策 （6）储存量受限时的经济订货批量决策
经济订货批量模型的扩展	掌握再订货点，学会存货陆续供应和使用的决策，理解保险储备的概念	（1）再订货点 （2）存货陆续供应和使用 （3）保险储备

 导入案例

W 公司降低运输成本的学问

W 公司是世界上最大的商业零售企业之一，在物流运营过程中，尽可能地降低成本是其经营的哲学。

7-1 拓展案例

W 公司全部采用公路运输，所以如何降低公路运输成本，是 W 公司物流管理面临的一个重要问题，为此 W 公司主要采取了以下措施。

第一，W 公司使用一种尽可能大的卡车，大约有 16 米加长的货柜，比集装箱运输卡车更长。W 公司把卡车装得非常满，产品从车厢的底部一直装到最高，这样非常有助于节约运输成本。

第二，W 公司的车辆都是自有的，司机也是公司的员工。W 公司的口号是"安全第一，礼貌第一"，而不是"速度第一"。W 公司认为，卡车不出事故，就是节省公司的费用，就最大限度地降低了物流成本。由于狠抓了安全驾驶，W 公司的运输车队已经创造了 300 万公里无事故的纪录。

第三,W 公司采用全球定位系统对车辆进行定位,因此在任何时候,调度中心都可以知道这些车辆在什么地方,离商场还有多远,还需要多长时间才能到达商场。这可以提高整个物流系统的效率,有助于降低成本。

第四,W 公司连锁商场的物流部门 24 小时工作,无论白天还是晚上,都能为卡车及时卸货。

第五,W 公司的卡车把产品运到商场后,商场可以直接卸货,而不用对产品进行逐个检查,这样就可以节省时间和检验成本。这里有一个非常重要的先决条件,就是 W 公司的物流系统能够确保商场得到的产品与发货单完全一致。

W 公司的集中配送中心把上述措施有机地组合在一起,做出了一个最经济合理的安排,从而使 W 公司的运输车队能以最低的成本高效率地运行,有效降低了存货的成本。

由以上案例可以看出,企业要健康稳定地发展离不开存货,采用一定的方法对存货进行管理是非常必要的,下面我们学习存货管理的相关知识。

7.1 存货及存货成本

7.1.1 存货的含义

1. 存货的概念

7-2 知识讲解

《企业会计准则第 1 号——存货(2006)》中对存货的定义:存货,是指企业在日常活动中持有以备出售的产成品或商品、处在生产过程中的在产品、在生产过程或提供劳务过程中耗用的材料和物料等。存货同时满足这些条件的才能予以确认:与该存货有关的经济利益很可能流入企业;该存货的成本能够可靠地计量。

7-3 拓展阅读

其中《企业会计准则第 1 号——存货(2006)》中第五条至第八条规定了存货的成本构成。第五条规定,存货应当按照成本进行初始计量。存货成本包括采购成本、加工成本和其他成本。第六条规定,存货的采购成本,包括购买价款、相关税费、运输费、装卸费、保险费以及其他可归属于存货采购成本的费用。第七条规定,存货的加工成本包括直接人工以及按照一定方法分配的制造费用。制造费用是指企业为生产产品和提供劳务而发生的各项间接费用。企业应当根据制造费用的性质,合理地选择制造费用分配方法。在同一生产过程中,同时生产两种或两种以上的产品,并且每种产品的加工成本不能直接区分的,其加工成本应当按照合理的方法在各种产品之间进行分配。第八条规定,存货的其他成本是指除采购成本、加工成本以外的,使存货达到目前场所和状态所发生的其他支出。

2. 存货的内容

存货包括原材料、燃料、低值易耗品、在产品、半成品、产成品、协作件、商品、委托加工物资、周转材料等。企业的存货通常包括以下内容。

(1)原材料。

原材料是指企业在生产过程中经加工改变其形态或性质,并构成产品主要实体的各种原料及主要材料、辅助材料、外购半成品（外购件）、修理用备件（备品备件）、包装材料、燃料等。为建造固定资产等各项工程而储备的各种材料，虽然同属于材料，但是由于用于建造固定资产等各项工程不符合存货的定义，因此不能作为企业的存货进行核算。

（2）在产品。

在产品是指企业正在制造尚未完工的生产对象，包括正在各个生产工序加工的产品和已加工完毕但尚未检验或已检验但尚未办理入库手续的产品。

（3）半成品。

半成品是指经过一定生产过程并已检验合格交付半成品仓库保管，但尚未制造完工成为产成品，仍需进一步加工的中间产品。

（4）产成品。

产成品是指企业已经完成全部生产过程并验收入库，可以按照合同规定的条件送交订货单位或者可以作为商品对外销售的产品。企业接受外来原材料加工制造的代制品和为外单位加工修理的代修品，在制造和修理完成验收入库后，应视同企业的产成品。

（5）商品。

商品是指商品流通企业外购或委托加工完成验收入库用于销售的各种商品。

（6）周转材料。

周转材料是指企业能够多次使用、但不符合固定资产定义的材料，如为了包装本企业商品而储备的各种包装物，各种工具、管理用具、玻璃器皿、劳动保护用品以及在经营过程中周转使用的容器等低值易耗品和建造承包商的钢模板、木模板、脚手架等其他周转材料。但是，周转材料符合固定资产定义的，应当作为固定资产处理。

3. 存货的功能

如果工业企业能在生产投料时随时购入所需的原材料，或者商业企业能在销售时随时购入该项商品，就不需要存货。随着技术的进步，一些企业可以达到零库存，就是没有存货。但实际上，企业总有储存存货的需要，并因此占用或多或少的资金。这些存货的需要出自以下原因。

（1）为了生产经营需要。

储存必要的原材料和在产品，保证生产正常进行；储备必要的产成品，有利于销售；适当储存原材料和产成品，便于组织均衡生产，降低产品成本；设置各种存货的保险储备，防止意外事件造成的损失。一般情况下，企业很少能做到随时购入生产或销售所需的各种物资，即使是市场供应量充足的物资也如此。这不仅因为不时会出现某种材料的市场断货，还因为企业距供应点较远而需要必要的途中运输及可能出现运输故障。一旦生产或销售所需物资短缺，生产经营将被迫停顿，造成损失。为了避免或减少出现停工待料、停业待货等事故，企业需要储存存货。

7-4 拓展案例

（2）为了降低成本的需要。

零购物资的价格往往较高，而整批购买物资在价格上常有优惠。但是，过多的存货要占用较多的资金，并且会增加包括仓储费、保险费、维护费、管理人员工资在内的各项开支。存货占用资金是有成本的，占用过多会使利息支出增加、利润减少；各项开支的增加也会使成本上升。进行存货管理，就要尽力在各种存货成本与存货效益之间寻求权衡，实现最优配置。这也就是存货管理的目标。

7.1.2 存货的成本

存货的成本一般包括取得成本（包括采购成本和订货成本）、储存成本及缺货成本。

1. 采购成本

采购成本是购置存货的购买总价及相关运杂费。采购成本经常用采购数量与单位采购成本的乘积来确定。采购数量用 D 来表示，单位采购成本用 U 表示，于是采购成本为 DU。

$$采购成本 = 单位采购成本 \times 采购数量$$
$$单位采购成本 = （购买总价 + 相关运杂费） \div 采购数量$$

由于在一定相关范围内，单位采购成本一般是个常数，所以在采购批量决策中，采购成本通常属于决策无关成本；但当存货供应商为了扩大销售量，采用数量折扣等优惠条件进行销售时，采购成本就会成为决策相关成本。

2. 订货成本

订货成本是指取得订单的成本，是企业为组织订货而发生的各种订购费用，如办公费、差旅费、邮资、电话费、检验费等支出。订货成本按与订货次数是否相关可以分为固定订货成本和变动订货成本。订货成本中有一部分与订货次数无关，如常设采购机构的基本开支等。采购部门一般性费用属于固定订货成本，称为订货的固定成本，用 F_1 表示。另一部分与订货次数有关，如差旅费、邮资等，称为订货的变动成本。采购业务费用一般属于变动订货成本，每次订货的变动成本用 K 表示。订货次数等于存货年需要量 D 与每次进货量 Q 之比。只有变动订货成本与决策相关，属于决策相关成本。

订货成本的计算公式为：

$$订货成本 = F_1 + \frac{D}{Q}K$$

订货成本加上采购成本，就等于存货的取得成本，取得成本通常用 TC_a 来表示。其公式可表述为：

$$取得成本 = 订货成本 + 采购成本$$
$$= 订货固定成本 + 订货变动成本 + 采购成本$$
$$TC_a = F_1 + \frac{D}{Q}K + DU$$

3. 储存成本

储存成本是企业为储存存货而发生的各种费用。储存成本包括仓储费、按存货价值计价的保险费、陈旧报废损失、年度检查费以及企业自设仓库发生的各种费用等付现成本，还包括储存存货占用资金而发生的机会成本（一般按资本成本进行估算）。储存成本是指为保持存货而发生的成本，包括存货占用资金所应计的利息（若企业用现有现金购买存货，便失去了现金存放银行或投资于证券本应取得的利息，视为"放弃利息"；若企业借款购买存货，便要支付利息费用，视为"付出利息"）、仓库费用、保险费用、存货破损和变质损失等。储存成本通常用TC_c来表示。

储存成本也分为固定成本和变动成本。储存成本按与存货储存数量是否相关，可以分为固定储存成本和变动储存成本。保险费、陈旧报废损失、存货资本成本属于变动储存成本；自建仓库保管人员的工资、仓库折旧费属于固定储存成本。只有变动储存成本是决策相关成本。

固定储存成本与存货数量无关，如仓库折旧、仓库职工的固定月工资等，通常用F_2来表示。变动储存成本与存货的数量有关，如存货资金的应计利息、存货的破损和变质损失、存货的保险费用等，单位变动储存成本用K_c来表示。储存成本可用下列公式表述：

$$变动储存成本 = 年平均库存量 \times 单位变动储存成本$$

$$变动储存成本 = Q/2 \times K_c$$

$$储存成本 = 固定储存成本 + 变动储存成本$$

$$TC_c = F_2 + K_c \frac{Q}{2}$$

4. 缺货成本

缺货成本是指因存货供应中断造成的损失。缺货成本包括材料供应中断造成的停工损失、产成品库存缺货造成的拖延发货和丧失销售机会的损失（还应包括主观估计的商誉损失）。如果生产企业用紧急采购代用存货的方法来解决库存短缺问题，那么缺货成本转变为紧急额外购入成本，紧急额外购入成本一般大于正常购入成本。在企业管理不允许发生存货短缺的情况下，短缺成本属于决策无关成本；在企业管理允许发生存货短缺的情况下，短缺成本属于决策相关成本。

缺货成本用TC_s表示。

如果以 TC 来表示储备存货的总成本，它的计算公式表述为：

$$TC = TC_a + TC_c + TC_s = F_1 + \frac{D}{Q}K + DU + F_2 + K_c \frac{Q}{2} + TC_s$$

企业存货的最优化就是使上式 TC 值最小。

7-5 知识讲解

7.2 存货经济订货批量决策

存货决策的目标就是要在存货的成本与收益之间进行权衡，实现两者之间的最佳组合，以最低的成本提供企业经营所需的存货。存货的决策涉及 4 项内容：决定进货项目、选择供应单位、决定进货时间和决定进货批量。因此，企业应该制定相关的存货管理政策，进行科学的管理和控制，使存货维持在最佳水平上。

7.2.1 存货经济订货批量概念

经济订货批量，又叫作经济订货量，也可以简称为经济批量，是指能够使一定时期内的订货成本与储存成本之和最低的每批订货数量。决定进货项目和选择供应单位是销售部门、采购部门和生产部门的职责。财务部门要做的是决定进货时间和决定进货批量（分别

用 T 和 Q 表示）。按照存货管理的目的，需要通过合理的进货时间和进货批量，使存货的总成本最低。有了经济订货批量，可以很容易地找出最适宜的进货时间。

7.2.2 经济订货批量基本模型的假设条件

与存货总成本有关的变量（即影响总成本的因素）很多，为了解决比较复杂的问题，有必要简化或舍弃一些变量，先研究解决简单的问题，然后扩展到复杂的问题。这需要设立一些假设，在此基础上建立经济订货批量的基本模型。

（1）能及时补充存货，即存货可瞬时补充（需要订货时便可立即取得存货）。
（2）能集中到货，即不是陆续入库。
（3）不允许缺货，即无缺货成本，TC_s 为零，这是因为良好的存货管理不应该出现缺货成本。
（4）需求量稳定，并能预测，即 D 为已知常量。
（5）存货单价不变，即 U 为已知常量。
（6）企业现金充足，不会因现金短缺而影响进货。
（7）所需存货市场供应充足，可以随时买到。不会因买不到需要的存货而影响其他。

7.2.3 经济订货批量基本模型及其变形

经济订货批量（Q^*）基本模型：

$$Q^* = \sqrt{\frac{2KD}{K_c}}$$

（1）经济订货批量的基本模型。

设立了上述假设后，因为存货总成本的公式可以简化为：

$$TC = F_1 + \frac{D}{Q}K + DU + F_2 + K_c \frac{Q}{2}$$

所以，当 F_1、K、D、U、F_2、K_c 为常数量时，TC 的大小取决于 Q。为了求出 TC 的最小值，对其进行求导演算，可得出下列公式：

$$Q^* = \sqrt{\frac{2KD}{K_c}}$$

此时，存货最低年总成本：

$$TC = \sqrt{2KDK_c}$$

这一公式称为经济订货批量基本模型，求出的每次经济订货批量，可使 TC 达到最小值。

（2）基本模型演变形式。

这个基本模型还可以演变为其他形式。

每年最佳订货次数公式：

$$N^* = \frac{D}{Q^*} = \frac{D}{\sqrt{\frac{2KD}{K_c}}} = \sqrt{\frac{DK_c}{2K}}$$

与批量有关的存货总成本公式：

$$TC(Q^*)=\frac{KD}{\sqrt{\frac{2KD}{K_c}}}+\frac{\sqrt{\frac{2KD}{K_c}}}{2}\times K_c=\sqrt{2KDK_c}$$

最佳订货周期公式：

$$t^*=\frac{1年}{N^*}=\frac{1年}{\sqrt{\frac{DK_c}{2K}}}$$

经济订货批量占用资金：

$$I^*=\frac{Q^*}{2}U=\frac{\sqrt{\frac{2KD}{K_c}}}{2}U=\sqrt{\frac{KD}{2K_c}}U$$

【例7-1】 某企业每年耗用某种材料3 600千克，该材料单位成本为10元，单位储存成本为2元，一次订货成本为25元。则：

$$Q^*=\sqrt{\frac{2KD}{K_c}}=\sqrt{\frac{2\times25\times3\,600}{2}}=300（千克）$$

$$N^*=\frac{D}{Q^*}=\frac{3\,600}{300}=12（次）$$

$$TC(Q^*)=\sqrt{2KDK_c}=\sqrt{2\times25\times3\,600\times2}=600（元）$$

$$t^*=\frac{1}{N^*}=1/12（年）=1（月）$$

$$I^*=\frac{Q^*}{2}U=\frac{300}{2}\times10=1\,500（元）$$

经济订货批量也可以用图解法求得：先计算出一系列不同批量的各有关成本，然后在坐标图上描出由各有关成本构成的订货成本线、储存成本线和总成本线，总成本线的最低点或者订货成本线和储存成本线的交接点对应的批量，即经济订货批量。

不同批量下的有关成本指标如表7-1所示。

表7-1　　　　　　　　　　不同批量下的有关成本指标

订货批量/千克	100	200	300	400	500	600
平均存量/千克	50	100	150	200	250	300
储存变动成本/元	100	200	300	400	500	600
订货次数/次	36	18	12	9	7	6
订货变动成本/元	900	450	300	225	175	150
与批量相关总成本/元	1 000	650	600	625	680	750

不同批量的有关成本变动情况如图7-1所示。从以上成本指标的计算和图形中可以很清楚地看出，当订货批量为300千克时总成本最低，小于或大于这一批量都是不合算的。

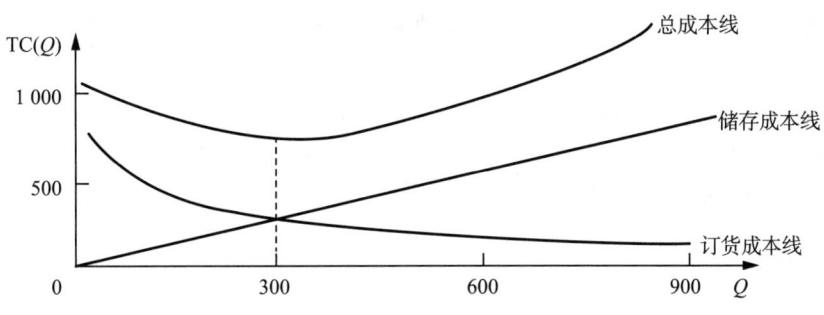

图 7-1　不同批量的有关成本变动情况

7.2.4　有数量折扣的经济订货批量决策

当存货供应商为了扩大销售量，采用数量折扣等优惠条件进行销售时，除了订货成本、储存成本是相关成本，采购成本也成为决策相关成本。在计算年存货总成本时，必须把三类成本相加。在这种情况下，经济订货批量决策一般按下列步骤进行。

（1）计算不考虑数量折扣情况下的经济订货批量。
（2）计算不考虑数量折扣情况下的年总成本。
（3）计算考虑数量折扣情况下的年总成本。

比较不考虑数量折扣情况下的年总成本及考虑数量折扣情况下的年总成本，订货成本、储存成本和采购成本总和最低的就是最优方案。

当然，在实务中，可根据不同情况和应考虑的因素灵活加以运用。

7.2.5　订货批量受限时的经济订货批量决策

订货批量受限，一般是指供应商在接受订货的时候，只接受整数批量。在这种情况下，确定经济订货批量可按下列步骤进行。

（1）计算不考虑订货批量受限情况下的经济订货批量及总成本。如果计算出的经济订货批量和供应商可接受的整数批量不相同，就进行下面步骤。
（2）计算紧邻上述计算出经济订货批量的两个供应商可接受的整数批量的总成本。
（3）比较上述两个总成本的大小，总成本小的就是最优方案。

7.2.6　储存量受限时的经济订货批量决策

储存量受限一般是指企业自建存货存储仓库面积或能力有限。在这种情况下，确定经济订货批量可按下面步骤进行。

（1）计算不考虑储存量受限情况下的经济订货批量及总成本。如果计算的经济订货批量超过储存量上限，就进行下面步骤。
（2）计算储存量上限的总成本。
（3）比较上述两个总成本的大小。

如果差量成本大于解决超额存储的额外成本，不考虑储存量受限情况下的经济订货批量是最优方案；如果差量成本小于解决超额存储的额外成本，按存储量上限进行订货是最优方案。

7-6 知识讲解

7.3 经济订货批量模型的扩展

经济订货批量的基本模型是在前述各假设条件下建立的，但现实生活中能够满足这些假设条件的情况很罕见。为使模型更接近于实际情况，具有较高的可用性，需逐一放宽假设，同时改进模型。

7.3.1 再订货点

一般情况下，企业的存货不能做到随用随时补充，因此不能等存货用光再去订货，而需要在没有用完时提前订货。在提前订货的情况下，企业再次发出订货单时，尚有存货的存量，称为再订货点，用 R 来表示。它的数量等于平均交货时间（L）和每日耗用量（d）的乘积：

$$R = L \times d = 平均交货时间 \times 每日耗用量$$

【例 7-2】续例 7-1 资料，企业订货日期至到货日期的时间为 10 天，存货每日耗用量为 10 千克，那么：

$$R = L \times d = 10 \times 10 = 100（千克）$$

即企业在尚存 100 千克存货时，就应当再次订货，等到下批存货到达时（再次发出订货单 10 天后），原有库存刚好用完。此时，有关存货的每次订货批量、订货次数、订货间隔时间等并无变化，与瞬时补充相同。订货提前期的情形如图 7-2 所示。这就是说，订货提前期对经济订货批量并无影响，只不过在达到再订货点（库存 100 千克）时就要发出订货单罢了。

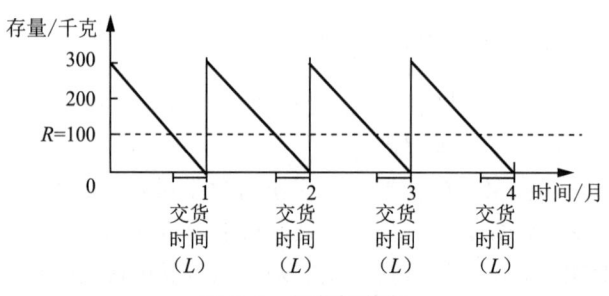

图 7-2 订货提前期

7.3.2 存货陆续供应和使用

设每批订货数为 Q，每日送货量为 P，每日耗用量 d。

变动订货成本 = 年订货次数 × 每次订货成本 = $D/Q \times K$

变动储存成本 = 年平均库存量 × 单位存货的年储存成本 = $Q/2 \times (1 - d/p) \times K_c$

存货陆续供应和使用的经济订货量：

$$Q^* = \sqrt{\frac{2KD}{K_c} \times \left(\frac{P}{P-d}\right)} = \sqrt{\frac{2KD}{K_c \times \left(1 - \frac{d}{P}\right)}}$$

存货陆续供应和使用的经济订货批量总成本公式为：

$$TC(Q^*)=\sqrt{2KDK_c\times\left(1-\frac{d}{P}\right)}$$

最佳订货次数 $N^*=D/Q^*$

最佳订货周期 $=1$ 年$/N^*$

经济订货量占用资金 $=Q^*/2\times(1-d/P)\times$单价

在建立基本模型时，是假设存货一次全部入库，故存货增加时存量变化为一条垂直的直线。在实务中，存货订购后，同批存货一般不是一次性到达入库或一次性领用出库的。事实上，同一个订货批量的产品经常是陆续到达入库并陆续领用出库的。特别是产成品和在产品的转移，几乎都是陆续供应和陆续耗用的。在这种情况下，需要对基本模型做一些修改，如图 7-3 所示。

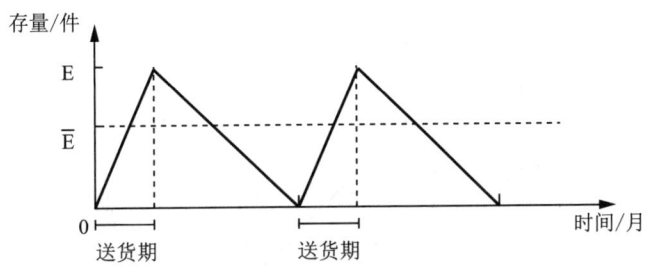

图 7-3　陆续供货时存货数量的变动

【例 7-3】 某零件年需要量为 3 600 件，每日送货量为 30 件，每日耗用量为 10 件，单价为 10 元，一次订货成本（生产准备成本）为 24 元，单位储存变动成本为 2 元，那么：

$$Q^*=\sqrt{\frac{2\times 24\times 3\,600}{2}\times\frac{30}{30-10}}=360(件)$$

$$TC(Q^*)=\sqrt{2\times 24\times 3\,600\times 2\times\left(1-\frac{10}{30}\right)}=480(元)$$

7.3.3 保险储备

1. 保险储备的含义

之前讨论假定存货的供需稳定且用量确定，即每日耗用量不变，交货时间也固定不变。实际上，每日耗用量可能变化，交货时间也可能变化。按照某一订货批量（如经济订货批量）和再订货点发出订单后，如果耗用量增大或送货延迟，就会发生缺货或供货中断。为防止由此造成的损失，就需要多储备一些存货以备应急之需，这称为保险储备（安全存量），用 B 来表示。这些存货在正常情况下不动用，只有当存货过量使用或送货延迟时才动用。

2. 考虑保险储备的再订货点

$$R=\text{平均交货时间}\times\text{平均日需求量}+\text{保险储备}=L\times d+B$$

3. 保险储备确定的原则

保险储备确定的原则：使保险储备的储存成本及缺货成本之和最小。

设单位缺货成本为 K_U，一次订货缺货量为 S，年订货次数为 N，保险储备量为 B，单位存储变动成本为 K_c，则：

$$TC(S、B) = K_U \times S \times N + B \times K_c$$

存货的保险储备如图 7-4 所示。已知：年需用量为 3 600 件，已计算出经济订货批量为 300 件，每年订货 12 次。又知每日耗用量为 10 件，平均交货时间为 10 天。为防止需求变化引起缺货损失，设保险储备量为 100 件，再订货点由此而相应提高为：

$R=$ 平均交货时间 × 平均日需求 + 保险储备 $= L \times d + B = 10 \times 10 + 100 = 200$（件）

在第一个订货周期里，$d=10$，不需要动用保险储备；在第二个订货周期内，$d > 10$，需求量大于供货量，需要动用保险储备；在第三个订货周期内，$d < 10$，不仅不需动用保险储备，正常储备也未用完，下次存货已送到。

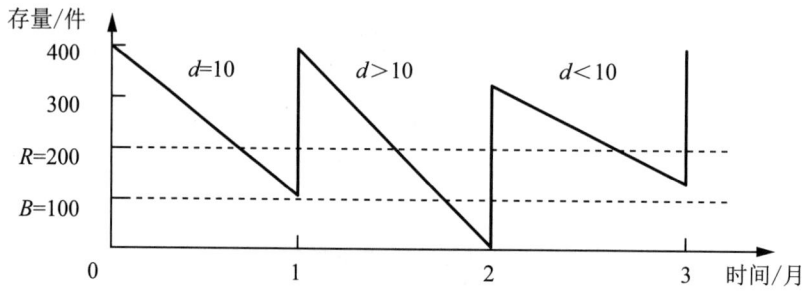

图 7-4 存货的保险储备

建立保险储备，固然可以使企业避免缺货或供应中断造成的损失，但存货平均储备量加大却会使储备成本升高。研究保险储备的目的，就是要找出合理的保险储备量，使缺货或供应中断损失和储备成本之和最小。建立保险储备的方法：可先计算出各不同情况保险储备量的总成本，然后对总成本进行比较，以其低者为最佳。

如果设与此有关的总成本为 $TC(S、B)$，缺货成本为 C_S，保险储备成本为 C_B，则：

$$TC(S、B) = C_S + C_B$$

设单位缺货成本为 K_U，一次订货缺货量为 S，年订货次数为 N，保险储备量为 B，单位储存变动成本为 K_c，则：

$$C_S = K_U \times S \times N$$

$$C_B = B \times K_c$$

$$TC(S、B) = K_U \times S \times N \times B \times K_c$$

在实际应用中，一次订货缺货量 S 具有概率性，其概率可根据历史经验估计得出；保险储备量 B 可选择而定。

【例 7-4】 假定某存货的年需要量为 3 600 件，单位储存变动成本为 2 元，单位缺货成本为 4 元，平均交货时间为 10 天；已经计算出经济订货批量为 300 件，每年订货次数为 12 次。交货期内的存货需求量及其概率分布如表 7-2 所示，要求确定保险储备量或再订货点。

表 7-2　　　　　　　　　　　交货期内的存货需求量及其概率分布表

需要量（$10 \times d$）	70	80	90	100	110	120	130
概率（P）	0.01	0.04	0.20	0.50	0.20	0.04	0.01

先计算不同保险储备量的总成本。

（1）不设置保险储备量。即令 $B=0$，且以 100 件为再订货点。此种情况下，当需求量为 100 件或小于 100 件时，不会发生缺货，其概率为 0.75（0.01+0.04+0.20+0.50）；当需求量为 110 件时，缺货 10 件（110-100），其概率为 0.20；当需求量为 120 件时，缺货 20 件（120-100），其概率为 0.04；当需求量为 130 件时，缺货 30 件（130-100），其概率为 0.01。因此，$B=0$ 时缺货的期望值 S_0、总成本 TC（S、B）可计算如下：

$$S_0 = (110-100) \times 0.2 + (120-100) \times 0.04 + (130-100) \times 0.01 = 3.1（件）$$

$$\begin{aligned} TC(S、B) &= K_U \times S_0 \times N + B \times K_C \\ &= 4 \times 3.1 \times 12 + 0 \times 2 \\ &= 148.8（元） \end{aligned}$$

（2）保险储备量为 10 件。即 $B=10$ 件，以 110 件为再订货点。此种情况下，当需求量为 110 件或小于 110 件时，不会发生缺货，其概率为 0.95（0.01+0.04+0.20+0.50+0.20）；当需求量为 120 件时，缺货 10 件（120-110），其概率为 0.04；当需求量为 130 件时，缺货 20 件（130-110），其概率为 0.01。因此，$B=10$ 件时缺货的期望值 S_{10}、总成本 TC（S、B）可计算如下：

$$S_{10} = (120-110) \times 0.04 + (130-110) \times 0.01 = 0.6（件）$$

$$\begin{aligned} TC(S、B) &= K_U \times S_{10} \times N + B \times K_C \\ &= 4 \times 0.6 \times 12 + 10 \times 2 \\ &= 48.8（元） \end{aligned}$$

（3）保险储备量为 20 件。即 $B=20$ 件，同样运用以上方法，可计算 S_{20}、TC（S、B）为：

$$S_{20} = (130-120) \times 0.01 = 0.1（件）$$

$$TC(S、B) = 4 \times 0.1 \times 12 + 20 \times 2 = 44.8（元）$$

（4）保险储备量为 30 件。即 $B=30$ 件，以 130 件为再订货点。此种情况下可满足最大需求，不会发生缺货，因此：

$$S_{30} = 0$$

$$TC(S、B) = 4 \times 0 \times 12 + 30 \times 2 = 60（元）$$

然后，比较上述不同保险储备量的总成本，以其低者为最佳方案。

当 $B=20$ 件时，总成本为 44.8 元，是各总成本中最低的。故应确定保险储备量为 20 件，或者说应确定以 120 件为再订货点。

例 7-4 解决了由于需求量变化引起的缺货问题。至于由于延迟交货引起的缺货，也可以通过建立保险储备量的方法来解决。确定保险储备量时，可将延迟的天数折算为增加的需求量，其余计算过程与前述方法相同。如例 7-4，若企业延迟到货 3 天的概率为 0.01，则可认为缺货 30 件（3×10）或者交货期内需求量为 130 件（10×10+30）的概率为 0.01，这样就把交货延迟问题转换成了需求过量问题。

本章小结

本章介绍了存货的基本概念、基本内容及种类，重点介绍存货经济订货批量的基本模型。在此基础上介绍了经济订货批量模型的扩展和保险储备的概念，并分析了保险储备确定的基本方法，同时介绍了再订货点的确定方法。

关键术语

存货成本　存货功能　存货　经济订货批量模型　再订货点

综合练习

一、思考题

1. 什么是存货的经济订货批量？
2. 什么是再订货点？

二、计算题

1. A 企业需要某种零件 500 件，每次订货成本为 30 元，每件年储存成本为 3 元，经济订货批量是多少？

2. B 企业原材料的保险储备量为 80 件，交货期为 10 天，每天原材料的耗用量为 5 件，则 B 企业的再订货点为多少？

7-8 拓展案例

7-9 拓展练习

第8章

长期投资决策分析

教学要点

知识要点	能力要求	相关知识
长期投资决策概述	了解长期投资决策的概念、特点及长期投资决策的程序	(1) 长期投资决策的概念及特点 (2) 长期投资决策的程序
长期投资决策需要考虑的主要因素	了解货币时间价值,计算复利、普通年金、预付年金、递延年金及永续年金的终值、现值,计算并确定项目的现金流量	(1) 货币时间价值 (2) 现金流量
长期投资决策的主要方法	长期投资决策评价指标的计算及利用这些指标对项目进行评价	(1) 非贴现现金流量指标 (2) 贴现现金流量指标
长期投资决策分析的应用	长期投资决策指标的具体应用	(1) 固定资产修理或更新决策 (2) 固定资产购买或租赁决策
投资决策的敏感性分析	敏感性分析在投资决策中的应用	(1) 以净现值为基础进行敏感性分析 (2) 以内含报酬率为基础进行敏感性分析

导入案例

8-1 政策法规

东方公司投资案例

东方公司开发成功一种电子产品 A,准备投入生产。在此之前,东方公司进行了一些调研和研究工作,资料如下。

(1) 为生产 A 产品,需要购买价值 315 000 元的设备,估计该设备可使用 12 年,期末残值为 15 000 元。

(2) 未来 12 年内 A 产品销售数量预测如表 8-1 所示。

表 8-1　　　　　　　　　　　A 产品未来 12 年内销售数量预测

序　号	第 × 年	年销售数量 / 件
1	1	6 000
2	2	12 000
3	3	15 000
4	4～12	18 000

（3）生产、销售 A 产品需垫支 60 000 元的营运成本，预计在期末可全部收回。
（4）A 产品单位售价为 35 元，单位变动成本为 15 元。
（5）每年的固定成本（包括雇员工资、设备维修费、保险费及设备按直线法计提的折旧费）共计 135 000 元。
（6）为了迅速占领市场，东方公司需为 A 产品做广告，广告费预算如表 8-2 所示。

表 8-2　　　　　　　　　　　A 产品广告费预算

序　号	第 × 年	年广告费支出 / 元
1	1～2	180 000
2	3	150 000
3	4～12	120 000

（7）东方公司董事会要求所有投资方案都要达到 14% 的投资报酬率。
要求：做出东方公司是否应该生产 A 产品的决策。
解：（1）计算东方公司 A 产品未来 12 年的现金净流量。
NCF_1=（35-15）×6 000-135 000-180 000+（315 000-15 000）÷12= -170 000（元）
NCF_2=（35-15）×12 000-135 000-180 000+（315 000-15 000）÷12=-50 000（元）
NCF_3=（35-15）×15 000-135 000-150 000+（315 000-15 000）÷12=40 000（元）
$NCF_{4\sim12}$=（35-15）×18 000-135 000-120 000+（315 000-15 000）÷12=130 000（元）
（2）计算生产该产品的净现值。
NPV=-170 000×(P/F,14%,1)-50 000×(P/F,14%,2)+40 000×(P/F,14%,3)+130 000 [(P/A,14%,12)-(P/A,14%,3)]+(15 000+60 000)×(P/F,14%,12)-315 000-60 000=-85 998（元）
因此，东方公司不应该生产 A 产品。

投资决策决定着企业的前途与命运，有很多企业因投资不慎导致经营失败，甚至破产。由此案例我们可以看出：企业应在充分考虑各种因素的情况下合理地预测现金流量，选择适当的折现率，并利用科学的评价方法进行项目投资决策，才能使企业健康、稳定地发展。下面我们学习长期投资决策的相关知识。

8.1 长期投资决策概述

8-2 知识讲解

由于决策是一种行为选择的过程,因此企业进行长期投资决策的关键是要充分考虑各种影响因素,认真做好可行性研究和项目的经济评价。

8.1.1 长期投资决策的概念及特点

1. 概念

长期投资决策是指拟定长期投资方案,用科学的方法对长期投资方案进行分析、评价、选择的过程。长期投资决策是涉及企业生产经营全面性和战略性问题的决策,其最终目的是提高企业总体经营能力和获利能力。因此,长期投资决策的正确进行,有助于企业生产经营长远规划的实现。

2. 特点

(1)长期投资决策占用资金数额大。
(2)长期投资决策主要是对企业固定资产方面进行的投资决策。
(3)长期投资决策的效用是长期的。
(4)长期投资决策具有不易逆转性,如果投资正确,形成的优势可以保持较长时间。
(5)投资金额较大,相应的风险也很大。

长期投资决策决定着企业的前景,以至于提出投资方案和评价方案的工作已经不是财务人员能单独完成的,需要所有管理人员的共同努力。

8.1.2 长期投资决策的程序

长期投资决策涉及大量资金投入,会影响企业今后若干年的经济效益。长期投资项目投入的资金,是适应今后生产经营发展的长远需要,不能用当年的收益来补偿,因此又称资本支出。它主要用于固定资产新建、改建、扩建、改造等方面,以提高企业的生产能力。长期投资项目由于投资支出多、影响时间长,因此在决策时,必须进行可行性研究,做好项目技术经济论证,对各个投资方案进行经济效益分析,然后从中选择最优方案。长期投资决策的合理与否,是企业今后能否保持良好经济效益的关键。

长期投资决策包括以下程序。
(1)提出投资项目。
(2)评价各投资项目。
① 对投资项目技术上的先进性、可行性进行评价(设备的技术、产品在国际市场上是否畅销)。
② 对投资项目财务上的可行性进行评价。
a. 资金能否保证项目的顺利实施。
b. 投产以后经济效益的评价(对未来现金流入量与流出量进行分析和比较)。
(3)决策。综合以上评价结果进行评定。
(4)项目实施。投资项目采纳后,财务部门、技术部门等紧密配合,互相协作,以使项目低成本、高质量地完成。

8-3 知识讲解

8.2 长期投资决策需要考虑的主要因素

由于长期投资所投入的资金数额大，涉及的时间长，因而在长期投资决策中必须重视时间因素的影响，而时间因素的影响是通过货币时间价值、现金流量、投资报酬率等因素加以体现的。

8.2.1 货币时间价值

1. 货币时间价值的概念及意义

（1）货币时间价值的概念

货币时间价值是指在不考虑通货膨胀和风险因素的情况下，货币经历一定时间的投资和再投资所增加的价值，也称资金时间价值。

在理解货币时间价值时要注意把握以下要点。

① 货币时间价值是指增量，一般以增值率表示。

② 必须投入生产经营过程才会增值。

③ 需要持续或多或少的时间才会增值。

④ 货币总量在循环和周转中按几何级数增长，即需按复利计算。

例如，已探明一个有工业价值的油田，目前立即开发可获利100亿元，若5年后开发，由于油价上涨可获利160亿元。如果不考虑货币时间价值，根据160亿元大于100亿元，可以认为5年后开发更有利。如果考虑货币时间价值，现在获得100亿元，可用于其他投资机会，平均每年获利15%，则5年后将有资金201亿元（$100 \times 1.15^5 = 201$）。因此，可以认为目前开发更有利。后一种思考问题的方法，更符合现实的经济生活。

（2）货币时间价值的表示方法及实质

货币时间价值可以用相对数（利息率）或绝对数（利息额）来表示。从量的规定性来看，货币时间价值是没有风险和通货膨胀条件下的社会平均资金利润率，但在应用时包括但不限于利息率或利息额。

（3）货币时间价值的意义

① 货币时间价值是进行筹资决策、评价筹资效益的重要依据。

② 货币时间价值是进行投资决策、评价投资收益的重要依据。

③ 货币时间价值是企业进行生产经营决策的重要依据。

2. 货币时间价值的计算

货币时间价值的计算包括一次性收付款项和非一次性收付款项（年金）的终值、现值的计算。

终值又称将来值，是现在一定量的资金折算到未来某一时点所对应的价值，俗称本利和，通常记作 F。

现值是指未来某一时点上的一定量资金折算到现在所对应的价值，俗称本金，通常记作 P。

为计算方便，本章假定有关字母的含义如下：I 为利息；A 为年金；i 为利率（折现率）；n 为计算利息的期数。

（1）单利和复利。

利息的计算有两种方式，即单利计息和复利计息。

① 单利计息，即仅对本金计息，利息不再生利息。

单利计息的计算公式为：

$$I = P \times i \times n$$

② 复利计息，即每经过一个计息期，要将所生利息加入本金再计利息，逐期滚算，俗称"利滚利"。这里所说的计息期是指相邻两次计息的时间间隔，如年、月、日等，除非特别指明，计息期为1年。

复利计息的计算公式为：

$$I = P \times (1+i)^n - P$$

（2）一次性收付款的终值和现值。

① 单利的终值和现值。

a. 单利终值的计算。

$$F = P + P \times i \times n = P \times (1 + i \times n)$$

【例8-1】 某人将800元存入银行，年利率为5%，求5年后的终值。

解：$F = P \times (1 + i \times n) = 800 \times (1 + 5\% \times 5) = 1\,000(元)$

b. 单利现值的计算。

$$P = \frac{F}{1 + i \times n}$$

【例8-2】 某人希望在第5年年末得到本利和1 000元，用以支付一笔款项。在利率为5%、单利计息条件下，此人现在需要存入银行多少资金？

解：$P = 1\,000 \div (1 + 5 \times 5\%) = 800$（元）

从上面的计算中，我们可以得出以下结论：

★单利的终值和单利的现值互为逆运算。

★单利终值系数（$1+i \times n$）和单利现值系数 $1/(1+i \times n)$ 互为倒数。

② 复利的终值和现值。

a. 复利终值的计算。

【例8-3】 某人将10 000元投资于一个项目，年报酬率为6%，求第 n 年的期末金额是多少？

解：经过1年时间的期末金额为：

$F = P + P \times i$

$F = P \times (1+i)$

　$= 10\,000 \times (1 + 6\%)$

　$= 10\,600$（元）

若此人并不提走现金，将10 600元继续投资于该项目，则第二年的期末金额为：

$F = [P \times (1+i)] \times (1+i)$

　$= P \times (1+i)^2$

　$= 10\,000 \times (1+6\%)^2$

$$=10\,000\times1.123\,6$$
$$=11\,236\,(元)$$

同理，第三年的期末金额为：

$$F=P\times(1+i)^3$$
$$=10\,000\times(1+6\%)^3$$
$$=10\,000\times1.191\,0$$
$$=11\,910\,(元)$$

第 n 年的期末金额为：

$$F=P\times(1+i)^n$$

上式是计算复利终值的一般公式，其中的 $(1+i)^n$ 称为复利终值系数，或 1 元的复利终值，用符号 $(F/P,i,n)$ 或 $\mathrm{FVIF}_{i,n}$ 表示，可查复利终值系数表求得。因此，上式就可以写为：

$$F=P\times(F/P,i,n)=P\times\mathrm{FVIF}_{i,n}$$

b. 复利现值的计算公式为：

$$P=\frac{F}{(1+i)^n}=F\times(1+i)^{-n}=F\times(P/F,i,n)=F\times\mathrm{PVIF}_{i,n}$$

上式中的 $(1+i)^{-n}$ 是把终值折算为现值的系数，称为复利现值系数，或 1 元的复利现值，用符号 $(P/F,i,n)$ 或 $\mathrm{PVIF}_{i,n}$ 表示，可查复利现值系数表求得。

【例 8-4】 某人拟在 5 年后获得本利和 10 000 元。假设投资报酬率为 10%，他现在应投入多少元？

解：$P=F\times(P/F,i,n)$
$$=10\,000\times(P/F,10\%,5) 或 10\,000\times\mathrm{PVIF}_{10\%,5}$$
$$=10\,000\times0.620\,9$$
$$=6\,209\,(元)$$

从上面的计算中，我们可以得出结论：复利终值系数与复利现值系数互为倒数。

（3）年金的终值和现值（非一次性收付款项的终值和现值）。

年金是指未来若干均等间隔期所发生的等额收入或支出。年金按其每次收付发生的时点不同，可分为普通年金（后付年金）、预付年金（即付年金或先付年金）、递延年金、永续年金。普通年金是指每期期末收到或付出的等额款项。预付年金是指每期期初收到或付出的等额款项。递延年金是指从期初开始间隔一定时期后才连续发生的年金。永续年金是指无限期连续收付的年金。

年金具有两个特点：一是金额相等；二是时间间隔相等。

① 普通年金的终值和现值。

a. 普通年金的终值计算。

普通年金终值是每期期末的等额收入或支出按预期的投资报酬率计算的复利终值之和。

$$F=A(1+i)^1+A(1+i)^2+\cdots+A(1+i)^n=A\times\{[(1+i)^n-1]/i\}$$

$[(1+i)^n-1]/i$ 称为年金终值系数,用符号 $(F/A,i,n)$ 或 $\text{FVIFA}_{i,n}$ 表示,可查年金终值系数表求得。上式可写成:

$$F = A \times \left[\frac{(1+i)^n-1}{i}\right] = A \times (F/A,i,n) = A \times \text{FVIFA}_{i,n}$$

b. 普通年金的现值计算。

普通年金现值是每期期末的等额收入或支出按预期的投资报酬率计算的复利现值之和。

$$P = A(1+i)^{-1} + A(1+i)^{-2} + \cdots + A(1+i)^{-n} = A \times \{[1-(1+i)^{-n}]/i\}$$

$[1-(1+i)^{-n}]/i$ 称为年金现值系数,用符号 $(P/A,i,n)$ 或 $\text{PVIFA}_{i,n}$ 表示,可查年金现值系数表求得。上式可写成:

$$P = A \times \left[\frac{1-(1+i)^{-n}}{i}\right] = A \times (P/A,i,n) = A \times \text{PVIFA}_{i,n}$$

【例 8-5】 某企业在今后的五年里每年都有 500 万元的现金流入,投资报酬率为 10%,试计算这笔现金流入的现值及终值。

解:终值 $F=500\times(F/A,10\%,5)=500\times\text{FVIFA}_{10\%,5}=500\times6.1051=3\,052.55$(万元)

现值 $P=500\times(P/A,10\%,5)=500\times\text{PVIFA}_{10\%,5}=500\times3.7908=1\,895.4$(万元)

② 预付年金的终值和现值。

预付年金与普通年金的区别在于收付款的时点不同,普通年金在每期的期末收付款项,预付年金在每期的期初收付款项。普通年金与预付年金的区别如图 8-1 所示。

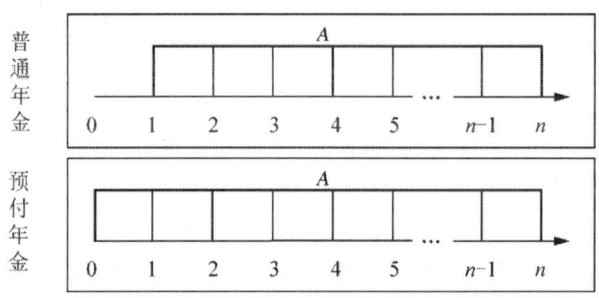

图 8-1 普通年金与预付年金的区别

a. 预付年金的终值计算。

$$F = A \times \frac{(1+i)^n-1}{i} \times (1+i) = A \times \left[\frac{(1+i)^{n+1}-1}{i} - 1\right] = A \times [(F/A,i,n+1)-1]$$

$$= A \times \text{FVIFA}_{i,n} \times (1+i)$$

式中 $\left[\frac{(1+i)^{n+1}-1}{i} - 1\right]$ 为预付年金终值系数,与普通年金终值系数相比,期数 +1,系数 -1,记作 $[(F/A,i,n+1)-1]$。

【例 8-6】 已知某企业在今后六年里每年年初都有 200 万元的现金流入,投资报酬率为 8%,试计算这笔现金流入的终值是多少?

解：$F = A[(F/A, i, n+1)-1] = 200 \times [(F/A, 8\%, 6+1)-1]$

查年金终值系数表：$(F/A, 8\%, 7) = 8.9228$

$F = 200 \times (8.9228 - 1) = 1584.56$（万元）

b. 预付年金的现值计算。

$$P = A \times \frac{1-(1+i)^{-n}}{i} \times (1+i) = A \times \left[\frac{1-(1+i)^{-(n-1)}}{i} + 1\right] = A \times [(P/A, i, n-1)+1]$$

$$= A \times \text{PVIFA}_{i,n} \times (1+i)$$

式中 $\left[\frac{1-(1+i)^{-(n-1)}}{i} + 1\right]$ 为预付年金现值系数，与普通年金现值系数相比，期数 −1，系数 +1，记作 $[(P/A, i, n-1)+1]$。

【例8-7】张先生采用分期付款方式购入一辆汽车，每年年初付款 15 000 元，分 10 年付清。若银行利率为 6%，该项分期付款相当于一次现金支付的购买价是多少？

解：$P = A \times [(P/A, i, n-1)+1]$
　　 $= 15\,000 \times [(P/A, 6\%, 9)+1]$
　　 $= 15\,000 \times (6.8017+1)$
　　 $= 117\,025.5$（元）

③ 递延年金的终值和现值。

a. 递延年金终值的计算。

$$F = A \times (F/A, i, n)$$

与普通年金终值的计算相同，因为递延年金终值的大小与递延期的长短无关。

b. 递延年金现值的计算。

递延年金的现值可用以下 3 种方法来计算。

方法一：把递延年金视为 n 期的普通年金，求出年金在递延期期末 m 点的现值，再将 m 点的现值调整到第一期期初。

$$P = A \times (P/A, i, n) \times (P/F, i, m)$$

方法二：先假设递延期也发生收支，则变成一个 $(m+n)$ 期的普通年金，算出 $(m+n)$ 期的年金现值，再扣除并未发生年金收支的 m 期递延期的年金现值，即可求得递延年金现值。

$$P = A \times [(P/A, i, m+n) - (P/A, i, m)]$$

方法三：先算出递延年金的终值，再将终值折算到第一期期初，即可求得递延年金的现值。

$$P = A \times [(F/A, i, n) \times (P/F, i, m+n)]$$

【例8-8】某企业今年年初投资一项目，从第 5 年开始每年年末可以取得 10 万元收益，投资期限为 10 年，假定年利率为 5%。要求：该项目今年年初投资金额是多少？

解：方法一：$P_A = A \times (P/A, i, n) \times (P/F, i, m)$
　　　　　　 $= 10 \times (P/A, 5\%, 6) \times (P/F, 5\%, 4)$
　　　　　　 $= 10 \times 5.0757 \times 0.8227$
　　　　　　 $= 41.76$（万元）

　　方法二：$P_A = A \times [(P/A, i, m+n) - (P/A, i, m)]$
　　　　　　 $= 10 \times [(P/A, 5\%, 10) - (P/A, 5\%, 4)]$

$$=10\times(7.721\ 7-3.546\ 0)$$
$$=41.76（万元）$$

方法三：$P_A = A\times(F/A, i, n)\times(P/F, i, m+n)$
$$=10\times(F/A, 5\%, 6)\times(P/F, 5\%, 10)$$
$$=10\times6.801\ 9\times0.613\ 9$$
$$=41.76（万元）$$

④ 永续年金的终值和现值。

永续年金是指无限期连续收付的年金。由于期限无限，所以永续年金没有终值。

永续年金现值的计算公式如下：

$$P=\frac{A}{i}$$

【例8-9】某公司需要一栋办公楼，现有两种方案可供选择。

方案一：永久租用办公楼一栋，每年年初支付租金10万元，一直到无穷。

方案二：一次性购买办公楼一栋，支付120万元。目前存款利率为10%。

问：从年金角度考虑，哪一种方案更优？

解：根据题意，预付年金的现值计算公式 $P = A\times\left[\dfrac{1-(1+i)^{-(n-1)}}{i}+1\right]$，当 $n\to\infty$，$P=\dfrac{A(1+i)}{i}$，因此

方案一：$P=10\times(1+10\%)\div10\%=110$（万元）

方案二：$P=120$（万元）

所以方案一更优。

8.2.2 现金流量

1. 现金流量的定义

现金流入量与现金流出量相对应，现金流入量指的是由于实施了该方案而增加的资金，包括经营活动现金流入量、筹资活动现金流入量、投资活动现金流入量。现金流出量指的是在实施此方案的过程中所需投入的资金，包括经营活动现金流出量、筹资活动现金流出量、投资活动现金流出量。

$$年现金净流量 = 年现金流入量 - 年现金流出量$$

2. 现金流量的假设

由于项目投资现金流量的确定是一项很复杂的工作，为了便于确定现金流量的具体内容，简化现金流量的计算过程，本章特作以下假设。

（1）全投资假设。

假设在确定项目的现金流量时，只考虑全部投资的情况，不论是自有资金还是借入资金等具体形式的现金流量，都将其视为自有资金。

（2）建设期投入全部资金假设。

项目的原始总投资不论是一次投入还是分次投入，均假设它们是在建设期内投入的。

（3）项目投资的经营期与折旧年限一致假设。

假设项目主要固定资产的折旧年限或使用年限与其经营期相同。

（4）时点指标假设。

现金流量的具体内容所涉及的价值指标，不论是时点指标还是时期指标，均假设按照年初或年末的时点处理。其中，建设投资在建设期内有关年度的年初发生；垫支的流动资金在建设期的最后一年年末即经营期的第一年年初发生；经营期内各年的营业收入、付现成本、折旧（摊销等）、利润、所得税等项目的确认均在有关年度的年末发生；项目最终报废或清理（中途出售项目除外），回收流动资金均发生在经营期最后一年年末。

3. 估计现金流量时要注意的问题

（1）区分相关成本和非相关成本。

相关成本是指与特定决策有关的、在分析评价时必须加以考虑的成本。例如，差额成本、未来成本、重置成本、机会成本等都属于相关成本。与此相反，与特定决策无关的、在分析评价时不必加以考虑的成本是非相关成本。例如，沉没成本等往往是非相关成本。

如果将非相关成本纳入投资方案的总成本，则一个有利的方案可能因此变得不利，一个较好的方案可能变为较差的方案从而造成决策错误。

（2）不要忽视机会成本。

在投资方案的选择中，如果选择了一个投资方案，则必须放弃其他投资的机会。其他投资机会可能取得的收益是实行本方案的一种代价，被称为这个投资方案的机会成本。

> **案例 8.1**
>
> 某公司职员王先生，年收入 50 000 元，现想辞职投资一个儿童图书批发项目，准备把两年前 20 000 元购买的现在闲置的家具投入该项目使用。请你想一想，哪些成本是机会成本？

机会成本不是我们通常意义上的"成本"，它不是一种支出或费用，而是失去的收益。这种收益不是实际发生的，而是潜在的。机会成本总是针对具体方案的，离开被放弃的方案就无从计量确定。

机会成本在决策中的意义在于它有助于全面考虑可能采取的各种方案，以便为既定资源寻求最为有利的使用途径。

（3）要考虑投资方案对公司其他项目的影响。

当我们采纳一个新的项目后，该项目可能对公司的其他项目造成有利或不利的影响。例如，新建车间生产的产品上市后，原有其他同类产品的销量可能减少，而且整个公司的销售额可能不仅不会增加反而会减少。因此，公司在进行投资分析时，不应将新车间的销售收入作为增量收入来处理，而应扣除其他项目因此减少的销售收入。当然，也可能发生相反的情况，新产品上市后将促进其他项目销量的增加。这要看新项目和原有项目是竞争关系还是互补关系。

当然，诸如此类的交互影响，事实上很难准确计量。但决策者在进行投资分析时仍要将其考虑在内。

（4）对净营运资金的影响。

在一般情况下，当公司开办一个新业务并使销售额扩大后，对于存货和应收账款等经营性流动资产的需求也会增加，公司必须筹措新的资金以满足这种额外需求。另外，由于公司扩充，应付账款与应付费用等经营性流动负债也会同时增加，从而降低了公司净营运资金的实际需要。所谓净营运资金的需要是指增加的经营性流动资产与增加的经营性流动负债之间的差额。

当投资方案的寿命周期快要结束时，公司将与项目有关的存货出售，应收账款变为现金，应付账款和应付费用也随之偿付，净营运资金恢复到原有水平。通常在进行投资分析时，假定开始投资时筹措的净营运资金在项目结束时收回。

4. 现金流量的估计

现金流入包括销售收入、固定资产净残值（残值收入－清理费用）、回收流动资金、其他现金流入量等。

现金流出包括投资支出、垫支的净营运资金（付现成本）、垫支的流动资金等。

8-4 拓展案例

现金净流量是指现金流入量与现金流出量的差额。

现金流量的计量也可从另一个角度进行说明。

（1）投资现金流量。

投资现金流量包括投资在固定资产上的资金和投资在流动资产上的资金两部分。其中投资在流动资产上的资金一般在项目结束时将全部收回。这部分现金流量由于在会计上一般不涉及企业的损益，因此不受所得税的影响。

投资在固定资产上的资金有时是以企业原有的旧设备进行投资的。在计算投资现金流量时，一般是以设备的变现价值作为其现金流出量的（但是该设备的变现价值通常并不与其折余价值相等）。另外，还必须注意将这个投资项目作为一个独立的方案进行考虑，即假设企业如果将该设备出售可能得到的收入（设备的变现价值），以及企业由此而可能将支付或减免的所得税，即：

投资现金流量＝投资在流动资产上的资金＋设备的变现价值－（设备的变现价值－折余价值）×税率

（2）营业现金流量。

从净现金流量的角度考虑，交纳所得税是企业的一项现金流出。

折旧作为一项成本，在计算税后净利润时是包括在成本当中的，但是由于它不需要支付现金，因此需要将它当作一项现金流入来看待。

综上所述，企业的营业现金流量可用如下公式表示。

营业现金流量＝收入－付现成本－所得税
　　　　　＝（收入－付现成本）－[（收入－付现成本－折旧）×税率]
　　　　　＝（收入－付现成本）×（1－税率）＋折旧×税率
　　　　　＝[税后净利润＋折旧×（1－税率）]＋折旧×税率－折旧×（1－税率）
　　　　　＝税后净利润＋折旧

（3）终止现金流量。

终止现金流量包括固定资产的残值收入和收回原投入的流动资金。在投资决策中，一般假设当项目终止时，将项目初期投入在流动资产上的资金全部收回。这部分收回的资金由于不涉及利润的增减，因此也不受所得税的影响。固定资产的残值收入如果与预订的固定资产残值相同，那么在会计上也同样不涉及利润的增减，所以也不受所得税的影响。但是在实际工作中，最终的残值收入往往不等于预计的固定资产残值，它们之间的差额会引起企业利润的增加或减少，因此在计算现金流量时，不能忽视这部分的影响。

项目终止现金流量＝实际固定资产残值收入＋原投入的流动资金－（实际固定资产残值收入－预计固定资产残值）×税率

【例 8-10】 A 公司投资 300 万元建设一个项目，3 年建成，每年年初投入 100 万元，在第三年年末投入流动资金 200 万元，项目使用寿命为 5 年，报废后有残值收入 50 万元，采用直线法计提折旧，该项目每年实现销售总额 400 万元，成本总额为 300 万元。该企业所得税税率为 25%，试确定该投资项目各年净现金流量。

解：A 公司每年折旧额：（300–50）÷5=50（万元）

A 公司营业现金流量：（400–300）×（1–25%）+50=125（万元）

每年的现金流量计算如表 8-3 所示。

表 8-3　　　　　　　　　　　每年的现金流量计算表

单位：万元

第×年	投资现金流量	营业现金流量	终止现金流量	现金流量合计
0	–100			–100
1	–100			–100
2	–100			–100
3	–200			–200
4		125		125
5		125		125
6		125		125
7		125		125
8		125	250	375

8.3　长期投资决策的主要方法

8-5 拓展阅读

投资决策评价指标是投资项目技术经济可行性评价的重要组成部分。企业进行项目投资首先必须对项目进行可行性分析与评价，通过分析来评价其是否具有财务可行性。可行性研究是项目投资决策的重要依据，它决定了一个项目的建设和运营，是项目前期工作的最重要内容。可行性研究是从事一种经济活动（投资）之前，要对经济、技术、生产、营销社会环境、法律等各种因素进行具体调查、研究、分析，确定有利、不利因素，分析项目是否可行，估计成功率大小、经济效益和社会效益程度，由此考察项目经济上的合理性、盈利性、技术上的先进性、适用性、实施上的可能性、风险性，从而提出该项目是否值得投资和如何进行建设的咨询意见，为项目投资决策提供科学依据，或者为主管机关审批而进行的一种分析。项目可行性研究的最后结果是编写可行性研究报告。一般情况下，可行性研究报告的主要内容包括：项目总论，项目建设背景、必要性、可行性，项目产品市场分析，加工项目产品规划方案，项目建设地与土建总规，项目环保、节能与劳动安全方案，项目组织计划和人员安排，项目实施进度安排，项目不确定性分析，项目效益评价，项目风险分析及风险防控，项目可行性研究结论与建议。关于可行性研究的相关内容可参考相关的技术经济学教材。

8-6 拓展视频

长期投资决策的主要方法一般有非贴现现金流量指标法（静态分析方法）、贴现现金流量指标法（动态分析方法）。非贴现现金流量指标，又称静态指标，一般是指没有考虑货币时间价值的指标，主要包括投资回收期和投资报酬率。贴现现金流量指标，又称动态指标，一般是指考虑货币时间价值的指标，主要包括净现值、净现值率、获利指数和内含报酬率。

8.3.1 非贴现现金流量指标

非贴现现金流量指标是指在计算中不考虑货币时间价值的决策指标，主要包括投资回收期和投资报酬率。

1. 投资回收期

投资回收期（Payback Period，PP）指的是自投资方案实施起，至收回初始投入资本所需的时间，即能够使与此方案相关的累计现金流入量等于累计现金流出量的时间，用公式表示则为：

$$\frac{A_o}{\sum_{i=1}^{n} A_i} = 1$$

式中　A_o——原始总投资；
　　　A_i——第 i 年的净现金流量；
　　　i——年数。

若每年的现金净流量相等，则投资回收期 i = 投资总额 / 年现金净流量。

投资回收期一般以年为单位。

投资回收期的判断标准一般是国家根据行业或企业的特点规定的平均先进的投资回收期。

投资回收期法的主要优点是计算简便，缺点是既没有考虑货币时间价值，又没有考虑回收期后的现金流量。在实际工作中，长期投资往往看重的是项目中后期得到的较为丰厚的长久收益，所以不适合使用投资回收期法来判断其优劣。

【例 8-11】　某企业有甲、乙两个投资方案，投资总额均为 10 万元，全部用于购置新的设备，折旧采用直线法，使用期均为 5 年，无残值，现金流量计算如表 8-4 所示。

表 8-4　　　　　　　　　　　　　现金流量计算表

单位：元

项目计算期	甲投资方案		乙投资方案	
	利润	现金净流量（NCF）	利润	现金净流量（NCF）
0		−100 000		−100 000
1	15 000	35 000	10 000	30 000
2	15 000	35 000	14 000	34 000
3	15 000	35 000	18 000	38 000
4	15 000	35 000	22 000	42 000
5	15 000	35 000	26 000	46 000
合　计	75 000	75 000	90 000	90 000

要求：计算甲、乙两个投资方案的投资回收期。

解：由于甲投资方案每年的营业现金流量都相同，所以

$$投资回收期 = \frac{投资总额}{年现金净流量}$$

甲投资方案的投资回收期 = 100 000÷35 000 = 2.86（年）

由于乙投资方案每年的营业现金流量不相等，所以累计现金流量计算如表 8-5 所示。

表 8-5　　　　　　　　　　　　　累计现金流量计算表

单位：元

项目计算期	乙投资方案	
	现金净流量（NCF）	累计现金净流量
0	−100 000	−100 000
1	30 000	−70 000
2	34 000	−36 000
3	38 000	2 000
4	42 000	44 000
5	46 000	90 000

从表 8-5 可知，乙投资方案从第 3 年开始累计现金净流量为正数，可见投资回收期在第 2 年与第 3 年之间，由于第 2 年累计现金净流量为 −36 000 元，而第 3 年的现金净流量为 38 000 元，因此乙投资方案的投资回收期为 2.95 年（2+36 000÷38 000）。

2. 投资报酬率

投资报酬率（Average Rate of Return，ARR）也叫投资利润率或平均投资利润率，它表示年平均利润占总投资的百分率，即：

$$投资报酬率 = （年平均利润 ÷ 投资总额）×100\%$$

投资报酬率的判断标准一般是以行业或企业的平均报酬率作为最低投资报酬率来衡量的。这个指标越大越好。

投资报酬率法与投资回收期法相比，虽然考虑了回收期后的收益，但它仍然忽略了货币时间价值。这种方法的主要优点在于计算简便，并且使用的是普通会计学上的收益和成本的概念，容易被接受和掌握。

【例 8-12】 沿用例 8-11 的有关资料，要求计算甲、乙两个投资方案的投资报酬率。

解：甲投资方案的投资报酬率 =15 000÷100 000×100%=15%

乙投资方案的投资报酬率 =（90 000÷5）÷100 000×100%=18%

8.3.2 贴现现金流量指标

与非贴现现金流量指标不同，贴现现金流量指标是在充分考虑资金时间价值的基础上，对方案的优劣进行判断。贴现现金流量指标主要有：净现值、净现值率、获利指数和内含报酬率。

1. 净现值

（1）净现值的概念。

净现值（Net Present Value，NPV）指的是在方案的整个实施运行过程中，未来现金流入量现值之和与未来现金流出量现值之和的差额，即

某方案 NPV=Σ 该方案未来现金流入量现值 – Σ 该方案未来现金流出量现值

净现值是一个贴现的绝对值正指标。

净现值法是根据方案净现值是否大于或等于零判断方案是否可行的方法。

（2）净现值的计算步骤。

第一步：绘制现金流量图，并计算每一时点的现金流量。

第二步：将营业现金流量、残值收入，以及收回流动资金折成现值。

第三步：将投资额折成现值。

第四步：计算净现值。

（3）净现值法的判断标准。

若某个方案净现值 ≥ 0，表明该方案的投资报酬率大于预定的折现率，该方案可行。

若某个方案净现值 < 0，表明该方案的投资报酬率小于预定的折现率，该方案不可行。

若几个方案的投资额相同，项目计算期相等且净现值均大于零，那么净现值最大的方案为最优方案。

【例 8-13】 某企业拟建设一个项目，需投资 55 万元，按直线法计提折旧，使用寿命为 10 年，期末有 5 万元净残值。该项目建设期为 1 年，投资额分别于年初投入 30 万元，年末投入 25 万元。预计项目投产后每年可增加营业收入 15 万元，总成本为 10 万元，假定贴现率为 10%。要求：计算该投资项目的净现值。

解：建设期现金净流量

$NCF_0 = -30$（万元）

$NCF_1 = -25$（万元）

经营期营业现金净流量

$NCF_{2\sim10} = (15-10) + \dfrac{55-5}{10} = 10$（万元）

经营期终结现金净流量
NCF$_{11}$=10+5=15(万元)
NPV=10×[(P/A, 10%, 10)−(P/A, 10%, 1)]+15×(P/F, 10%, 11)−[30+25×(P/F, 10%, 1)]
　　=10×(6.144 6−0.909 1)+15×0.350 5−(30+25×0.909 1)
　　=4.885(万元)

因为 NPV > 0,所以该方案可行。

(4)净现值法的优缺点。

优点:
① 综合考虑了货币时间价值,能较合理地反映投资项目的真正经济价值。
② 考虑了项目计算期的全部现金净流量,体现了流动性与收益性的统一。
③ 考虑了投资风险性,因为贴现率的大小与风险大小有关,风险越大,贴现率就越高。

缺点:
① 无法直接反映投资项目的实际投资收益率水平。
② 当各项目投资额不同时,难以确定最优的投资项目。

2. 净现值率

(1)净现值率的概念。

净现值率(Rate of Net Present Value,NPVR)指的净现值与投资现值的比值,即

$$\text{某方案 NPVR} = \text{净现值}/\text{投资现值}$$

净现值率法是根据某方案净现值率是否大于或等于零判断方案是否可行的方法。

(2)净现值率的计算步骤。

第一步:计算净现值。
第二步:将投资额折成现值。
第三步:计算净现值率。

(3)净现值率法的判断标准。

若某个方案净现值率 ≥ 0,表明该方案的投资报酬率大于预定的折现率,该方案可行。
若某个方案净现值率 < 0,表明该方案的投资报酬率小于预定的折现率,该方案不可行。

【例 8–14】 沿用例 8–13 的有关资料,要求计算该投资项目的净现值率。

解:建设期现金净流量
NCF$_0$= −30(万元)
NCF$_1$= −25(万元)

经营期营业现金净流量

$$\text{NCF}_{2\sim10} = (15-10) + \frac{55-5}{10} = 10(\text{万元})$$

经营期终结现金净流量
NCF$_{11}$=10+5=15(万元)
NPV=10×[(P/A, 10%, 10)−(P/A, 10%, 1)]+15×(P/F, 10%, 11)−[30+25×(P/F, 10%, 1)]
　　=10×(6.144 6−0.909 1)+15×0.350 5−(30+25×0.909 1)
　　=4.885(万元)

NPVR=4.885/[30+25×(P/F, 10%, 1)]=0.093

因为 NPVR > 0,所以该方案可行。

(4)净现值率法的优缺点。

净现值率的优点与净现值优点是一样的,缺点是无法直接反映投资项目的实际投资收益率水平。

3. 获利指数

(1)获利指数的概念。

获利指数(Profitability Index,PI)也叫现值指数,指的是在方案的整个实施运行过程中,未来现金流入量的现值之和与原始投资额的现值之和的比值,即

$$某方案的PI = \frac{\sum 该方案未来现金流入现值}{\sum 原始投资额的现值}$$

获利指数法是根据方案获利指数是否大于或等于1来判断方案是否可行的方法。

(2)获利指数法的判断标准。

若某方案获利指数≥1,表明该方案的投资报酬率大于预定的折现率,该方案可行。

若某方案获利指数<1,表明该方案的投资报酬率小于预定的折现率,该方案不可行。

当有多个方案可供选择时,由于获利指数越大,企业的投资报酬水平就越高,所以应采用获利指数大于1中的最大者。

【例8-15】某企业购入设备一台,价值为30 000元,按直线法计提折旧,使用寿命6年,期末无残值。预计投产后每年可获得利润4 000元,假定贴现率为12%。

要求:计算该项目的获利指数并判断方案是否可行。

解析:$NCF_0 = -30\,000$(元)

$NCF_{1\sim6} = 4\,000 + 30\,000 \div 6 = 9\,000$(元)

PI=9 000×(P/A,12%,6)÷30 000=9 000×4.111 4÷30 000=1.233 4

因为PI>1,所以该方案可行。

(3)获利指数法的优缺点。

优点:与净现值相比,获利指数是一个相对数,因此克服了不同投资额方案间的净现值缺乏可比性的问题。它的经济意义是每元投资额在未来获得的现金流入量的现值数。

缺点:无法直接反映投资项目的实际收益率,计算相对复杂。

应当注意的是,在方案决策中,正确选择贴现率至关重要,它直接影响决策的结果,但是如何确定贴现率却有一定的难度。而且选择不同的贴现率,还会引起净现值和获利指数发生变化,甚至影响到判断结果。在实务中,确定贴现率的方法主要有:以投资项目的资本成本作为贴现率,以投资项目的机会成本作为贴现率,以行业平均资金收益率作为贴现率。

4. 内含报酬率

(1)内含报酬率的概念。

内含报酬率(Internal Rate of Return,IRR),又称内部收益率,反映的是方案未来可实现的投资报酬率。它是在整个方案的实施运行过程中,当现金流入量的现值之和与现金流出量的现值之和相等时方案的报酬率,即能够使项目净现值为零时的报酬率。

内含报酬率法是根据某方案的内含报酬率是否大于或等于资金成本来判断该方案是否可行的方法。资金成本通常是行业基准收益率或是方案的已知利率，是投资者在未来希望达到的最低投资报酬率。

（2）内含报酬率的计算方法。

① 经营期内各年现金净流量相等，且全部投资均于建设起点一次投入，建设期为零，即

经营期每年相等的现金净流量（NCF）× 年金现值系数（P/A, IRR, n）− 投资总额 =0

计算步骤如下。

第一步，计算年金现值系数（P/A, IRR, n）

$$年金现值系数 = \frac{投资总额}{经营期每年相等的现金流量}$$

第二步，根据计算出来的年金现值系数与已知的年限 n，查年金现值系数表，确定内含报酬率的范围。

第三步，用插值法求出内含报酬率。

【例 8-16】 根据例 8-15 的资料，计算内含报酬率。

解：(P/A, IRR, 6) =30 000÷9 000=3.333 3

查附录中的现值系数表可知：

```
  18%           IRR          20%
   |-------------|-------------|
 3.497 6      3.333 3       3.325 5
```

$$IRR = 18\% + \frac{3.497\ 6 - 3.333\ 3}{3.497\ 6 - 3.325\ 5} \times (20\% - 18\%) = 19.91\%$$

② 经营期内各年现金净流量不相等，采用逐次测试法计算能使净现值等于零的贴现率，即内含报酬率。逐次测试法的计算步骤如下。

第一步，估计一个贴现率，用它来计算净现值。如果净现值为正数，说明方案的实际内含报酬率大于估计的贴现率，应提高贴现率再进一步测试；如果净现值为负数，说明方案本身的报酬率小于估计的贴现率，应降低贴现率再进行测试。如此反复测试，直到寻找出使净现值由正到负或由负到正且接近零的两个贴现率。

第二步，根据上述相邻的两个贴现率使用插值法求出该方案的内含报酬率。由于逐次测试法是一种近似方法，因此相邻的两个贴现率不能相差太大，否则误差会很大。

【例 8-17】 假定例 8-15 资料中，投产后每年可获得利润分别为 3 000 元、3 000 元、4 000 元、4 000 元、5 000 元、6 000 元，其他资料不变。

要求：计算内含报酬率。

解：先按 16% 估计的贴现率进行测试，其结果净现值为 2 855.8 元，是正数；于是把贴现率提高到 18% 进行测试，净现值为 1 090.6 元，仍为正数，再把贴现率提高到 20% 重新测试，净现值为 −526.5 元，是负数，说明该项目的内含报酬率为 18% ~ 20%。有关测试计算如表 8-6 所示。

表 8-6　　　　　　　　　　　　　　　内含报酬率测算表

单位：元

第×年	现金净流量（NCF）	贴现率=16%		贴现率=18%		贴现率=20%	
		现值系数	现值	现值系数	现值	现值系数	现值
0	−30 000	1	−30 000	1	−30 000	1	−30 000
1	8 000	0.862 1	6 896.8	0.847 5	6 780	0.833 3	6 666.4
2	8 000	0.743 2	5 945.6	0.718 2	5 745.6	0.694 4	5 555.2
3	9 000	0.640 7	5 766.3	0.608 6	5 477.4	0.578 7	5 208.3
4	9 000	0.552 3	4 970.7	0.515 8	4 642.2	0.482 3	4 340.7
5	10 000	0.476 2	4 762	0.437 1	4 371	0.401 9	4 019
6	11 000	0.410 4	4 514.4	0.370 4	4 074.4	0.334 9	3 683.9
净现值			2 855.8		1 090.6		−526.5

然后使用插入法近似计算内含报酬率：

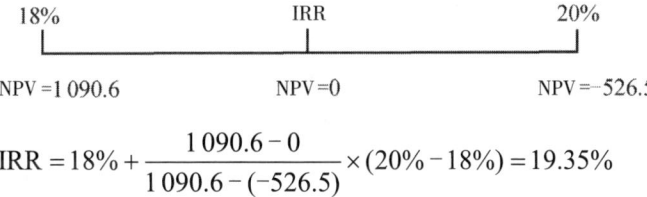

$$IRR = 18\% + \frac{1\,090.6 - 0}{1\,090.6 - (-526.5)} \times (20\% - 18\%) = 19.35\%$$

（3）内含报酬率法的判断标准。

若某方案内含报酬率≥该方案资金成本，该方案可行。

若某方案内含报酬率＜该方案资金成本，该方案不可行。

若有多个可行的方案，应选择内含报酬率较高的方案。

（4）内含报酬率法的优缺点。

优点：内含报酬率是个动态相对量正指标，它既考虑了货币时间价值，又能从动态的角度直接反映投资项目的实际报酬率，且不受贴现率高低的影响，比较客观。

缺点：该指标的计算过程比较复杂。

注意，贴现评价指标之间存在以下关系。

当 NPV＞0 时，PI＞1，IRR＞i。

当 NPV＜0 时，PI＜1，IRR＜i。

当 NPV=0 时，PI=1，IRR=i。

5. 贴现现金流量指标的比较

在几种评价指标中，净现值是比较科学、合理的，可以说它是评价投资项目的万能法则，作为一种基本的投资评价指标，其稳健而现实的再投资比率在理论上更符合企业财富最大化的假设及长期发展目标。净现值不仅考虑了货币的时间价值，而且全面考虑了项目在整个计算期内的经济状况，经济意义明确直观，能够直接以货币额表示项目的盈利水平，判断直观。无论在互斥项目的方案中还是独立项目的方案中均能做出较好的决策。净现值率、获利指数、内部收益率三个指标实际只是对净现值起验证和补充的作用。因此，净现值是一个很好的评价指标，目前在投资决策评价中得到广泛使用。

需要注意的是，在进行项目长期投资决策时，非贴现现金流量指标和贴现现金流量指标一般是结合起来应用，除了考虑这些指标，长期投资决策还需要考虑国家的政策、技术创新、发展前景等方面。

8.4 长期投资决策分析的应用

长期投资决策分析的应用一般包括以下两个方面内容：固定资产修理或更新决策、固定资产购买或租赁决策。

8.4.1 固定资产修理或更新决策

固定资产修理或更新决策是在假定维持现有生产能力不变的情况下，是继续使用旧设备还是购买新设备的决策。固定资产修理或更新决策的方法有很多种，下面介绍两种主要决策方法：现金流出量总现值法和平均年成本法。

继续使用旧设备和购置新设备是两个互斥的方案，而不是一个更换新设备的特定方案，要有正确的局外观，即从局外人角度来考察：一个方案是继续使用旧设备；另一个方案是购置新设备。也就是说，考虑购置新设备时，只考虑与购置新设备有关的现金流出量，不考虑出售旧设备产生的现金流入量。

1. 现金流出量总现值法

适用范围：无论修理旧设备还是更新设备，未来的收入相同，未来尚可使用的年限相同。

【例 8–18】 万达公司有一台设备，购于 3 年前，设定新旧设备的生产能力相同，最低投资报酬率为 10%，所得税率为 25%。要求：进行设备是否需要更新的决策。新旧设备其他资料如表 8–7 所示。

解：由于新旧设备生产能力相同，未来每年的营业收入相同，未来尚可使用的年限相同，应采用现金流出量总现值法，判断方案优劣。新旧设备净现值计算如表 8–8 所示。

表 8–7　　　　　　　　　　　　　新旧设备资料

单位：元

项　　目	旧　设　备	新　设　备
原价	60 000	60 000
税法规定残值	6 000	6 000
税法规定使用年数	6	4
已使用年数	2	0
尚可使用年数	4	4
每年操作成本	7 000	3 000
两年后大修理费用	20 000	0

续表

项　目	旧　设　备	新　设　备
最终报废残值	8 000	5 000
现行市价	29 000	29 000
每年折旧额	直线法	双倍余额递减法
第 1 年折旧	9 000	30 000
第 2 年折旧	9 000	15 000
第 3 年折旧	9 000	4 500
第 4 年折旧	9 000	4 500

表 8-8　　　　　　　　　　新旧设备净现值计算表

单位：元

项　目	现金流量	时间（年次）	系　数	现　值
继续使用旧设备：				
旧设备变现价值	（29 000）	0	1.000	（29 000）
旧设备变现损失减税	[29 000-（60 000-18 000）]×25%=（3 250）	0	1.000	（3 250）
每年操作成本（付现）	（7 000）×（1-25%）=（5 250）	1～4	3.169 9	（16 641.98）
两年后大修成本	（20 000）×（1-25%）=（15 000）	2	0.826 4	（12 396）
折旧抵税	9 000×25%=2 250	1～4	3.169 9	7 132.28
残值变现收入	8 000	4	0.683	5 464
残值净收入纳税	（6 000-8 000）×25%=（500）	4	0.683	（341.5）
合　　计				（49 033.2）
更新设备：				
设备投资	（60 000）	0	1.000	（60 000）
每年操作成本（付现）	（3 000）×（1-25%）=（2 250）	1～4	3.169 9	（7 132.28）
折旧抵税				
第 1 年	30 000×25%=7 500	1	0.909 1	6 818.25
第 2 年	15 000×25%=3 750	2	0.826 4	3 099
第 3 年	4 500×25%=1 125	3	0.751 3	845.21
第 4 年	4 500×25%=1 125	4	0.683	768.38
残值收入	5 000	4	0.683	3 415
残值净收入抵税	（6 000-5 000）×25%=250	4	0.683	170.75
合　　计				（52 015.69）

　　从表 8-8 的计算可看出，旧设备的现金流出量总现值为 49 033.2 元，比更新设备的现金流出量总现值 52 015.69 元节约 2 982.49 元。因此，继续使用旧设备较好。

　　如果未来尚可使用的年限不同，则需要将现金流出量总现值转换成平均年成本，然后进行比较。

　　2．平均年成本法

　　平均年成本法一般适用范围：修理旧设备与更新设备未来收入相同，但尚可使用的年限不同。

【例8-19】 某公司拟采用新设备取代已使用3年的旧设备。旧设备原价为14 950元，当前估计尚可使用5年，每年操作成本为2 150元，预计最终残值为1 750元，目前变现价值为8 500元。购置新设备需花费13 750元，预计可使用6年，每年操作成本为850元，预计最终残值为2 500元。该公司预期报酬率为12%，所得税率为25%，税法规定该类设备应采用直线法折旧，折旧年限为6年，残值为原值的10%。要求：进行是否应该更换设备的分析决策，并列出计算分析过程。

解：因新旧设备使用的年限不同，应运用考虑货币时间价值的平均年成本法比较二者的优劣。

（1）继续使用旧设备的平均年成本。

每年付现操作成本的现值 = 2 150×（1–25%）×（P/A, 12%, 5）
= 1 612.5×3.604 8
= 5 812.74（元）

年折旧额 =（14 950–1 495）÷6 = 2 242.50（元）
每年折旧抵税的现值 = 2 242.50×25%×（P/A, 12%, 3）= 560.625×2.401 8 = 1 346.51（元）
残值收益的现值 = [1 750–（1 750–14 950×10%）×25%]×（P/F, 12%, 5）
= 1 686.25×0.567 4
= 956.78（元）
继续使用旧设备的机会成本 = 8 500–[8 500–（14 950–2 242.50×3）]×25% = 8 430.63（元）
继续使用旧设备的现金流出量总现值 = 5 812.74+8 430.63–1 346.51–956.78
= 11 940.08（元）
继续使用旧设备的平均年成本 = 11 940.08÷（P/A, 12%, 5）= 11 940.08÷3.604 8
= 3 312.27（元）

（2）更换新设备的平均年成本。

购置成本 = 13 750（元）
每年付现操作成本现值 = 850×（1–25%）×（P/A, 12%, 6）= 850×（1–25%）×4.111 4
= 2 621.02（元）
年折旧额 =（13 750–1 375）÷6 = 2 062.50（元）
每年折旧抵税的现值 = 2 062.50×25%×（P/A, 12%, 6）= 515.625×4.111 4 = 2 119.94（元）
残值收益的现值 = [2 500–（2 500–13 750×10%）×25%]×（P/F, 12%, 6）
= 2 218.75×0.506 6
= 1 124.02（元）
更换新设备的现金流出量总现值 = 13 750+2 621.02–2 119.94–1 124.02 = 13 127.06（元）
更换新设备的平均年成本 = 13 127.06÷（P/A, 12%, 6）= 13 127.06÷4.111 4
= 3 192.84（元）

因为更换新设备的平均年成本3 192.84元低于继续使用旧设备的平均年成本3 312.27元，故应更换新设备。

8.4.2 固定资产购买或租赁决策

固定资产购买或租赁决策是在假定满足生产能力要求的情况下，是购买固定资产还是租赁固定资产的决策，下面举例说明。

【例 8-20】 万达公司需要一台生产设备，若购买需支付设备价款 650 000 元，该设备预计残值率为 10%，可使用年限为 10 年；若采用租赁的方式租入设备，每年将支付100 000 元的租赁费用，租期为 10 年。最低投资报酬率为 8%，所得税率为 25%。要求：进行购买设备还是租赁设备的决策。

解：购买设备支付价款 650 000（元）

折旧抵税现值 =（650 000–65 000）÷10×25%×（P/A, 8%, 10）

     =58 500×25%×6.710 1

     =98 135.2（元）

设备残值变现值 =65 000×（P/F, 8%, 10）

     =65 000×0.463 2

     =30 108（元）

购买设备的现金流出量总现值 =650 000–98 135.2–30 108=521 756.8（元）

租赁设备的现金流出量总现值 =100 000×（1–25%）×（P/A, 8%, 10）

     =100 000×（1–25%）×6.710 1

     =503 257.5（元）

计算结果表明，购买设备的现金流出量总现值为 521 756.8 元，比租赁设备的现金流出量总现值 503 257.5 元多 18 499.3 元，故应租赁设备。

8.5 投资决策的敏感性分析

8-8 知识解讲

投资决策的结果一般受项目的现金流量、固定资产的使用年限的影响，如果这些变量发生变化，那么投资决策的结果也会发生变化。敏感性分析就是用来分析探讨当这些变量发生变化时，会怎样影响投资决策的结果，影响的程度如何？一般来说，如果某个变量在很小范围内发生变化，就会影响投资决策结果的，表明该变量的敏感性强；如果某个变量在很大范围内发生变化，才会影响投资决策结果的，表明该变量的敏感性弱。一般用敏感系数来反映敏感程度的指标。敏感系数是目标值变动百分比与变量值变动百分比的比值，计算公式如下：

     敏感系数 = 目标值变动百分比 / 变量值变动百分比

8.5.1 以净现值为基础进行敏感性分析

【例 8-21】 白山公司有一投资项目，总投资额为 150 000 元，建成后可使用 5 年，每年的净现金流入量为 60 000 元，贴现率按 10% 计算。

解：该项目的净现值 =60 000×（P/A, 10%,5）–150 000

     =60 000×3.790–150 000

     =77 400（元）

该项目的净现值大于零,说明该项目可行。

下面进行项目的敏感性分析。

(1)如果年净现金流入量不变,该项目的最低使用年限是多少。假定年净现金流入量为 60 000 元,该项目的最低使用年限计算如下:

$$60\ 000 \times (P/A, 10\%, n) - 150\ 000 = 0$$

$$(P/A, 10\%, n) = 2.5$$

查年金系数表,$(P/A, 10\%, 4) = 3.169$,$(P/A, 10\%, 3) = 2.486$,采用插值法计算如下:

最低使用年限 $n = 3 + (2.5 - 2.486) \div (3.169 - 2.486) = 3.02$(年)

通过以上计算可以看出,该项目如果每年的净现金流入量不发生变化,最低使用年限应为 3.02 年,这时该项目的净现值为零,如果使用年限低于 3.02 年,则该项目不可行。

(2)如果使用年限不变,该项目的最低年净现金流入量是多少。假定使用年限为 5 年,那么年净现金流入量最低额,计算如下:

$$150\ 000 / (P/A, 10\%, 5) = 150\ 000 \div 3.790 = 39\ 577.84\ (元)$$

通过以上计算可以看出,该项目如果使用年限不变(设为 5 年),则该项目每年的净现金流入量最低为 39 577.84 元,这时该项目的净现值为零,如果每年的净现金流入量小于 39 577.84 元,则该项目不可行。

8.5.2 以内含报酬率为基础进行敏感性分析

【例 8-22】 承例 8-21,内含报酬率计算如下:

$$60\ 000 \times (P/A, i, 5) - 150\ 000 = 0$$

$$(P/A, i, 5) = 2.5$$

查年金系数表,$(P/A, 25\%, 5) = 2.689$,$(P/A, 30\%, 5) = 2.435$,采用插值法计算如下:

内含报酬率 $i = 25\% + 5\% \times (2.5 - 2.689) \div (2.435 - 2.689) = 28.7\%$

年净现金流入量对内含报酬率的敏感系数 $= [(28.7\% - 10\%) \div 28.7\%] \div [(60\ 000 - 39\ 577) \div 60\ 000] = 1.91$

使用年限对内含报酬率的敏感系数 $= [(28.7\% - 10\%) \div 28.7\%] \div [(5 - 3.02) \div 5] = 1.65$

通过计算可知,年净现金流入量对内含报酬率的敏感系数比使用年限对内含报酬率的敏感系数大,说明年净现金流入量对内含报酬率的影响比使用年限大。另外,因为这两个的敏感系数都大于 1,都属于敏感因素。

而且,当内含报酬率降低 18.7%(28.7% - 10%)时,会使年净现金流入量减少 20 422.16(60 000 - 39 577.84)元,使用年限减少 1.98(5 - 3.02)年。

本 章 小 结

本章介绍了货币时间价值的概念,重点学习了复利现值、终值的计算,年金现值、终值的计算,现金流量的测算;介绍了长期投资的评价方法,重点学习了净现值、净现值率、获利指数、内含报酬率;强调了长期投资决策的实际应用,学习了固定资产修理或更新决策、固定资产投资与租赁决策等实际应用问题,使学生能够对企业具体的投资项目进行评价;最后学习了投资决策的敏感性分析。

关 键 术 语

货币时间价值　年金　复利　现值　终值　后付年金　先付年金　递延年金　永续年金　项目计算期　机会成本　投资主体　现金流量　净现值　获利指数　内含报酬率　插值法　逐步测试法　投资回收期　投资收益率

综 合 练 习

一、思考题

1. 简述项目投资的特点及项目投资的决策程序。
2. 在进行项目投资决策时，如何分析项目的现金流量？
3. 在计算投资项目的现金流量时应该注意哪些问题？
4. 简述项目投资决策的基本方法。

二、判断题

1. 预付年金的终值与现值，可在普通年金终值与现值的基础上乘以$(1+i)$得到。（　　）
2. 在利率和计息期数相同的条件下，复利终值系数和复利现值系数互为倒数，因此，年金终值系数与年金现值系数也互为倒数。（　　）
3. 在通货膨胀率很低的情况下，国库券的利率可视同为货币时间价值。（　　）
4. 在不考虑时间价值的前提下，投资回收期越短，投资获利能力越强。（　　）
5. 一般情况下，使某投资方案的净现值小于0的贴现率，一定高于该投资方案的内含报酬率。（　　）
6. 终结点净现金流量等于终结点那一年的经营净现金流量与该期回收额之和，其回收额必须大于零。（　　）
7. 在更新改造项目中，旧设备的投资额等于旧设备的变现价值，与旧设备的账面价值无关。（　　）

三、单项选择题

1. 下列各项年金中，只有现值没有终值的年金是（　　）。
   A. 普通年金　　　　　　B. 递延年金
   C. 永续年金　　　　　　D. 预付年金
2. 企业发行债券，在名义利率相同的情况下，其实际利率最小的复利计息期是（　　）。
   A. 一年　　　　　　　　B. 半年
   C. 一季度　　　　　　　D. 一月
3. 企业年初借得30 000元贷款，10年期，年利率为12%，每年年末等额偿还。已知年金现值系数$(P/A, 12\%, 10) = 5.650\ 2$，则每年应付金额为（　　）元。
   A. 8 849　　　　　　　　B. 5 310
   C. 6 000　　　　　　　　D. 28 251
4. 某人年初存入银行5 000元，银行按年利率10%复利计息，每年年末提款600元，则最后一次能够足额（200元）提款的时间是（　　）。
   A. 第10年年末　　　　　B. 第11年年末

C. 第 9 年年末   D. 第 12 年年末

5. 某投资项目按贴现率 10% 计算的净现值为 –200 万元，这说明该投资项目的内含报酬率（　　）。

　　A. 大于 10%   B. 等于 10%
　　C. 小于 10%   D. 小于 8%

6. 年末某公司进行固定资产更新决策，旧设备于 8 年前以 40 000 元购入，税法规定折旧年限为 10 年，按直线法折旧，净残值率为 10%，目前可按 10 000 元卖出，该公司所得税税率为 25%，旧设备的初始投资额为（　　）元。

　　A. 300   B. 10 000
　　C. 9 700   D. 10 300

7. 某企业每年年末将 100 000 元资金划拨为技术改造资金，专户存储，假定存储 10 年，10% 的年金现值系数为 6.144 57，年金终值系数为 15.937 4。到第 10 年年末，企业可用于技术改造的资金总量为（　　）元。

　　A. 1 593 740   B. 1 000 000
　　C. 614 457   D. 385 543

8. 某项目有一年建设期，原始投资 200 万元在建设期初一次投入，使用年限为 10 年，每年现金净流量 50 万元，若资金成本为 12%，则该项目的获利指数为（　　）。

　　A. 0.412 6   B. 1.412 6
　　C. 0.261 3   D. 1.261 3

四、多项选择题

1. 下列表述中，正确的有（　　）。
　　A. 复利终值系数和复利现值系数互为倒数
　　B. 普通年金终值系数和普通年金现值系数互为倒数
　　C. 普通年金终值系数和偿债基金系数互为倒数
　　D. 普通年金现值系数和资本回收系数互为倒数

2. 影响资金时间价值大小的因素主要有（　　）。
　　A. 资金额   B. 利率
　　C. 计息方式   D. 风险

3. 下面各项中，属于普通年金形式的项目有（　　）。
　　A. 偿债基金   B. 年等额净现值
　　C. 定期定额支付的养老金   D. 零存整取储蓄存款的整取额

4. 下面各项中，会影响内含报酬率的有（　　）。
　　A. 原始投资额   B. 投资项目的折现率
　　C. 投资项目有效期限   D. 投资项目的现金净流量

5. 贴现指标的优点主要有（　　）。
　　A. 考虑了资金时间价值
　　B. 考虑了整个项目计算期的全部现金净流量
　　C. 考虑了投资的风险

D. 从动态的角度反映了项目的实际收益率水平

6. 对于同一投资方案，下面表述正确的有（　　）。
   A. 资金成本越高，净现值越高
   B. 资金成本越高，净现值越低
   C. 资金成本高于内含报酬率时，净现值为负数
   D. 资金成本等于内含报酬率时，净现值一定为零

7. 一个投资项目的经营期期末发生的现金净流量包括（　　）。
   A. 经营现金净流量　　　　B. 回收固定资产残值
   C. 回收流动资金　　　　　D. 资本化的利息

8. 若净现值为负数，表明该投资项目（　　）。
   A. 为亏损项目，不可行
   B. 它的内含报酬率小于零，不可行
   C. 它的内含报酬率没有达到预定的贴现率，不可行
   D. 它的内含报酬率不一定小于零

五、计算与案例分析题

1. 某公司现有 A、B 两个固定资产投资方案，有关资料如表 8-9 所示。

表 8-9　　　　　　　　　A、B 投资方案相关资料表

单位：元

项　目	A 投资方案	B 投资方案
原始投资	100 000	100 000
现金净流量：		
第一年	35 000	20 000
第二年	35 000	30 000
第三年	35 000	40 000
第四年	35 000	50 000
第五年	35 000	60 000

要求：计算 A、B 两个投资方案的投资回收期。

2. 某公司准备开发一条新流水线，原始投资额为 30 万元，项目期限为 4 年，每年的会计税后利润分别为 3 万元、4 万元、5 万元、6 万元，按直线法计提折旧。要求：计算该项目的投资利润率。

3. 某企业准备购入一台设备（以扩充生产能力）需要投资 12 000 元，该设备使用年限为 5 年，采用直线法计提折旧，5 年后残值收入为 2 000 元，5 年中每年销售收入为 8 000 元，付现成本第一年为 3 000 元，以后每年增加 400 元，另需垫支营运资金 3 000 元（设备报废时收回），所得税率为 25%，投资收益率为 10%。

（1）计算该方案各年的现金净流量。
（2）计算该方案的净现值和净现值率。
（3）计算该方案的获利指数。
（4）判断该方案经济上是否可行。

4. 计算下列各题。

（1）现在存入银行 10 000 元，若年利率为 8%，1 年复利一次，6 年后的复利终值应为多少？

（2）现在存入银行 10 000 元，若年利率为 8%，每季度复利一次，10 年后的复利终值应为多少？

（3）如果年利率为 10%，1 年复利一次，8 年后的 10 000 元复利现值应为多少？

（4）如果年利率为 12%，每半年复利一次，20 年后的 10 000 元复利现值应为多少？

（5）若要使复利终值经过 8 年后变为本金的 3 倍，每季度复利一次，则其年利率应为多少？

（6）如果年利率为 12%，每月复利一次，其实际利率为多少？

5. 某公司拟购置一台设备，有两种付款方案可供选择。

第一种从现在起每年年初支付 30 万元，连续支付 10 次。

第二种从第五年开始，每年年初支付 40 万元，连续支付 10 次。

假设该公司的资金成本率为 10%，你认为该公司应选择哪种付款方案？

6. 某公司为了提高效率准备更新一台设备，旧设备原值为 85 000 元，已使用了 3 年，尚可使用 5 年，采用直线法计折旧，使用期满预计残值为 5 000 元。旧设备变现价值为 15 000 元。使用旧设备每年可获得营业收入 80 000 元，产生经营成本 60 000 元。新设备购置价格 126 000 元，可使用 6 年，使用期满预计残值为 6 000 元。使用新设备每年可增加营业收入 12 000 元，同时降低经营成本 17 000 元。该公司所得税税率为 25%，资金成本为 10%。

要求：做出设备是否要更新的决策。

7. 某企业现有一项设备，准备更新。新旧设备有关资料如表 8-10 所示。

表 8-10　　　　　　　　　　新旧设备相关资料表

项　目	旧设备	新设备
原价 / 万元	100	150
旧设备变现价格 / 万元	40	
税法规定残值（2%）/ 万元	2	3
已使用年限 / 年	5	0
尚可使用年限 / 年	5	5
年总成本 / 万元	49.8	49.4
实际报废残值 / 万元	2	4

该企业所得税税率为 25%，企业要求的最低报酬率为 10%。要求：填列新旧设备各年现金流量计算表（列示必要的计算过程），并采用现金流出量总现值法评价是否应进行更新。（计算结果小数点后保留三位）

8-9 拓展练习

第三篇　规划与控制会计篇

第 9 章

全面预算

教学要点

知识要点	能力要求	相关知识
全面预算概述	了解全面预算和全面预算管理；了解全面预算管理对企业的意义。	（1）全面预算及全面预算管理 （2）全面预算的体系 （3）全面预算的编制步骤 （4）全面预算管理对企业的意义 （5）推行全面预算管理应注意的问题
全面预算的编制	掌握全面预算的编制流程	（1）销售预算 （2）生产预算 （3）直接材料预算 （4）直接人工预算 （5）制造费用预算 （6）期末产品存货预算 （7）销售与管理费用预算 （8）现金预算 （9）预计资产负债表 （10）预计损益表
预算的编制方法	掌握预算的编制方法	（1）固定预算法 （2）增量预算法 （3）定期预算法 （4）弹性预算法 （5）零基预算法 （6）滚动预算法

导入案例

ZB 公司推行业财数融合下的全生命周期项目预算管控

在国家推进高质量发展及降本增效的背景下，ZB 公司通过推动内部管理转型、降低成本，提高企业盈利能力、发展质量和市场竞争力。以项目"预算策划—预算编制—预算控制—结果评价与绩效运用"的四个过程为基础，开展业财数融合下的全生命周期项目预算管控实践，并以业务驱动、业财融合性预算数字化平台为依托进行试点管控。

9-1 政策法规

9-2 拓展阅读

项目制预算管控上承公司战略，坚持以全面预算管理为主线、以项目为载体，深入实践业财数融合，通过项目预算编制、审批、评审、下达、执行及项目绩效评价等管控措施，构建项目全生命周期预算管理模型；并将项目预算与经营预算深度融合，有组织、系统性、全方位地发挥项目全生命周期价值，组建灵活、高效、快速响应、持续创新的项目管理团队，完善管理制度、优化管理流程，以数字化平台建设为依托，强化业务与财务的一体化管控，寻求项目最佳利润空间，不断促进转型升级。推进过程中建立了预算基准管理体系，并将成本管理融入预算管控中，建立标准成本管控平台，以侧重预算管控的"提前规划、事前控制"来推动全要素、全周期、全链条的成本管理，实现预算既来源于业务又指导业务，促进业务过程管控不断由事后分析向事前控制转变，达到"事前算赢"。

此外，从 ZB 公司预算管理推进来看，数字化及 ERP 的运用是项目推进的关键，从预算编制到控制、执行、分析，通过系统优化升级，充分挖掘了 ERP 的多维控制、高效运算和分析优势，为企业降本增效提供了强有力的支撑。

总体而言，全生命周期项目制预算管控在 ZB 公司实施以来，效果显著，取得了经济效益和管理效益双丰收。该实践以业财数融合为指导，将预算管控方法和企业业务场景深度结合，既符合企业自身的业务需求，又为项目型制造企业在此方面的改善优化提供了切实可行的解决方案。

1999 年，国家经贸委发布《关于国有大中型企业建立现代企业制度，加强企业管理的规范意见》要求推行全面预算管理。2000 年 9 月，国家经贸委发布《国有大中型企业建立现代企业制度和加强管理的基本规范（试行）》明确提出企业应建立全面预算管理制度。2001 年和 2002 年，财政部相继下发《企业国有资本与财务管理暂行办法》和《关于企业实行财务预算管理的指导意见》，进一步提出企业应实行包括财务预算在内的全面预算管理。之后，我国大中型制造企业的预算实施比例相当高，并进一步扩展到商业、服务业等各类非制造业企业。除了财政部等国家部委，各级政府也投入到了引导和推广管理会计经验与方法的潮流之中。随着我国改革开放的不断深入，全面预算管理作为现代企业的综合管理工具之一逐渐得到应用与推广，我国颁布实施的相关法律、法规也促进了企业全面预算管理的实施。比如在《中华人民共和国公司法》中明确企业应建立法人治理结构，企业总经理、董事会应依次向上级报告年度财务预算和决算情况，客观上促进了企业在全面预算管理方面的实践。财政部颁布的《企业国有资本与财务管理暂行办法》《关于企业实行财务预算管理的指导意见》《企业财务通则》以及国资委颁布的《中央企业财务预算管理暂行办法》等规章中均对企业预算管理做出了相应的规范和指引，客观上也促进了我国企业全面预算管理实践。

2011 年 11 月国资委公布《关于进一步深化中央企业全面预算管理工作的通知》，要求中央企业加强关键指标的预算控制，包括：加强投资项目预算控制，严控亏损或低效投资；加强现金流量预算管理，加快资金周转；加强债务规模与结构的预算管理，严格控制债务规模过快增长。

财政部 2016 年印发的《管理会计基本指引》中第二十条提到了预算管理："第二十条 管理会计工具方法主要应用于以下领域：战略管理、预算管理、成本管理、营运管理、投融资管理、绩效管理、风险管理等"。为促进企业加强管理会计工作，提升内部管理水平，促进经济转型升级，财政部又先后印发了《管理会计应用指引第 200 号——预算管理》《管理会计应用指引第 201 号——滚动预算》《管理会计应用指引第 202 号——零基预算》《管理会计应用指引第 204 号——作业预算》等关于全面预算的相关应用指引。2022 年 2 月，国资委发布的《关于中央企业加快建设世界一流财务管理体系的指导意见》中指出：完善纵横贯通的全面预算管理体系。

除了企业实施全面预算管理，行政事业单位以及非营利组织也应积极实施全面预算管理，尤其是在数字经济时代，实施全面预算管理对于集中国家资源、创造价值，具有重要意义。

9.1 全面预算概述

9.1.1 全面预算及全面预算管理

9-3 知识讲解

1. 预算及全面预算的概念

"预算"（budget）一词源于法文 bougette，意思是用皮革制成的袋子或公文包，原指英国财政大臣公文包中的下一年度财政预算数据。预算是用货币单位表示的财务计划，它是用货币的形式来反映企业未来某一特定期间的有关现金收支、资金需求、资金融通、营业收入、成本及财务状况和经营成果等方面的详细计划。预算是一种系统的方法，用来分配企业的财务、实物、人力等资源，以实现企业既定的战略目标。企业可以通过预算来监控战略目标的实施进度，有助于控制开支，并预测企业的现金流量与利润。预算是决策的具体化。

全面预算（Comprehensive Budget）反映的是企业未来某一特定期间（一般不超过一年或一个经营周期）的全部生产、经营活动的财务计划。它以实现企业的目标利润（企业一定期间内利润的预计额）为目标，根据目标利润制定作业指标，如销售量、生产量、成本、资金筹集额等，以销售预算为起点，进而对生产、成本及现金收支等进行预测，并编制预计损益表、预计现金流量表和预计资产负债表，反映企业在未来期间的财务状况和经营成果。

正如韦尔奇所言，很多公司都把预算作为自己的经营管理体系的大梁，所以正确的预算管理程序确实具有改变公司经营面貌的力量。

2. 全面预算管理及特点

预算管理连接战略规划与战略执行，并为战略绩效和评估提供依据，是战略管理体系的重要环节。全面预算管理作为对现代企业发展起过重大推动作用的管理系统，是企业内部管理控制的一种主要方法。全面预算管理从最初的计划、协调作用，发展到现在集控制、激励、评价等诸多功能于一体的综合贯彻企业经营战略的管理工具，在企业内部控制中发挥着重要作用。正如著名管理学家戴维·奥利所言，全面预算管理是为数不多的能把企业所有关键问题融合于一个体系之中的管理控制方法之一。

全面预算管理（Comprehensive Budget Management）是按照企业制定的经营目标、战略目标、发展目标，层层分解于企业各个经济单位，以一系列预算、控制、协调、考核为内容建立的一整套科学完整的指标管理控制系统。它体现了"权力共享前提下分权"的哲学思想，通过"分散权力，集中监督"来有效配置企业资源，提高管理效果，实现企业目标。一般来说，全面预算管理具有以下几个特点。

（1）对未来的精确规划。

（2）以提高企业整体经济效益为根本出发点。

（3）以价值形式为主的定量描述。

（4）以市场为导向。在企业全面预算的编制、监督、控制与考核中必须始终树立以市场为导向的管理意识，注意把握市场的特点和变动，分析市场规律，并在实际工作中较好地运用市场规律为企业创造效益。

（5）全面预算管理具有全员、全额、全程、全面的特点，其核心在于"全面"二字。全员，是指预算过程的全员参与。全额，是指预算金额的总体性，不仅包括财务预算，还包括业务预算、资本预算等。全程，是指预算管理的全程化，不能仅停留在预算指标的设定、预算的编制上，更重要的是要通过预算的执行和监控、分析和调整、考核与评价，真正发挥预算管理的权威性和对经营活动的指导作用。全面，是指全面预算集所有预算于一体的综合性预算体系，预算内容涉及财务与非财务、货币与非货币的各个方面。

（6）以财务管理为核心。预算的编制、执行、控制和考评等一系列环节，以及众多信息的收集、传递工作都离不开财务管理工作。财务管理部门是全面预算管理的中坚力量，具有不可替代的重要作用。

3. 全面预算管理的模式

全面预算是人的行为的集中体现，因此，预算管理也就表现为对人的行为的管理。卡普兰教授认为，在预算中，人的行为与企业组织结构有着直接的关系，他将这一关系分解为两种类型，即集权管理模式与分权管理模式。

（1）集权管理模式。

集权管理模式是建立在泰罗的科学管理学说基础上的，有以下三大假设。

① 企业经营目标是实现利润最大化。企业的一切经营都围绕这一目标进行，利润最大化目标可分解为若干个分目标，下达到各部门。只要各部门达到利润最大化，企业整体利润就会达到最大化。

② "经济人"假设。这是经济学的前提假设，即人的行为受经济利益的驱使。人天生具有惰性，乐于享受而厌恶工作。只有人们确信努力工作就会得到公正的报偿，其行为才有利于企业的整体利益。因此，企业可以用经济手段刺激员工工作的积极性。

③ 管理者的职责是保证企业实现利润最大化。管理者必须严格控制与激励员工的行为，抑制浪费和低效率的产生。管理控制的本质就是寻求一种激励措施，这种措施来自管理者对员工的不同行为结果给予不同的经济报酬。根据以上假设，预算就是分解利润目标、落实责任、制定激励措施，并帮助企业管理层控制员工的管理行为。在这一模式下，所有预算指标均由高层做出，并逐级向下分解，落实到有关责任单位和个人。相应地，各部门将预算执行情况自下而上逐级上报，由管理层对预算执行结果进行分析，揭示偏差，提出纠正措施。

这种模式最大的特点是，自上而下的强制性，传递信息的途径是单向的，缺乏部门之间的横向交流。但是由于参与人数少，效率比较高，有利于贯彻高管层意图，发挥集权管理的优势。

（2）分权管理模式。

分权管理是在现代企业规模不断扩大、生产经营管理日趋复杂的情况下产生的，它强调企业各基层单位是一个责、权、利相结合的经济实体，这一模式有3大假设。

① 企业是由多人组成的一个群体，这个群体处在不断变化的外部环境中，企业的目标表现为多元化和变动性。在同一时期由于目标要求不同，占主导地位的群体目标将体现为企业的目标。

② 企业目标在很大程度上受到人的需求动机的驱使。按照马斯洛的需求层次理论，人的需求由低到高表现为生理需求、安全需求、社交需求、尊重需求和自我实现需求，只有未满足的需求才是激励的原动力。在企业内部的不同员工之间，由于个人需求存在较大差异，使企业目标能够满足大部分人的利益需求，能起到很好的协调作用。

③ 企业高管层是一个决策机构，他们通过各种预测、控制和激励手段来影响基层责任主体和员工个体的行为。当员工实现了企业目标时，他们的个人目标也得到认可。管理层的责任是在员工个人目标与企业目标之间寻求一个最好的结合平衡点。

在分权管理模式下，预算管理有以下特点：分权预算管理模式提高了预算指标的现实性与可靠性，激发了预算责任主体和员工执行预算的自觉性；在分权预算管理模式下，部门之间、预算执行主体、员工、企业之间的信息得以充分交流，责任主体和员工的目标在企业目标中体现出来，企业内部资源能够得到最佳配置。

尽管分权预算管理模式有以上这么多的优点，同样它也有一些弊端。例如，企业高管层与预算执行主体之间、部门之间不可避免地存在许多矛盾与冲突，预算松弛现象表现得特别突出。预算松弛主要发生在预算编制阶段，由于预算执行主体低估收入、高估成本、夸大完成预算的难度等原因造成；或者是预算执行主体为了争取新的预算资金，在项目申报时压低支出预算，项目批准后又不断要求增加预算额度的行为所形成的。

所有这些矛盾都取决于对预算管理模式的选择，企业可以根据具体情况，在集权与分权这两种模式中间选择平衡点，而不是必然地选择集权或分权。

9.1.2 全面预算的体系

全面预算是由一系列单项预算组成的有机整体，是以财务形式制定的企业在一定期间内对经营和资源分配的计划，由一整套预计的财务报表和其他附表构成，用来反映企业计划期内预期的经济活动及其成果。一般而言，全面预算按其内容分为业务预算、财务预算和资本支出预算（专门决策预算）。全面预算体系的具体内容如图 9-1 所示。

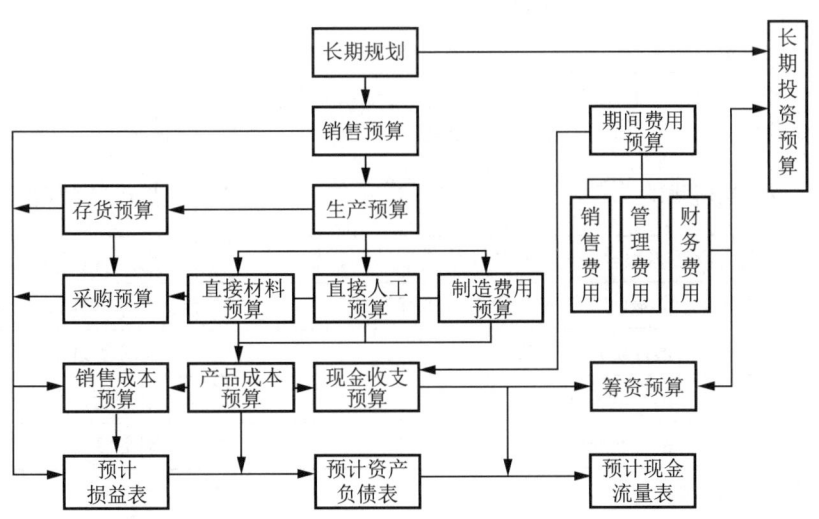

图 9-1　全面预算体系

1. 业务预算

业务预算（Operating Budget）是指为供、产、销及管理活动所编制的，与企业日常经营直接相关的预算。这些预算以实物量指标和价值量指标分别反映企业收入与费用的构成情况。业务预算一般指预算期内企业日常发生的各种经营活动的预算，包括销售预算、生产预算、直接材料预算、直接人工预算、制造费用预算、产品成本预算、销售费用及管理费用预算。

2. 财务预算

财务预算（Financial Budget）是指反映企业预算期现金收支、经营成果和财务状况的各项预算，主要包括现金收支预算、预计损益表和预计资产负债表。

3. 资本支出预算

资本支出预算（专门决策预算，Special Decision Budget）是指企业为那些在预算期内不经常发生的、一次性业务活动所编制的专门预算，其需要投入大量的资金，对企业若干期的收益都有影响。

表9-1是通达公司的预算体系。其由经营预算、资本预算、资金预算、财务预算等几部分组成。因为通达公司具体业务特点不同，所以4种预算的构成内容也不同。

表 9-1　　　　　　　　　　　　　　通达公司的预算体系

预算类别	预算项目	预算内容	编制责任部门
经营预算	通行费收入预算	年度通行费收入	营运部
	机电费用预算	收费、通信监控等设备维护费	机电管理部
	工程费用预算	公路日常养护等工程费用	路产与工程管理部
	行政经费预算	各职能部门管理费用	综合管理部门各职能部门
	人力费用预算	全体员工的人工成本以及培训招聘费用	人力资源部
	财务费用预算	筹资而发生的费用	财务管理部
	资产折旧摊销及准备预算	公司各部门资产折旧摊销费用以及计提准备	财务管理部
资本预算	资产更新预算	固定资产购置、建造、扩建、改建、更新	路产与工程管理部
	长期借款还本预算	本年长期借款还款计划	财务管理部
资金预算		资金收支、资金筹集、筹资利息	财务管理部
财务预算		预计资产负债表	财务管理部
		预计利润表	财务管理部
		预计现金流量表	财务管理部

9.1.3　全面预算的编制步骤

预算管理是一种重要而有效的管理工具。运用战略规划工具预演未来，合理配置企业内外部资源，并通过有效的控制系统对预算执行过程中出现的偏差及时地进行调整和修正,是提高企业经营效率、实现组织目标的关键。

党的二十大报告强调了高质量发展和创新驱动发展等重要理念,管理会计可以通过战略管理工具将这些理念融入企业战略规划与资源配置中,帮助企业明确战略目标,分析内外部环境,制定科学合理的战略规划,并通过预算管理工具将战略目标细化为具体的年度预算和资源配置方案。

9-4 拓展阅读

企业一般会组建预算委员会来执行全面预算的编制工作。一般来说,全面预算可以分成以下几个步骤(具体见表9-2)。

表 9-2　　　　　　　　　　　全面预算的编制步骤

	步骤	要点
自上而下	下达目标	财务部门根据领导或者董事会批准的预算目标和预算政策,向各责任主体下达预算目标和预算政策
自下而上	编制上报	各个责任主体结合下达的目标,研究规划,分析影响预算的各个因素,确定编制的依据(市场、营销、人员等),按照统一的格式编制各个部门的预算,经部门领导审核过后上报预算
上下结合	审核、汇总	财务部门收到各个责任主体上报的预算,进行审查、汇总、平衡各部门预算,有偏差的则提出调整建议,召集预算讨论会议,修改预算方案,达成一致后,汇总上报预算
分级编制	审议批准	上报公司最高决策层审议预算并获得批准
逐级汇总	下达执行	财务部门根据批准的预算,逐级下达预算

战略规划是长期的,时限通常为五年及以上,也因为时间跨度较大,不确定因素较多,战略规划的目标难以完全实现。因此,企业会更加关注年度预算。在实务中,预算一般是根据企业产品的生命周期来编制的,实施由"长期规划—项目全生命周期预算—年度目标预测—年度预算—月度滚动预算—预算分析—预算调整—预算考核"组成的闭环全面预算。一是运用战略规划、年度目标测算等模型,分别编制战略预算及年度预算,打通业务预算与财务预算之间的壁垒,使预算目标既体现总部的要求,又体现各责任中心的实际情况。二是将战略目标进一步细化为关键业绩指标,基于项目全生命周期的财务测算和分析,进一步确定年度目标并以此为指导制定年度预算,以年度预算及财务规划为指导编制月度滚动预算,并依据关键绩效指标仪表盘、分布图、排名表等可视化图形实现动态监控。三是在"事前、事中控制为主,事后控制为辅"的模式下,加强项目全生命周期成本控制。四是在强化预算约束力的前提下,采用财务指标与非财务指标相结合、定量评价与定性评价相结合的方式,不断丰富和完善预算考核机制。

案例 9.1

预算编制案例——上下混合模式

1. 企业预算编制

IDC集团是支持性服务行业中的一员,在全球100多个国家里拥有2 000多个办事处及实验室、超过30 000名全职专业人员、9个营运部门,为全球超过35个行业提供各类产品的测试、检验、认证及其他相关服务。IDC集团在它40多年的发展过程中,较早地开始了全面预算管理,并摸索出了一套极具特色的全面预算管理模式,具体为:集团每年进行两次大型预算,被称为"3+9"和"9+3"预算。"3+9"预算是以1—3月实际的数据预测未来9个月的数据;"9+3"预算是以1—9月实际的数据预测未来3个月的数据和下年度一年的数据,是年度预算中最为重要的一次预算。

这种"上下混合"预算模式的具体实施步骤为:①每年3月,各生产部门根据现有设备和人员配备情况计算可能的最大产能;销售部门根据市场情况,编制下年度销售计划。然后对产能报告和销售计划进行比较,用最大产能挖掘最大销售潜力,依据销售计划看是否会超过最大产能,以此计算出需要增加的人员和设备等,并为下年度做出初步的预算计划上报区域营运部门。②区域营运部门在接到上交的预算后,根据自身的考核指标和下年度可获得的投资经费等,对报告做出调整后上报全球营运部门。③全球营运部门接到预算报告后,根据收入和利润的考核指标、最大投资额度和投资力度侧重区域等,对报告做出调整后上报全球总部。④全球总部综合考虑宏观经济形势对市场的影响后,根据增长率、投资额度、各营运部门的侧重点、分配额度等,制定各分部年度考核指标和计划资金用量,对报告进行调整并将考核指标和计划资金用量下发给全球营运部门。

值得注意的是,这种"上下混合"的预算模式,往往需要经过两三个循环,以争取到较低的销售指标和较高的投资额度。而选择预算编制方法时,主要关注预算编制本身的成本与效率,必须根据企业规模、管理要求、企业文化、内部控制情况、管理方式、产品生命周期、技术手段、所处环境等综合考虑。

2. 企业预算管理的核心:预算执行和预算调整

预算执行是整个预算管理工作的核心环节。预算执行的整个过程控制可以分成外部控制和自我控制两种。外部控制是指在预算执行过程中上级对下级的控制;自我控制是指每个责任单位对自身预算执行过程的控制。其中应以自我控制为主。

在"上下混合"预算模式下,要保证预算的执行。首先,要层层签订目标责任书,正确划分权、责、利,做到权力和责任相匹配,形成三角对等关系。其次,要尽可能小地划分核算单位,最好具体到岗位、产品或生产线等,以增加成本核算的准确性,并尽可能小地划分时间单位,因为时间单位越大,效率越低。再次,要做好预算信息反馈工作,建立报告制度,最好采用日报的形式,包括销售日报、回款日报、资金日报。最后,要保证信息沟通顺畅。

除了执行外,由于预算管理具有动态性,因此需要根据实际不断进行调整。当出现以下情况时,企业需要及时进行预算调整。

(1) 市场需求发生变化时需要增补临时预算。IDC集团推出新业务时预测其将能为公司带来超过42%的利润。该项业务推出半年后,结果却和预期完全相反,就在董事会抽出资金计划下架该项业务时,却遭遇市场需求反弹,该项业务的人力及技术等支持跟不上,随时面临客户流失的可能。

IDC集团及时组织财务部、生产部以及市场部等修改预算,增加该项业务的预算资金，重新投入生产设备和人力资源，使得该项业务在保住老客户的同时又不断开发了新客户。

（2）企业内部资源发生变化，应相应调整生产经营预算，并适当调整预算目标和责任。当具体到公司经营发展时，预算只是一个风向标，起到引导和辅助的作用，经营过程中大量的执行、监测、评估、反馈等工作才是重点。这就要求各部门在制定预算时将预算与公司的战略挂钩，预算要及时响应企业内部资源的变化并衍生出满足新要求的内容。

（3）外部市场环境发生重大变化，在调整预算的同时还要调整目标和责任。比如由于受日本大地震的影响，IDC集团在日本的几家公司难以完成当年的全年指标。为了保证当年整个亚太地区的指标能够顺利完成，区域营运部门就在当年6月调整了其他亚太地区子公司6—12月的收入指标。

3. 企业预算管理的保障：预算考评和预算激励

预算考评包括两个层面：一是对整个预算管理系统的考评，即对企业经营业绩进行整体评价，它是优化预算管理系统的有效手段；二是对预算执行者的考核和业绩评价，它是实现预算约束与激励作用的必要措施。预算考评的基本原则包括可控性原则、风险收益对等原则、总体优化原则、分级考评原则、公平和公开原则。构建科学、合理的预算考评指标是预算考评制度的关键，应做到以下几点：①考核周期的安排：总经理级（包括副总），每半年考评一次；经理级（包括主管），按月或者季度考评；基层主管，按月考评；基层员工，按日考评。考核以报表考核为主，对不能按时完成任务的单位要深入内部进行分析并重点跟进，人为因素引起的变因要及时发现并杜绝，而对不可控因素则要及时调整预算指标。②把经济增加值、回款等纳入考核指标体系，把对管理层的考核作为考评的重点，考核结果直接与其任免奖惩、工资福利等挂钩。在考评的开展过程中，将预算管理的内容自上而下地分解成脉络清晰的岗责明细表，通过制衡各管理岗位的职责与权力，形成以制排岗、以岗定人、权责清晰的全面预算考评机制。③以预算考评结果为依据，对预算执行主体进行激励。要确立以人为本的管理观念，建立科学、合理的激励制度并严格执行。

9.1.4 全面预算管理对企业的意义

全面预算是各个部门的奋斗目标、协调工具、控制标准、考核依据，在经营管理中发挥着重大作用。预算管理是信息社会对财务管理的客观要求。市场风云变幻，及时把握信息、抓住机遇是企业驾驭市场的关键。全面预算管理对现代企业的意义可以概括如下。

9-5 拓展阅读

1. 提升战略管理能力

战略目标通过全面预算加以固化与量化，预算的执行与企业战略目标的实现实际是同一过程；对预算的有效监控，将确保最大程度地实现企业战略目标。通过预算监控可以发现未能预知的机遇和挑战，这些信息通过预算汇报体系反映到决策机构，可以帮助企业动态地调整战略规划，提升企业战略管理的应变能力。

2. 有效的监控与考核

预算的编制过程向企业内部各部门提供了设定合理业绩指标的全面信息，同时预算执行结果是业绩考核的重要依据。将预算与执行情况进行对比和分析，为经营者提供了有效的监控手段。

3. 高效使用企业资源

预算计划过程和预算指标数据直接体现了企业各部门使用资源的效率以及对各种资源的需求，因此它们是调度与分配企业资源的起点。通过全面预算的编制和平衡，企业可以对有限的资源进行最佳的安排使用，避免资源浪费和低效使用。

4. 有效管理经营风险

全面预算可以初步揭示企业下年度的经营情况，使可能的问题提前暴露。依据预算结果，公司高级管理层可以发现潜在的风险所在，并预先采取相应的防范措施，从而达到规避与化解风险的目的。

5. 收入提升及成本节约

全面预算管理和考核、奖惩制度共同作用，可以激励并约束相关主体追求尽量高的收入增长和尽量低的成本费用。在编制全面预算过程中，相关人员要对企业环境变化做出理性分析，从而保证企业的收入增长和成本节约计划切实可行。预算执行的监控过程关注收入和成本这两个关键指标的实现和变化趋势，这迫使预算执行主体对市场变化和成本节约情况迅速做出有效反应，提升企业的应变能力。

9.1.5 推行全面预算管理应注意的问题

预算管理是企业对未来整体经营规划的总体安排，是一项重要的管理工具，能帮助管理者进行计划、协调、控制和业绩评价。推行全面预算管理是发达国家成功企业多年积累的经验之一，对企业建立现代企业制度，提高管理水平，增强竞争力有着十分重要的意义。推行全面预算管理应注意以下问题。

1. 预算编制宜采用自上而下、自下而上、上下结合的编制方法

自上而下、自下而上、上下结合的预算编制过程为：（1）设置预算组织机构，由高层管理者提出企业总目标和部门分目标。（2）各基层单位根据一级管理一级的原则据以制订本单位的预算方案，呈报分部门。（3）分部门根据各下属单位的预算方案，制订本部门的预算草案，呈报预算委员会。（4）预算委员会审查各分部预算草案，进行沟通和综合平衡，拟订整个组织的预算方案。（5）预算方案反馈回各部门征求意见。经过自下而上、自上而下的多次反复，形成最终预算，经企业最高决策层审批后，成为正式预算，逐级下达各部门执行。

2. 预算内容要以营业收入、成本费用、现金流量为重点

营业收入预算是全面预算管理的中枢环节，它上承市场调查与预测，下启企业在整个预算期的经营活动计划。营业收入预算是否得当，关系到整个预算的合理性和可行性。成本费用预算是预算支出的重点，在收入一定的情况下，成本费用是决定企业经济效益

高低的关键因素。制造成本和期间费用的控制也是企业管理的基本功，可以反映出企业管理的水平。现金流量预算则是企业在预算期内全部经营活动和谐运行的保证，否则整个预算管理将是无米之炊。在企业预算管理中，特别是对资本性支出项目的预算管理，要坚决贯彻"量入为出，量力而行"的原则。这里的"入"既要考虑将过去自有资金的狭义范围拓宽到举债经营，又要考虑企业的偿债能力，杜绝没有资金来源或负债风险过大的资本预算。

3. 预算管理工作要建立单位、部门的行政主要负责人责任制

开展全面预算管理，是企业强化经营管理，增强竞争力，提高经济效益的一项长期任务。因此，要把全面预算管理作为加强企业内部基础管理的首要工作内容，成立预算管理组织机构，并确定预算管理的第一责任人为各单位、部门的行政主要负责人，切实加强领导，明确责任，落实措施。

4. 推行全面预算管理必须切实抓好"四个结合"

（1）要与实行现金收支两条线管理相结合。预算控制以成本控制为基础，以现金流量控制为核心。只有通过控制现金流量才能确保收入项目资金的及时回笼及各项费用的合理支出；只有严格实行现金收支两条线管理，充分发挥企业内部财务结算中心的功能，才能确保资金运用权力的高度集中，形成资金合力，降低财务风险，保证企业生产、建设、投资等资金的合理需求，提高资金使用效率。

（2）要与深化目标成本管理相结合。全面预算管理直接涉及企业的中心目标——利润，因此，必须进一步深化目标成本管理，从实际情况出发，找准影响企业经济效益的关键问题，瞄准国内外先进水平，制定降低成本、扭亏增效的规划、目标和措施，积极依靠全员和科技降成本，加强对成本、费用指标的控制，以确保企业利润目标的完成。

（3）要与落实管理制度、提高预算的控制力和约束力相结合。预算管理的本质要求一切经济活动都围绕企业目标的实现而开展，在预算执行过程中落实经营策略，强化企业管理。因此，必须围绕实现企业预算，落实管理制度，提高预算的控制力和约束力。预算一经确定，在企业内部即具有"法律效力"，企业各部门在生产营销及各项相关活动中要严格执行，切实围绕预算开展经济活动。企业的执行机构按照预算的具体要求，按"以月保季，以季保年"的原则，编制季、月滚动预算，并建立每周资金调度会、每月预算执行情况分析会等例会制度。按照预算方案跟踪实施预算控制管理，重点围绕资金管理和成本管理两大主题，严格执行预算政策，及时反映和监督预算执行情况，适时实施必要的制约手段，把企业管理的方法策略全部融会贯通于执行预算的过程，最终形成全员和全方位的预算管理局面。

（4）要与企业经营者和职工的经济利益相结合。全面预算管理是一项全员参与、全面覆盖和全程跟踪、控制的系统工程，为了确保预算各项主要指标的全面完成，必须制定严格的预算考核办法，依据各责任部门对预算的执行结果，实施绩效考核。可实行月度预考核、季度兑现、年度清算的办法，并做到清算结果奖惩到位。把预算执行情况与经营者、职工的经济利益挂钩，奖惩分明，从而使经营者、职工与企业形成责、权、利相统一的责任共同体，最大限度地调动经营者、职工的积极性和创造性。

9.2 全面预算的编制

9-7 知识讲解

9.2.1 销售预算

销售预算是编制全面预算的关键和起点，按照各种产品的预计单价和预计销售量计算各期产品的预计销售收入。

【例 9–1】 假设某公司预算年度只生产和销售一种产品，根据销售预测，该公司每季度的销售收入有 50% 于当季收到现金，其余 50% 将于下一季度收到现金，年初应收账款为 300 000 元，该公司预算年度的销售预算如表 9–3 所示。

表 9–3　　　　　　　　　　　　　　　销售预算

项　目	第1季度	第2季度	第3季度	第4季度	全年合计
预计销售量 / 件	10 000	20 000	30 000	40 000	100 000
预计单价 / 元	50	50	50	50	50
预计销售收入 / 元	500 000	1 000 000	1 500 000	2 000 000	5 000 000

9.2.2 生产预算

生产预算是以销售预算为基础编制的。它根据预计销售量，加上预计期末存货量，减去预计期初存货量，确定本期预计生产量。其公式为：

$$预计生产量 = 预计销售量 + 预计期末存货量 - 预计期初存货量$$

【例 9–2】 假设预计销售量同销售预算，每季期末的产品存货量为次季销售量的 10%，年末预计产品存货量为 3 000 件。据此编制的生产预算如表 9–4 所示。

表 9–4　　　　　　　　　　　　　　　生产预算

单位：件

项　目	第1季度	第2季度	第3季度	第4季度	合计
预计销售量（表 9–3）	10 000	20 000	30 000	40 000	100 000
加：预计期末存货量	2 000	3 000	4 000	3 000	3 000
预计需要量合计	12 000	23 000	34 000	43 000	103 000
减：预计期初存货量	2 000	2 000	3 000	4 000	2 000
预计生产量	10 000	21 000	31 000	39 000	101 000

9.2.3 直接材料预算

直接材料预算是以生产预算为基础编制的，它根据预计生产量和单位产品材料消耗量确定预计材料需用量，然后再加上预计期末材料存货，减去预计期初材料存货，最后确定预计材料采购量和采购额，并预计本期材料采购现金支出。预计材料采购量可按下式计算：

$$预计材料采购量 = 预计材料需用量 + 预计期末材料存货 - 预计期初材料存货$$

【例 9–3】 假设单位产品材料消耗量为 2 千克，材料单价为 10 元，预计年初材料存货为 6 000 千克。预计季末材料存货为下季度材料需用量的 10%，预计年末材料存货为 5 500 千克。假定每季采购材料费用的 50% 需要在当季支付现金，其余将于下一季度支付现金，年初应付账款为 300 000 元。据此编制的直接材料预算如表 9-5 所示。

表 9-5　　　　　　　　　　　　直接材料预算

项　目	第 1 季度	第 2 季度	第 3 季度	第 4 季度	合计
预计生产量 / 件（表 9-4）	10 000	21 000	31 000	39 000	101 000
单位产品材料消耗量 / 千克	2	2	2	2	2
预计材料需用量 / 千克	20 000	42 000	62 000	78 000	202 000
加：预计期末材料存货 / 千克	4 200	6 200	7 800	5 500	5 500
预计材料需用量合计 / 千克	24 200	48 200	69 800	83 500	207 500
减：预计期初材料存货 / 千克	6 000	4 200	6 200	7 800	7 800
预计材料采购量 / 千克	18 200	44 000	63 600	75 700	199 700
材料单价 / 元	10	10	10	10	10
预计材料采购额 / 元	182 000	440 000	636 000	757 000	1 997 000
现金支出金额	391 000	311 000	538 000	696 500	—

9.2.4　直接人工预算

直接人工预算是以生产预算为基础编制的，它根据预计生产量和单位产品直接人工工时，计算各期需用的直接人工总工时，再乘以单位工时工资率，就可确定预计直接人工总成本。

【例 9-4】 假设该公司预算年度所需的直接人工只有一个工种，期初、期末在产品数量无变动，单位产品直接人工工时为 2 工时，单位工时工资率为 3 元，根据生产预算的预计生产量，据此编制的直接人工预算如表 9-6 所示。

表 9-6　　　　　　　　　　　　直接人工预算

项　目	第 1 季度	第 2 季度	第 3 季度	第 4 季度	合计
预计生产量 / 件（表 9-4）	10 000	21 000	31 000	39 000	101 000
单位产品直接人工工时 / 工时	2	2	2	2	2
预计直接人工总工时 / 工时	20 000	42 000	62 000	78 000	202 000
单位工时工资率 / 元	3	3	3	3	3
预计直接人工总成本 / 元	60 000	126 000	186 000	234 000	606 000

9.2.5　制造费用预算

制造费用预算是在生产预算的基础上，对预计生产规模所需的各种制造费用分别进行预计并汇总。

【例 9-5】 该公司的直接人工总工时依据表 9-6 计算，变动制造费用分配率为每工时 2 元，该公司的制造费用预算是在上述预算的基础上做出的，依据上述生产预算，编制公司的制造费用预算，具体如表 9-7 所示。

表 9–7　　　　　　　　　　　制造费用预算

项　目	第 1 季度	第 2 季度	第 3 季度	第 4 季度	合计
预计直接人工总工时 / 工时（表 9–6）	20 000	42 000	62 000	78 000	202 000
变动制造费用分配率 /（元 / 工时）	2	2	2	2	2
变动制造费用 / 元	40 000	84 000	124 000	156 000	404 000
固定制造费用 / 元	60 000	60 000	60 000	60 000	240 000
其中：折旧费 / 元	18 000	18 000	18 000	18 000	72 000
预计制造费用总成本 / 元	82 000	126 000	166 000	198 000	572 000

9.2.6　期末产品存货预算

根据销售预算、生产预算、直接材料预算、直接人工预算、制造费用预算编制单位成本和期末产成品存货成本预算。

【例 9–6】根据该公司的销售预算、生产预算、直接材料预算、直接人工预算、制造费用预算，编制单位成本和期末产成品存货成本预算，具体如表 9–8 所示。

表 9–8　　　　　　　　单位成本和期末产成品存货成本预算

项　目	单位产品用量	单位价格 / 元	单位成本 / 元
直接材料	2 千克	10	20
直接人工	2 工时	3	6
变动制造费用	2 工时	2	4
产品单位成本	30 元		
期末产品存货数量	3 000 件		
期末产品存货成本	90 000 元		

9.2.7　销售与管理费用预算

【例 9–7】该公司的预计销售量见表 9–3，变动销售与管理费用分配率为 2 元 / 件，折旧费每个季度为 15 000 元，据此编制销售与管理费用预算，具体如表 9–9 所示。

表 9–9　　　　　　　　　　销售与管理费用预算

项　目	第 1 季度	第 2 季度	第 3 季度	第 4 季度	合计
预计销售量 / 件（表 9–3）	10 000	20 000	30 000	40 000	100 000
变动销售与管理费用分配率 /（元 / 件）	2	2	2	2	2
变动销售与管理费用 / 元	20 000	40 000	60 000	80 000	200 000
固定变动销售与管理费用 / 元	30 000	30 000	30 000	30 000	120 000
其中：折旧费 / 元	15 000	15 000	15 000	15 000	60 000
预计销售与管理费用 / 元	35 000	55 000	75 000	95 000	260 000

9.2.8 现金预算

将上述各种预算中涉及现金收支的各项目进行汇总，编制预算期内现金收支、现金余缺及融资等预算。

【例9-8】 假定该公司预算期内现金余额最低限额为10 000元，预计每季支付股利2 000元，专门决策计划第1季度购置设备支出60 000元，第2季度购置设备支出360 000元，预算期初现金余额为10 000元。编制现金预算如表9-10所示。

表9-10　　　　　　　　　　　　　现金预算

单位：元

项 目	第1季度	第2季度	第3季度	第4季度
期初现金余额	10 000	10 000	10 000	10 000
加：本期现金收入	550 000	750 000	1 250 000	1 750 000
合计	560 000	760 000	1 260 000	1 760 000
减：本期现金支出	630 000	980 000	967 000	1 255 500
直接材料（表9-5）	391 000	311 000	538 000	696 500
直接人工（表9-6）	60 000	126 000	186 000	234 000
制造费用（表9-7）	82 000	126 000	166 000	198 000
销售与管理费用（表9-9）	35 000	55 000	75 000	95 000
预计设备购置	60 000	360 000		
预计支付股利	2 000	2 000	2 000	2 000
现金余缺	−70 000	−220 000	293 000	5 045 000
向银行借款	80 000	230 000		
偿还借款			283 000	27 000
期末现金余额	10 000	10 000	10 000	5 318 000

9.2.9 预计资产负债表

根据预算期初的资产负债表和预算期内其他各项预算整理汇总编制预算期末各项资产、负债及权益状况。

【例9-9】 根据预算期初的资产负债表和前述预算期内其他各项预算整理汇总编制预算期末各项资产、负债及权益状况，编制预计资产负债表，具体如表9-11所示。

表9-11　　　　　　　　　　　　预计资产负债表

202×年12月31日　　　　　　　　　　　　　　　　　单位：元

资 产	金 额	负债及所有者权益	金 额
流动资产：		流动负债：	
现金（表9-10）	5 318 000		
应收账款（表9-3）	1 000 000	应付账款（表9-5）	378 500
原材料（表9-5）	55 000	未交税金	604 000
产成品存货（表9-8）	90 000	负债合计	982 500
流动资产合计	6 463 000		
固定资产：		所有者权益：	
固定资产原值（表9-10）	420 000	股本	2 662 500
累计折旧（表9-7和表9-9）	132 000	留存收益	3 106 000
固定资产合计	288 000	所有者权益合计	5 768 500
资产合计	6 751 000	负债及所有者权益合计	6 751 000

9.2.10 预计损益表

在前述各种预算的基础上，对涉及预算期内损益变动的各个项目，按正常损益表格式进行汇总测算编制。

【例 9–10】 编制预计损益表，具体如表 9–12 所示。

表 9–12   预计损益表

202× 年度   单位：元

项　　目	金　　额
销售收入（表 9–3）	5 000 000
销售成本（表 9–3，表 9–8）	3 000 000
毛利	2 000 000
销售及管理费用（表 9–9）	320 000
利润总额	1 680 000
所得税（估计）	504 000
税后净收益	1 176 000

9.3　预算的编制方法

9–8 知识讲解

企业全面预算的构成内容比较复杂，编制预算需要采用适当的方法。预算编制方法一般有固定预算法、增量预算法、定期预算法、弹性预算法、零基预算法、滚动预算法等。

9.3.1　固定预算法

1. 固定预算法的含义

固定预算（Fixed Budget）法，又称静态预算（Static Budget）法，是指将预算期内有关预算内容的业务量水平固定在某一特定水平上，然后逐步测算出相应的固定预算值的方法。

2. 固定预算法的特点

（1）不考虑预算期内业务量水平可能发生的变动，而只按照预算期内预定的某一业务量水平为基础确定其相应的数额。

（2）将预算期的实际执行结果与按预算期内计划规定的某一业务量水平所确定的预算数进行比较分析，并据以进行业务评价考核。

固定预算法适用于编制相对稳定的预算，一般在计划和实际不会有较大出入的情况下使用。固定预算法的计算比较直接和简单。由于企业生产经营状况受多种因素的影响，经常发生变动，固定预算的作用有限。

9.3.2 增量预算法

1. 增量预算法的含义

增量预算(Incremental Budget)法,又称调整预算法,是指以基期成本费用水平为基础,结合预算期业务量水平及有关影响成本因素的未来变动情况,通过调整有关原有费用项目而编制预算的一种方法。这是一种传统的预算方法。

2. 增量预算法的假设前提

(1) 现有的业务活动是企业必需的。
(2) 原有的各项开支都是合理的。
(3) 增加费用预算是值得的。

3. 增量预算法的特点

(1) 增量预算法基本上都是从前一期的预算推演出来的,每个预算期开始时,都采用上一期的预算作为参考点,那些要求增加预算的申请会被格外关注。

(2) 增量预算法往往缺乏针对性。当资金分配给企业内部的各部门以后,在一个部门内部区分活动的优先次序变得困难起来。因为,企业各个部门通常具有多重目标和从事多项活动,但增量预算法并不考虑这种活动的多样性,只把资金分配给部门而不是分配给活动或任务。对于具有多重目标的部门或单位,一般都会存在这样的问题:一些目标比其他目标更加重要,达到不同目标的难易程度往往存在差异。而增量预算法对此不加区分。因此,作为一种计划工具,增量预算法缺乏有效的针对性。

(3) 当管理层希望用预算来控制成本或提高效率时,增量预算法的缺陷显得更加严重。事实上,增量预算法最容易掩盖低效率和浪费。其中,最普遍的问题就是,在典型的增量预算法中,原有的开支项一般很难被砍掉,即使其中的一些项目已没有设立的必要。这是因为在编制新年度的预算时,会首先参看上一期的资金是怎样分配的,然后部门管理者再在预算中加上对新活动的预算要求和通货膨胀的影响。管理层重点审查增加部分的预算,一般不把与上一期相同部分的预算作为重点审查对象。

9.3.3 定期预算法

1. 定期预算法的含义

定期预算(Periodic Budget)法是指在编制预算时以不变的会计期间(如日历年度)作为预算期的一种编制预算的方法。

2. 定期预算法的优缺点

(1) 优点。

定期预算法的优点是能够使预算期间与会计期间相配合,便于考核和评价预算的执行结果。

(2) 缺点。

按照定期预算法编制的预算主要有以下缺点。

① 盲目性。由于定期预算法一般是在年初甚至更早的时间编制的，对整个预算年度的生产经营活动很难做出准确的预算，尤其是对后期的预算只能进行估算，数据笼统含糊，缺乏远期指导性，给预算的执行带来很多困难，不利于对生产经营活动的考核与评价。

② 滞后性。由于定期预算法不能随情况的变化及时调整，当预算中所规划的各种活动在预算期内发生重大变化时（如预算期内企业临时中途转产），就会造成预算滞后过时，使之成为虚假预算。

③ 间断性。由于受预算期间的限制，管理层的决策视野局限于本期规划的经营活动，通常不考虑下期。例如，一些企业在提前完成本期预算后，觉得可以松一口气，其他事等来年再说，从而形成人为的预算间断。因此，按定期预算法编制的预算不能适应连续不断的经营过程，从而不利于企业的长远发展。为了克服定期预算法的缺点，在实践中可采用滚动预算法编制预算。

9.3.4 弹性预算法

9-9 拓展阅读

1. 弹性预算法的含义

弹性预算（Flexible Budget）法是一种具有伸缩性的预算方法，是为克服固定预算法的缺点而设计的。弹性预算法是指在成本习性分析的基础上，以业务量、成本和利润之间有规律的依存关系为依据，按照预算期可预见的各种业务量水平，编制能够适应多种情况预算的方法。弹性预算法是在固定预算法的基础上发展起来的一种预算方法。它是根据计划或可预见的多种不同的业务量水平，分别计算其相应的预算额，以反映在不同业务量水平下所发生的费用和收入水平的预算编制模式。弹性预算因为会随业务量的变动作相应调整，所以弹性预算考虑了计划期内业务量可能发生的多种变化。

2. 弹性预算法的特点

（1）预算范围宽。弹性预算法能够反映预算期内在一定相关范围内可预见的多种业务量水平相对应的不同预算额，从而扩大了预算的适用范围，便于预算指标的调整。因为弹性预算法不再是只适应一种业务量水平的一种预算编制方法，而是能够随业务量水平的变动作机动调整的一组预算编制方法。一经编制，只要各项消耗标准和价格等依据不变，便可连续使用，从而可大大减少工作量。采用弹性预算法编制的财务预算可以有效地弥补固定预算法的不足。弹性预算法的出现，使不同的财务经济指标水平或同一经济指标的不同业务量水平有了相应的预算额。因此，在实际业务量发生后，可将实际发生量同与之相适应的预算额进行对比。弹性预算法以某个"相关范围"为编制基础，而不以某单一业务水准为基础。弹性预算法是"动态"的，可适应多种业务要求，甚至在预算期间结束后也可使用。也就是说，企业可视所要达到的业务量要求编制弹性预算，以确定在该业务量要求下，"应有"的成本是多少。

（2）可比性强。在预算期实际业务量与计划业务量不一致的情况下，可以将实际指标与实际业务量相应的预算额进行对比，从而使预算执行情况的评价与考核建立在更加客观和可比的基础上，比较确切并容易为被考核人接受，便于更好地发挥预算的控制作用。

（3）灵活性强。弹性预算法的预算指标留有一定的调整余地，考虑到了未来事项的不可预知性，只确定了行为的基本原则或范围，有关当事人可以在一定的范围内灵活执行预算确定的各项目标和要求。但是灵活性掌握不好就可能失控，可控性差，克制力度弱。

因为未来业务量的变动会影响成本（费用）、利润等各个方面，所以弹性预算法从理论上讲适用于编制全面预算中所有与业务量有关的各种预算。但从实用角度看，弹性预算法主要用于编制弹性成本（费用）预算和弹性利润预算等。在实务中，因为收入、利润可按照概率的方法进行风险分析预算，直接材料、直接人工可按照标准成本制度进行标准预算，只有制造费用、销售及行政管理费用等间接费用应用弹性预算法频率较高，所以有人将弹性预算法误认为只是编制费用预算的一种方法。

3. 弹性预算法的基本程序

（1）选择和确定各种经营活动的计量单位，如消耗量、人工小时、机器工时等。应根据企业的具体情况来选择业务量的计量单位。一般来说，生产单一产品的部门，可以选用产品实物量（生产量）；生产多品种产品的部门，可以选用人工工时、机器工时等；动力车间供应能源，可以选用电度量或煤炭量、蒸汽量等；修理车间提供劳务，可以选用修理工时；服务部门，可以选用企业共同的工作量计量单位；以手工操作为主的企业，可以选用人工工时；机械化程度高的企业，更宜采用机器工时而非人工工时。此外，还要注意计量单位应易获取和易理解。

（2）确定业务量的范围。业务量的范围是指弹性预算法所适用的业务量区间，即预期业务量变动的相关范围，应根据企业的具体情况来定，但应使将来可能发生的业务量不超过此范围。一般来说，可定在正常生产能力的70%~110%，或以历史上的最高业务量或最低业务量为其上下限。

（3）按成本性态将成本分为固定成本、变动成本、混合成本。根据成本性态和业务量之间的依存关系，将企业生产成本划分为变动和固定两个类别，并逐项确定各项费用与业务量之间的关系。

（4）确定预算期内各项业务量的活动水平。计算在各种业务量水平下的预测数据，并用一定的方式表示，形成某一项业务的弹性预算。

9.3.5 零基预算法

零基预算（Zero-Base Budget，ZBB）法，全称为"以零为基础编制计划和预算的方法"，又称零底预算法，最初是由德州仪器公司开发的，是指在编制预算时对所有的预算支出均以零为基底，不考虑以往预算情况，从根本上研究分析每项预算是否有支出的必要和支出数额的大小。这种预算不以历史为基础作修修补补，而是在年初重新审查每项管理活动对实现组织目标的意义和效果，并在成本效益分析的基础上，重新排出各项管理活动的优先次序，并据此决定资金和其他资源的分配。

1. 预算编制方法的演变及比较

现代预算编制工作是在资产阶级革命取得胜利之后，随着现代预算制度的建立而逐步形成的。17世纪，英国编制了世界上第一个国家预算，到了20世纪，绝大多数国家都建立了国家预算编制制度。其间，预算编制方法也经历了多次变革。由于早期的政府预算内容比较单一，预算编制采用十分简单的"职能预算编制法"。随着社会生产力的发展，政府预算所包含的内容逐渐增多，为满足政府预算管理需要，逐步形成了一套比较完整的预算程序，其中包括现代的预算编制方法，如"计划和绩效预算编制法"（绩效预算法）、"项目预算编制法"（项目预算法）等，目前世界相当多的国家使用"零基预算编制法"（零基预算法）。

上述国际通行的预算编制方法（绩效预算法、项目预算法），均用于政府预算规划和评估。绩效预算（Performance Budget）法是一种强调工作项目和活动业绩计量的预算编制方法。绩效预算法可以对投入成本和产生效益进行比较。项目预算（Program Budget）法是依据实施项目或执行功能的总成本来组织提议支出的预算方法。

由此可以看出，预算编制方法是处于经常的变革和发展之中。如果认真分析每一种预算编制方法，就可以发现，在新的预算编制方法中，往往可以看到旧方法的影子。即每一次变革，并不是对原有的预算编制方法全盘抛弃，而是在吸取原有方法优点的基础上进行创新。零基预算法是从总体上控制政府财政支出的一种预算组织形式，其基本特征是不受以往预算安排和预算执行情况的影响，一切预算收支都建立在成本效益分析的基础上，根据需要和可能，一切从零开始来编制预算。零基预算法要求每个政府行政部门在申请预算时，应该首先对本部门所有的（新的和原有的）计划项目和行动进行系统评价和审查，然后编制预算。从本质上讲，零基预算法是一种关于组织机构的目标、活动范围及资源运用等的先后顺序安排的思维方式；重点着眼于"需要优先"，然后根据资源（财力）可行性进行比较分析，按顺序筛选安排。因此，作为编制具有法律效力的国家年度财政收支计划，即国家预算的预算编制方法来说，零基预算法具有明显的优越性。

2. 零基预算法在国外的发展状况

零基预算法起源美国，理论上可追溯到 1952 年。然而，自零基预算法出现以后，人们对它的态度反差之大，是其他预算编制法所不能比的。赞成的人认为，零基预算法可以更合理、更有效地分配各项资金。彼得·派尔预言，实行零基预算法后，可有可无的计划将会缩减或干脆取消，而举足轻重的计划将会增加。而持反对态度的人则把零基预算法视为"江湖骗术"，认为零基预算法不可能"消除"计划的赘瘤部分，实施全套零基预算体系太耗费时间，因此是行不通的。

实践是检验真理的唯一标准。零基预算法在 20 世纪 70 年代初期异军突起，以出人意料的速度在美国发展开来，随后又传播到其他国家。最初美国发布行政命令，要求政府各行政部门均要采取零基预算法来编制 1979 年的财政预算。到 1982 年，美国已经大约有 18 个州采用了零基预算法。与此同时，加拿大的公共部门也纷纷采用零基预算法来编制财政预算。目前，世界上其他国家实行零基预算法的基础工作已经完成，并从理论上制定出了一系列科学的预算定编、定额、定标准的方法。

3. 零基预算法在我国的发展概况

我国的预算管理制度是在 1951 年 8 月由政务院发布的《预算决算暂行条例》（已废止），规定了国家预算的组织体系，各级人民政府的预算权，各级预算的编制、审查、核定，以及执行的程序、决算的编报与审定程序等之后，初步建立起来的。

20世纪80年代末至90年代中期，我国在部分省级财政如安徽、河南、湖北、云南及深圳等地区开始试行零基预算制度，并取得了一定成效。尚未实行零基预算制度的地区也十分关注这项改革。

当然，由于国情不同，国内各地区试行"零基预算"时，不可能完全照搬国外的做法，只能结合自身具体情况进行尝试。

4．零基预算法的步骤

零基预算法的应用有以下5个步骤。

第一步，划分和确定基层预算单位。企业里各基层业务单位通常被视为独立编制预算主体。

第二步，编制本单位的费用预算方案。由企业提出总目标，然后各基层预算单位根据企业的总目标和自身的责任目标出发，编制本单位为实现上述目标的费用预算方案，在方案中必须详细说明提出项目的目的、性质、作用，以及需要开支的费用数额。

第三步，进行成本效益分析。基层预算单位按下达的"预算年度业务活动计划"，确定预算期内需要进行的业务项目及其费用开支后，管理层对每一个项目的所需费用和所得收益进行比较分析、权衡轻重、区分层次、划出等级、挑出先后。基层预算单位的业务项目一般分为3个层次：第一层是必要项目，即非进行不可的项目；第二层是需要项目，即有助于提高质量、效益的项目；第三层是改善工作条件的项目。进行成本效益分析的目的在于判断基层预算单位各个项目费用开支的合理程度、先后顺序及对本单位业务活动的影响。

第四步，审核分配资金。根据预算项目的层次、等级和次序，按照预算期可动用的资金及其来源，依据项目的轻重缓急次序，分配资金、落实预算。

第五步，编制并执行预算。资金分配方案确定后，制定零基预算正式稿，经批准后下达执行。执行中遇有偏离预算的地方要及时纠正，遇有特殊情况要及时修正，遇有预算本身问题要找出原因，总结经验加以提高。

5．零基预算法的优点

和传统预算编制方法相比，零基预算法具有以下优点。

（1）有利于提高员工的"投入—产出"意识。传统的预算编制方法，主要是由专业人员完成的，零基预算法是以"零"为起点观察和分析所有的业务活动，并且不考虑过去的支出水平。因此，需要动员企业的全体员工参与预算编制，这样使得企业不合理的因素不能继续保留下去，从投入开始减少浪费。零基预算法通过成本效益分析，提高产出水平，从而能使员工"投入—产出"意识得以增强。

（2）有利于合理分配资金。每项业务经过成本效益分析，对每个业务项目是否应该存在、支出金额数目，都要进行分析计算，精打细算、量力而行，使有限的资金流向富有成效的项目，所分配的资金能更加合理。

（3）有利于调动基层单位参与预算编制的积极性、主动性、创造性。零基预算法可以使企业内部情况更易于沟通和协调，企业整体目标更趋明确，多业务项目的轻重缓急容易得到共识，进而基层单位参与预算编制的积极性、主动性和创造性增强。

（4）有利于提高预算管理水平。零基预算法极大地提高了预算的透明度，使预算支出中的人头经费和专项经费一目了然，各级之间争执的现象可能缓解。预算会更加切合实际，更好地起到控制作用。整个预算的编制和执行也能逐步规范，预算管理水平会得以提高。

6. 零基预算法的缺点

尽管零基预算法和传统的预算方法相比有许多创新，但在实际运用中仍存在一些缺点。由于一切工作从"零"做起，因此采用零基预算法编制工作量大，费用相对较高；分层、排序和资金分配时，可能有主观影响，容易引起部门之间的矛盾；任何单位工作项目的"轻重缓急"都是相对的，过分强调当前的项目，可能使有关人员只注重短期利益，而忽视本单位作为一个整体的长远利益。

9.3.6 滚动预算法

1. 滚动预算法的定义

滚动预算（Rolling Budget）法，又称连续预算法或永续预算（Perpetual Budget）法，是指按照"近细远粗"的原则，根据上一期的预算完成情况，调整和具体编制下一期预算，并将编制预算的时期逐期连续滚动向前推移，使预算总是保持一定时间幅度的方法。简单地说，滚动预算法就是根据上一期的预算指标完成情况，调整和具体编制下一期预算，并将预算期连续滚动向前推移的一种预算编制方法。滚动预算的编制，可采用长计划、短安排的方式进行，即在编制预算时，可先按年度分季，并将其中第一季度按月划分，编制各月的详细预算。其他三个季度的预算编制可相对简略些，只列各季总数，到第一季度结束前，再将第二季度的预算按月细分，第三、四季度及下年度第一季度只列各季总数，依此类推，使预算不断地滚动下去。

2. 滚动预算法的特点

（1）能保持预算的完整性、继续性，从动态预算中把握企业的未来。

（2）能使各级管理人员始终保持对未来一定时期的生产经营活动作周详的考虑和全盘规划，保证企业的各项工作有条不紊地进行。

（3）因为预算能随时间的推进不断加以调整和修订，所以编制的预算与实际情况更为贴近，有利于充分发挥预算的指导和控制作用。

（4）有利于管理人员对预算资料作经常性的分析研究，并根据当前的执行情况及时加以修订，保证企业的经营管理工作稳定而有秩序地进行。

这种方法适用于规模较大、时间较长的工程类或大型设备采购项目。

当然，采用滚动预算的方法，预算编制工作比较繁重。所以，也可以采用按季度滚动来编制预算，而在执行预算的那个季度里，再按月份分旬具体地编制预算，这样可以适当简化预算的编制工作。总之，预算的编制是按月份滚动还是按季度滚动，应视实际需要而定。

9-10 拓展案例

本章小结

本章介绍了全面预算的概念及构成、全面预算的重要意义、全面预算的编制流程以及全面预算的编制方法。重点介绍了全面预算的编制流程及编制方法。

关键术语

全面预算法　弹性预算法　零基预算法　滚动预算法　固定预算法　增量预算法

综合练习

一、单项选择题

1. 生产预算是以（　　）为基础编制的。
   A. 销售预算　　　　　　　　B. 现金预算
   C. 直接材料预算　　　　　　D. 产品成本预算
2. 下列预算中，不属于日常业务预算的是（　　）。
   A. 生产预算　　　　　　　　B. 产品成本预算
   C. 直接人工预算　　　　　　D. 资本支出预算
3. 直接材料预算以（　　）为基础编制，同时考虑到期初期末材料存货水平。
   A. 销售预算　　　　　　　　B. 经营预算
   C. 生产预算　　　　　　　　D. 财务预算
4. 编制全面预算的基础是（　　）。
   A. 直接材料预算　　　　　　B. 直接人工预算
   C. 生产预算　　　　　　　　D. 销售预算
5. 下列各项中，没有直接在现金预算中得到反映的是（　　）。
   A. 现金余额　　　　　　　　B. 现金余缺
   C. 现金筹措及运用　　　　　D. 预算期产量和销量
6. 在编制（　　）时，需按成本性态分析的方法将企业的成本分为固定成本和变动成本。
   A. 滚动预算　　　　　　　　B. 弹性预算
   C. 固定预算　　　　　　　　D. 零基预算

二、判断题

1. 全面预算包括业务预算和财务预算。　　　　　　　　　　　　　　（　　）
2. 业务预算包括销售预算、生产预算、资本支出预算。　　　　　　　（　　）
3. 在编制制造费用预算、销售及管理费用预算时，不应该包括折旧费用。（　　）
4. 弹性预算法能适应多种业务量水平的需要。　　　　　　　　　　　（　　）
5. 滚动预算法总是使预算保持一定的时间幅度。　　　　　　　　　　（　　）
6. 零基预算法只是适用于企业编制预算的一种方法。　　　　　　　　（　　）
7. 财务预算包括现金预算、直接材料预算、销售预算等。　　　　　　（　　）

三、简答题

1. 什么是全面预算？全面预算的特点及作用是什么？
2. 什么是弹性预算法？其有何优缺点？
3. 什么是零基预算法？其有何优缺点？
4. 什么是滚动预算法？其有何优缺点？
5. 编制全面预算有哪些原则？

四、实训题

课题 9-1：全面预算的编制。

实训项目：全面预算编制方法及流程。

实训目的：学习怎样编制全面预算。

实训内容：在收集了甲公司相关信息之后，采用一定的方法编制全面预算。甲公司的资料如下。

甲公司 202× 年第一、二、三、四季度预计销售量为 1 000 件、2 000 件、1 500 件、2 500 件，销售价格为 200 元，货款在当季度收回 80%，另 20% 在下一季度收回；年初存货量为 100 件，预期年末存货量为 80 件，其他各季度期末存货量均按下一季度销售量的 10% 计算；年初材料存货为 100 千克，预计年末材料存货为 120 千克，各季度的期末材料存货量按下期生产需用量的 20% 计算，单位产品耗用材料为每件 20 千克，计划单价为 5 元，货款在当季支付 50%，另 50% 在下一季度支付，年初应付账款为 1 000 元；生产单位产品所需人工工时为 6 小时，单位工时成本为 5 元，第一、二、三、四季度人工总工时分别为 1 100 小时、1 000 小时、1 200 小时以及 1 100 小时。

实训要求：将参加实训的学生分成若干小组，分别编制销售预算、生产预算、直接材料预算、直接人工预算、产品成本预算。

9-11 拓展练习

第10章 作业成本法

教学要点

知识要点	能力要求	相关知识
作业成本法的内涵及作业成本管理	掌握作业成本法的内涵，了解作业成本管理	（1）作业成本法的概念 （2）作业成本管理
作业成本法的核算要素	掌握作业成本法的核算要素	（1）资源 （2）作业 （3）成本对象 （4）成本动因
作业成本法的实施步骤	掌握作业成本法的实施步骤	（1）定义、识别和选择主要作业 （2）归集资源费用到同质成本库 （3）选择成本动因和计算成本库分配率 （4）把作业中的费用分配到产品上去 （5）计算产品成本
作业成本法的特点及适用对象	掌握作业成本法的特点及适用对象	（1）作业成本法的特点 （2）作业成本法的适用对象
作业成本法的应用	了解作业成本法在国内外的应用，掌握作业成本法应用中需要注意的事项	（1）作业成本法在国内外的应用 （2）作业成本法应用中需要注意的事项

 导入案例

10-1 政策法规

DYW 公司的 HD 机组维修精益作业成本管理

　　DYW 公司经过 20 年的实践和探索，形成了具有自身特色的核电站维修作业与成本核算体系的公司特有方案。DYW 公司大修 ABC 作业成本管理方案是基于实际管理经验，并对标世界著名公司的先进管理经验而设计的基于工单活动的大修成本精益化管理方案，具体包括信息化方案、标准化方案、精益化方案。其中信息化方案主要包括 DTMS 工单工时统计系统、大修工日成本管理模块、ABC 作业成本管理指标盘；标准化方案包括大修标准工日电子数据库、标准化管理程序与要求提升；精益化方案包括大修成本控制流程优化、大修成本控制组织机构优化。因作业成本管理的实施，单次大修节约成本千万元，总工单工时减少约 20 万小时。

10-2 拓展案例

　　在竞争日益激烈的环境下，准确计算产品成本对企业的重要意义不言而喻。党的二十大报告强调"加快构建新发展格局，着力推动高质量发展"。管理会计需通过精细化成本管理和战略预算规划，为企业优化资源配置、提升全要素生产率提供数据支撑。传统的成本计算方法多采用完全成本法，虽然操作简便，但是在有些企业里，这种成本计算方法会出现误导，导致成本计算不准确；而作业成本法在有些企业里可以提供与成本核算有关的精确信息，有利于企业决策。一般来说，直接人工和直接材料的成本与产品发生直接的关系，可以直接计入产品成本，而间接费用在传统成本分配体系下，需要根据直接人工工时或机器工时的比例分别计入不同产品成本中，在有些企业中应用这种分配方法不科学，作业成本管理制度在这种情况下逐渐受到重视。因此，本章详细介绍作业成本法和作业成本管理。

10-3 知识讲解

10.1　作业成本法的内涵及作业成本管理

10.1.1　作业成本法的概念

1. 作业成本法的内涵

　　一般认为，作业成本法（Activity-Based Costing，ABC）是顺应经济发展，分配间接费用的一种方法，20世纪80年代由库珀（Cooper）和卡普兰（Kaplan）首次提出。

　　作业成本法是将间接成本和辅助费用更准确地分配到作业、生产过程、产品、服务及顾客中的一种成本计算方法。作业成本法是以作业为中心，以资源流动为线索，通过对资源消耗的因果关系分析和对作业成本的确认、计量、报告，计算出真实的产品成本，并为企业对内对外各项经营管理决策提供相关信息支持的新的成本核算和管理方法。作业成本法的基本逻辑是"产品消耗作业，作业消耗资源"，需要在传统成本法的资源和成本对象之间增加作业这个分配中介。基本理论是成本动因理论，强调成本按照资源、成本对象对作业的实际消耗情况进行分配，找到最合适的成本动因，并尽可能直接分配，也就是符合"谁受益谁承担"的原则。此外，作业成本法强调把作业分为增值作业和非增值作业，要提高增值作业效率、消除非增值作业以降低成本。作业是构成流程的元素，作业成本核算的结果是流程优化的基础。

　　与传统成本核算方法相比，作业成本法增加了作业层次，把传统成本法下的一次分配变为多次分配，单一的分配标准改变为按照实际消耗情况确定的多种成本动因，因而能够非常精细地核算成本，真实地反映产品和作业对于企业资源的消耗。同时，作业是日常管理的对象，是成本降低的主体。作业总是与企业中的组织或者具体责任相关联，因而，作业成本法能够明确成本责任，有助于企业推行目标成本管理，加强责任考核，调动全员的力量进行成本控制。由于作业成本法能够详细核算每一个活动的成本，因此成为企业内部推行精细化管理的最佳工具，不仅有助于通过作业分析细化管理对象，而且把每一个细分的管理对象与企业价值联系起来，明确每个作业为企业创造的价值。我国一些企业将作业成本法与标准成本法等结合起来应用。

案例 10.1

ZS 公司作业成本法实践

ZS 公司按照作业成本法的思路对财务核算体系进行改革，由传统核算方式向作业成本核算转变，及时、准确地核算制造分厂的经营利润。

1. 推行作业成本法的思路

以企业价值最大化为终极目标，结合经营单元管理，按照"细化作业资源""明确作业层级""寻找作业动因""推进作业预算"方式，确保业务与财务的统一，通过信息化与数字化支撑，分步骤实现对分厂级经营单元、班组级经营单元的投入产出分析，有效控制作业成本，推进分厂模拟利润中心经营目标的实现。

2. 推行作业成本法的现实意义

真实反映项目盈利能力与经营业绩，有效支持分析决策。过去 ZS 公司使用人工工时作为成本分配率，但是通过调研分析，分厂机器设备作业、动能及工具耗材的消耗与人工工时的关联性不高，导致产品成本失真。如果按照"谁受益谁承担"的原则，将资源消耗更为合理地归集到产品，同时将资源消耗与经营责任主体挂钩，才能真实反映产品盈利水平，并能为分厂各级经营单元的经营业绩评价提供合理的核算基础。

3. 推行作业成本法具体措施

（1）细化作业资源，建立隶属清晰的制造资源要素池。

通过对资源要素进行重新分类，明确不同类型、不同区域的资源与产品项目或经营单元的隶属关系，通过减少公共分摊，提高费用归集到经营单元的准确性。

通过分析各类制造资源消耗原因，清晰区可控费用、接受分摊费用，可以强化经营单元对可控费用的分析控制。

（2）明确作业层级，建立以班组为最小经营单元的基本作业库。

从作业链上看，企业的生产经营活动就是一系列作业由此及彼、由内及外推移而形成的作业链，而轨道交通产品技术含量高、制造周期长、工序步骤繁杂等特点，决定了其作业链极为复杂。ZS 公司作业成本法实践覆盖了全作业链活动，即包含车体成品生产、转向架成品生产、总组装生产、调试全过程。

从层级上看，ZS 公司作业层级根据颗粒度可分为分厂线、产线级、班组级、工序级、最小作业单元级、工步级。根据成本效益原则，ZS 公司将班组作为最小管理单元。班组是生产组织主体，也是直接资源管控主体，故而将作业成本法的实施颗粒度定位于班组级作业中心，将班组作为最小经营单元与核算单元。ZS 公司以班组作业合集为标准建立基本作业库，成立了 510 个班组级成本中心，解决了传统仅以三大分厂作为核对象使得成本笼统分摊的核算问题。这样做虽然带来了倍增的核算工作量，但是通过班组作业成本的及时计量分析，将其归集到相应的产品项目中，产品成本的准确性与经营单元业绩分析的合理性得到显著改善。

4. ZS 公司数据转型保障作业成本法的实施

基于信息化系统数据贯通，建立作业动因与成本分析双向互动的成本核算与分析模型，将作业标准、作业预算管理作为指导成本控制的基准，建立管理会计报表指标分析与预警模型，进行异常预警、预算纠偏与成本改善，提升数据资产应用能力，发

> 挥数据驱动价值。①业务系统与财务核算共享系统数据互锁，从源头上将合规风控嵌入业务流程，确保核算数据及时、真实、准确；②实现业财一体化数据仓管理，支持海量作业动因数据收集与成本动因多维分析；③利用大数据平台算法优势，实现数据深度挖掘，提高制造工费与作业动因连锁分析能力。

2. 作业成本法产生的基础

（1）作业成本法的理论依据。

10–4 拓展阅读

传统的成本计算方法以产品作为成本分配的对象，把单位产品耗用某种资源（如工时）占当期该类资源消耗总额的比例，作为对所有的间接费用进行分配的比例，这是不合理的。在现今全球化进程加速、竞争日趋激烈的情况下，对企业的要求是能够提供个性化的产品，也就是在产品成本中，直接材料、直接人工占的比重小，而间接费用占的比重大，按照传统的成本计算方法计算成本不准确。因此，成本分配的对象应该是作业，分配的依据应该是作业的耗用数量，即对每种作业都单独计算其分配率，从而把该作业的成本分配到每种产品上。

（2）实践依据。

① 从必要性来看。作业成本法产生的依据体现在针对传统成本计算法的科学性，以及传统管理会计的研究和实践中对于成本习性的假设所产生的质疑。传统成本计算法假定直接成本比例较高，同时，在传统管理会计中，把成本按照成本习性划分为变动成本和固定成本，并且建立模型 $y=a+bx$。而这种成本的划分和模型的相关性，是立足于短期内经营、业务量无显著变化假设的基础上的。然而，20 世纪 70 年代以后，企业要应对多变的市场风险，强调长远的可持续发展，突出战略管理，企业管理部门对持续经营的要求日益增加，而从长期经营的角度来看，绝大部分成本都是变动的，传统成本的计算方法认为成本属性的划分很大程度上失去了时间上的相关性。兼并的浪潮、生产的规模化、经营的全球化，导致企业的业务量急剧上升，突破了模型 $y=a+bx$ 的业务量假定。随着科技的发展，计算机为主导的智能化、自动化日益普遍，技术密集型产业占据主导地位。同时，以网络经济为首的信息经济、知识经济已经到来。这些经济活动，导致直接人工和直接材料等直接成本投入比例大大降低，许多企业的间接成本占绝大部分，这导致模型 $y=a+bx$ 即使在短期内也和一定业务量失去了相关性。随着时代的发展，需要一种解决传统信息失真问题，打破 $y=a+bx$ 模型的成本计算理论，而作业成本法就是满足这一需要的理论。

10–5 拓展阅读

② 从可能性来看。准时制生产（Just-In-Time，JIT）使作业成本法在实际中得以应用。JIT 的基本思想是要杜绝一切浪费，设计合理的生产系统，以提高效率、降低成本。它将企业的生产经营活动分为两类：增值作业和非增值作业。增值作业是指能为最终产品增加功能，更好地满足客户需要的作业，是企业生产经营所必需的；非增值作业是不能给最终产品增加功能，不能增加客户消费效用的作业，从效率观点来看就是一种浪费。只有尽量使非增值作业为零，增值作业接近百分之百，才能提高效率。这就要从企业的整个经营过程中找出浪费及其产生的原因，并加以解决。一般企业中常见有 7 种浪费现象：制造过量的浪费、停工待料的浪费、搬运方式的浪费、加工本身的浪费、库存过多的浪费、动作的浪费和制造废次品的浪费。其中，以制造过量和库存过多为浪费之首。制造过量产生了存

货，存货的存在又造成了存储、搬运，这样有可能形成延误，并掩盖了生产中可能存在的质量缺陷和无效率。杜绝浪费的根本在于使生产的必要数量与销售的必要数量一致。这就要把原材料、机械设备和人力等生产要素合理地组织起来。如果按传统的加工顺序从前到后安排生产，每个工序都和后面工序没有联系。对于生产效率高的工序而言，如果其节奏与后面工序不适应，则效率越高产生制造过量的浪费就越多。JIT 把传统的由前向后的零部件移送方式颠倒过来，改按订货方式由后面工序向前面工序提出订货要求，前面工序只在必要时按必要的数量提供必要的产品。

在国外，JIT 已经逐渐推广。在该生产系统中，企业在生产自动化、财务电算化条件下，进行合理规划，大大减少了生产和销售过程中的周转时间，使原材料进厂、产品出厂、进入流通的每个环节，都能紧密衔接，甚至完全消除停工待料、有料待工等浪费现象，减少生产环节中非增值的作业活动，使企业生产经营的各个环节，像钟表的零件一样相互协调，准确无误地运转，达到减少产品成本、全面提高产品质量、提高劳动生产效率和综合经济效益的目的。JIT 系统需要较高的管理水平。要有"零存货制度"，以保证减少原材料、半成品和产成品占用的资金，真正做到适时生产，进而要求良好的交通、完善的原料市场等社会条件；要有"零缺陷制度"，保证各个环节衔接正常，及时提供合格产品；要有"单元式生产制度"，如同银行的"柜员制"，消除过细的分工，这又要求车间工人是全能的，保证封闭式生产，因为过细的分工会带来过多的流水环节。由于作业账户的设置方法是从最底层、最具体、最详细的作业开始，逐级向上设置的，操作比较复杂，因而需要较为精确而高效的成本统计和计算手段，需要严格而科学的控制和管理体系。而 JIT 的出现，就使作业成本法的应用成为可能。

在我国，2017 年，财政部颁布了《管理会计应用指引第 304 号——作业成本法》，共计五章三十五条；2018 年，财政部又颁布了《管理会计应用指引第 204 号——作业预算》。这两个指引是我们学习作业成本法的纲领性文件。2022 年，国资委发布了《关于中央企业加快建设世界一流财务管理体系的指导意见》中指出，强化成本管控，实现精益科学。有效运用作业成本法、标准成本法、量本利分析、价值工程等工具，持续完善标准成本体系，细化成本定额标准。严控各项费用性开支和非生产性支出。强化考核激励，层层压实责任，激发内生动力。在这里，强调了作业成本法的作用。

10.1.2 作业成本管理

作业成本管理（Activity-Based Costing Management，ABCM）是基于作业成本法的新型集中化管理方法，通过作业成本计量，开展成本链分析，指导企业有效执行作业，降低成本、提高效率。1995 年，基（Kee）在作业成本法中加入了限制理论的因素，被称为扩展的作业成本法。施内维斯（Schneeweiss）于 1998 年提出了混合项目优化模型，在此模型中加入了计划和决策程序及假想的定量分析。1997 年，金（Kim）提出了针对投资问题决策的多期线性模型。奥兹布拉拉克（Ozbararak）于 2003 年对此模型进行了改进和扩展，并将此模型应用到先进的制造体系中，可以与"物资需求计划"和"准时制生产"结合。可见作业成本法已经由最初的成本计算方法进化为管理方法。

作业成本管理可以提供经理人员决策所需的信息。在推行科学和流程管理的企业，一定要以客户和作业流程为中心来对工作任务进行管理，即开展作业成本管理。通过对作业及作业成本的确认、计量，最终计算产品成本，同时将成本计算深入作业层次，对企业所有作业活动追踪并动态反映，进行成本链分析，包括动因分析、作业分析等，为企业决策提供准确信息；指导企业有效地执行必要的作业，消除和精简不能创造价值的作业，从而达到降低成本，提高效率的目的。许多国际性的大型制造和IT企业，都已实施了作业成本管理；我国的很多企业，也已经开始开展作业成本管理、作业的精简和效能的提高，作用效果十分明显。

10.2　作业成本法的核算要素

10-6 知识讲解

作业成本管理涉及的四大核算要素是资源、作业、成本对象及成本动因。其中前三个要素是成本的承担者，而成本动因是导致生产中成本发生变化的因素。

10.2.1　资源

作业成本法中的资源，实质上是指为了产出作业或产品而进行的费用支出。换而言之，资源就是指各项费用总体。作为分配对象的资源就是消耗的费用，或可以理解为每一笔费用。资源如果直接面向作业和成本对象分配，就是传统成本法的直接材料。

10.2.2　作业

作业是指在一个组织内为了某一目的而进行的耗费资源的工作。它是作业成本管理的核心要素。作业是指企业中特定组织（成本中心、部门或产品线）重复执行的任务或操作，如签订材料采购合同、将材料运达仓库、对材料进行质量检验、办理入库手续、登记材料明细账等。一项作业可能是一项非常具体的活动，如车工作业；也可能泛指一类活动，如机加工车间的车、铣、刨、磨等所有作业，可以统称为机加工作业；甚至可以将机加工作业、产品组装作业等统称为生产作业（相对于产品研发、设计、销售等作业而言）。由若干个相互关联的具体作业组成的作业集合，被称为"作业中心"。执行任何一项作业，都需要消耗一定的资源。资源是作业消耗的人工、能源和资本资产（车床和厂房等）。作业是连接资源和产品的纽带。

根据企业业务的层次和范围，可将作业分为以下4类：单位作业、批别作业、产品作业和支持作业。

1. 单位作业

单位作业是指使单位产品或服务受益的作业。它对资源的消耗量往往与产品的产量或销量成正比。常见的单位作业有加工零件、每件产品进行的检验等。

2. 批别作业

批别作业是指使一批产品受益的作业。它的成本与产品的批次数量成正比。常见的批别作业有设备调试、生产准备等。

3. 产品作业

产品作业是指使某种产品的每个单位都受益的作业。常见的产品作业有零件数控代码编制、产品工艺设计作业等。

4. 支持作业

支持作业是指为维持企业正常生产，而使所有产品都受益的作业。它的成本与产品数量无直接相关关系。常见的支持作业有厂房维修、管理作业等。

通常认为前三个类别以外的所有作业均是支持作业。

10.2.3 成本对象

成本对象是企业需要计量成本的对象。根据企业的需要，可以把每一个生产批次作为成本对象，也可以把一个品种作为成本对象。在顾客组合管理等新的管理工具中，需要计算出每个顾客的利润，以此确定目标顾客群体，这里的每个顾客就是成本对象。成本对象可以分为市场类成本对象和生产类成本对象。市场类成本对象的确定主要是按照不同的市场渠道，不同的顾客确定的成本对象，它主要衡量不同渠道和顾客带来的实际收益，核算结果主要用于市场决策，并支持企业的产品决策。生产类成本对象是指在企业内部的成本对象，包括各种产品和半成品，用于计量企业内部的生产成果。

10.2.4 成本动因

成本动因指的是解释发生成本作业特性的计量指标，反映作业所耗用的成本或其他作业所耗用的作业量。成本动因是作业成本或产品成本的驱动因素。例如，产量增加，直接材料成本就增加，产量是直接材料成本的驱动因素，即产量是直接材料的成本动因；检验成本随着检验次数的增加而增加，检验次数就是检验成本的驱动因素，即检验次数是检验成本的成本动因。传统成本法下的成本动因个数少，一般是一种或少数几种。而作业成本法下，成本动因的种类和个数与制造程序的复杂程度有关，制造程序越复杂，成本动因的个数就越多。成本动因可分为以下3类：交易性成本动因、延续性成本动因和精确性成本动因。

1. 交易性成本动因

交易性成本动因是指用执行频率或次数计量的成本动因。例如，设备调整次数、订单数目等。当所有的产出物对作业的要求基本一致时，可选择交易性成本动因。

2. 延续性成本动因

延续性成本动因反映完成某一作业所需要的时间。如果不同数量的产品所要求的作业消耗资源显著不同时，则应采用更为准确的计量标准。例如，工艺流程简单的产品每次所需的设备调整时间较短，而工艺流程复杂的产品所需的设备调整时间较长，如果仅以设备调整次数为成本动因，而忽略每次调整所需时间的差异，则可能导致作业成本计算不实，此时以设备调整所需的时间为成本动因更为合适。

3. 精确性成本动因

精确性成本动因直接计算每次执行每项作业所消耗资源的成本。在每单位时间里进行设备调整消耗的人力、技术、资源等存在显著差异的情况下，则可能需要采用精确性成本动因，直接计算作业所消耗资源的成本。

10.3　作业成本法的实施步骤

10-7 知识讲解

一般认为，作业成本法是一个以作业为基础的管理信息系统。作业成本法以作业为中心。作业的划分从产品设计开始到物料供应，从工艺流程的总装、质检到发运销售全过程。作业成本法通过对作业及作业成本进行确认、计量，最终计算出相对准确的产品成本。同时，经过对所有与产品相关联作业的跟踪，消除非增值作业，优化作业链和价值链，增加需求者价值，提供有用信息，促进最大限度地节约，提高决策、计划、控制能力，以最终达到提高企业竞争力和获利能力，增加企业价值的目的。

在作业成本法下，成本计算程序分为两大阶段5个步骤。第一阶段是将制造费用分配到同质的作业成本库，并计算每个成本库的分配率；第二阶段是利用作业成本库分配率，把制造费用分摊给产品，计算产品成本。其实际操作步骤如下。

10.3.1　定义、识别和选择主要作业

作业调研目标是详细了解企业的经营和作业过程，厘清企业的成本流动次序和导致成本发生的因素，了解各个部门对成本的责任，便于设计作业以及责任控制体系。作业往往分散在企业的组织结构中，随着企业的规模、工艺和组织形式的不同而不同。认定作业可采用以下三种方法：一是绘制企业的生产流程图，将企业的各种经营过程以网络的形式表现出来，每个流程都分解为几项作业，最后将相关或同类作业归并起来；二是从企业现有的职能部门出发，通过调查分析，确定各个部门的作业，再加以汇总；三是召集全体员工开会，由员工或工作组描述其所完成的工作，再进行汇总，这种办法有助于提高全体员工的参与意识，加速作业成本管理的实施。前两种办法可以较快地获取资料，且准确性高，不会对员工造成干扰。

10.3.2　归集资源费用到同质成本库

这些资源通常可以从企业的总分类账中得到，但总分类账并无执行各项作业所消耗资源的成本。一旦选定作业成本动因后，就可按照同质的成本动因将相关的成本归集起来。每个成本库可以归集人工、直接材料、机器设备折旧、管理性费用等，如设备调整人员的工资、福利，调整所用的物料、工具的损耗等。有几个成本动因，就建立几个成本库。建立不同的成本库，并按多个分配标准分配制造费用，这是作业成本法优于传统成本法的地方。

10.3.3　选择成本动因和计算成本库分配率

从中选择一个成本动因作为计算成本库分配率的基准。成本计量要考虑成本动因材料是否易于获得；成本动因和消耗资源之间相关程度越高，现有的成本核算就越精确。各类的资源成本在发生时，已由传统会计进行了记录，反映在应付工资、应付账款、存货等日记账中。在选择成本动因，计算成本库分配率时，要找出与各项作业相关的资源成本，可

以通过现有的计量指标直接进行分配，例如将材料成本归集到消耗材料的加工作业中，也可以通过分析某一职能或某一员工的工作时间在不同作业上的消耗，来分配该职能部门的成本或该员工的工资。然后，根据作业的类型和资源成本的性质来确定成本动因。

10.3.4 把作业库中的费用分配到产品上去

将第3步中计算出来的某成本库分配率，与计算出的某产品成本动因数量相乘，计算得出某产品某成本动因成本。

$$某产品某成本动因成本 = 某成本库分配率 \times 某产品成本动因数量$$

10.3.5 计算产品成本

作业成本计算的目标是计算出产品的成本。直接成本可单独作为一个作业成本库处理。将产品分摊的制造费用，加上产品直接成本，就得到产品成本。

$$某产品成本 = \sum 某产品某成本动因成本 + 直接成本$$

在实际的作业成本法实施项目中，需要灵活运用这些理论，不能盲目照搬。作业成本法理论的要点为作业和成本动因，这从根本上突破了传统成本法的束缚。可以通过定义作业设计与业务一致的成本核算体系，增加作业层次；通过寻找正确的成本动因来发现影响成本的因素，保证成本信息的正确性，使成本信息能够真正指导成本的降低。

10.4 作业成本法的特点及适用对象

10.4.1 作业成本法的特点

作业成本法的主要特点如下。

1. 以"作业"为核心

（1）作业驱动成本。将企业运营分解为一系列作业（如采购、生产准备、质检等），成本通过作业活动间接分配到产品或服务。

（2）动态追踪。关注成本发生的动因（如机器工时、检验次数等），而非简单按产量或人工分摊。

2. 精准的成本分配

（1）多成本动因。根据不同的作业选择多个成本动因（如订单数量、设计变更次数），避免传统单一分摊标准（如直接人工工时）的失真。

（2）区分增值作业与非增值作业。识别并优化低效或浪费的作业，提升成本管理效率。

3. 适用于间接费用高的场景

（1）解决传统方法缺陷。在间接费用占比大、产品多样性高的企业（如制造业、服务业）中，能更准确反映成本结构。

（2）复杂环境优势。适合多品种、小批量生产或服务差异化的场景。

4. 支持管理决策

（1）成本透明度高。提供详细作业成本数据，帮助识别盈利/亏损产品，优化定价和资源配置。

（2）流程改进依据。通过分析作业链，消除非增值活动，降低成本。

5. 分层成本分配

资源→作业→产品：先将资源成本分配到作业，再根据作业消耗分配到最终成本对象，体现成本流转逻辑。

6. 局限性

（1）实施复杂。需详细分析作业和动因，数据收集成本高。

（2）维护成本高。需持续更新作业和动因以适应变化。

（3）不适用于所有企业。间接费用低或产品单一的企业可能收益有限。

10.4.2 作业成本法的适用对象

作业成本法是适应现代高科技生产需要而产生的，一般来说，具备下列特征的企业将从作业成本法中获得更多收益。

（1）企业自动化程度高，高额的制造费用。

（2）企业生产经营规模大，产品种类繁多。

（3）各类产品需要技术服务的程度不同。

（4）生产经营的作业环节多，各批生产运行数量相差很大，且生产准备成本较高。

（5）企业已经较好地实施了适时生产系统和全面质量管理体系。

（6）有先进的计算机技术。

【例 10–1】 某制造厂生产甲、乙两种产品，两种产品 202× 年 1 月的有关成本资料如表 10–1 所示。甲产品为小批量生产，科技含量较高。乙产品为大批量生产，科技含量较低。

表 10–1   甲、乙两种产品 202× 年 1 月的有关成本资料

项 目	甲产品	乙产品
产量 / 件	100	200
机器制造工时 / 小时	200	800
单位直接材料成本 / 元	50	80
单位直接人工成本 / 元	40	30
制造费用总额 / 元	50 000	

该制造厂每月制造费用总额为 50 000 元，与制造费用相关的作业有 4 个，有关资料如表 10–2 所示。

表 10–2　　　　　　　　　　　　　制造厂制造费用

作业名称	成本动因	作业成本/元	作业动因数		
			甲	乙	合　计
质量检验	检验次数	4 000	5	15	20
订单处理	生产订单份数	4 000	30	10	40
机器运行	机器小时数	40 000	200	800	1 000
设备调整准备	调整准备次数	2 000	6	4	10
合　计		50 000	—	—	—

要求：试分别用作业成本法和传统成本法（机器小时作为制造费用的分配标准），计算甲、乙两种产品的单位成本。

解：（1）用传统成本法计算。

　　制造费用分配率 =50 000÷1 000=50

① 甲产品分配制造费用 =50×200=10 000（元）

　　单位制造费用 =10 000÷100=100（元）

　　单位成本 =50+40+100=190（元）

② 乙产品分配制造费用 =50×800=40 000（元）

　　单位制造费用 =40 000÷200=200（元）

　　单位成本 =80+30+200=310（元）

（2）用作业成本法计算。

① 计算成本动因率。

　　质量检验 =4 000÷20=200（元）

　　订单处理 =4 000÷40=100（元）

　　机器运行 =40 000÷1 000=40（元）

　　设备调整准备 =2 000÷10=200（元）

② 甲产品分配的作业成本 =200×5+100×30+40×200+200×6=13 200（元）

　　单位作业成本 =13 200÷100=132（元）

　　单位成本 =50+40+132=222（元）

③ 乙产品分配的作业成本 =200×15+100×10+40×800+200×4=36 800（元）

　　单位作业成本 =36 800÷200=184（元）

　　单位成本 =80+30+184=294（元）

通过计算可知，用作业成本法和传统成本法计算两种产品成本时，结果是不一样的。采用作业成本法，甲产品单位成本由传统成本法下的190元提高到了222元，增加了32元；而乙产品单位成本则由传统成本法下的310元下降到294元，下降了16元。由此可以判断，在传统成本法下，批量小、科技含量较高的产品的成本常常被低估；而那些批量大、科技含量较低的产品的成本则常常被高估。产生差异的主要原因是，在传统成本法下，只采用单一的分配标准分配制造费用；而在作业成本法下，采用了多元化的分配标准分配制造费用，即为不同的作业耗费选择相应的成本动因来向产品分配费用。所以，作业成本法与传统成本法相比，其成本计算的准确性大大提高。

10.5 作业成本法的应用

10-8 知识讲解

10.5.1 作业成本法在国内外的应用

在20世纪70年代初,著名学者乔治·斯托布斯教授在《作业成本计算和投入产出会计》一书中提出了作业会计、作业成本等要领和作业成本处理方法。1988年罗宾·库珀和罗伯特·卡普兰正式提出作业量基准成本计算方法及作业量基准成本管理、作业成本管理等概念和方法。2006年,美国会计学会管理会计学部(Management Accounting Section of the American Accounting Association)授予哈佛大学的罗伯特·卡普兰教授2006年度管理会计终身贡献奖(Lifetime Contribution Award to Management Accounting Award),成为自2001年美国会计学会管理会计学部决议设立该奖项以来第五位获奖者。罗伯特·卡普兰教授还发表了题为《管理会计的竞争优势》的演讲,指出作业成本法和平衡计分卡在管理会计系统领域所做出的理论、实践创新和贡献,二者拥有坚实的经济学基础,并强调作业成本法和平衡计分卡在实践应用中取得成功的关键。作业成本法的诞生是由于科学技术的进一步发展、内外部生产环境的变化,是一种较切合现代高新技术生产环境的成本计算方法。随着时代的发展,技术上的变化使许多公司的生产制造环境发生了显著的改变,使用大量的机器和由计算机控制的仪器设备,提高了生产制造过程的自动化程度,减少了从事直接生产的人工。而许多早期的会计系统主要是为人工成本的计量和报告而设计的,已不适用于自动化生产的要求。并且,随着经营复杂性的增加,产品、服务的多样化也随之增加,要求更为精确地定量资源消耗,也需要更为准确的产品组合、定价和其他决策的成本信息。作业成本法是一个非常好的工具来解决这种费用的分配,不论产量高低、制造工艺复杂与否,计算出来的产品成本较准确地反映产品与其所耗资源之间的因果关系,更接近于真实成本。目前,国内外许多企事业单位已经实施作业成本法以改善原有的会计系统,增强企业竞争力。

作业成本法适用于所有行业。国内作业成本法典型应用案例就是计算铁路运输成本,随着我国制造企业开始推广使用作业成本法,铁路运输、物流、教育、传媒、航空、医疗、保险等行业或部门的企业也陆续开始应用作业成本法。作业成本法在企业的具体应用过程中,逐渐开始超越单一的精确计算成本的职能,在生产决策、企业定价决策、企业内部转移价格的制定、供应商的选择与评价、客户关系管理等方面发挥着管理的职能,开始了多方位的作业成本管理实践探索。

10-9 拓展阅读

10.5.2 作业成本法应用中需要注意的事项

作业成本法与准时制生产系统配合使用,可实现技术、管理和经济的统一。但是作业成本法作为先进成本计算方法、先进管理方法和先进管理思想相统一的综合管理体系,其应用在很大程度上具有灵活性,并不绝对地为环境条件所限制。普通企业不仅可以利用作业成本法改善企业管理,还可以将其作为辅助手段根据实际需要部分的应用作业成本法。

(1)应用作业管理思想。企业应适应买方市场的环境特点,深入开展增值性分析和因果联系分析，关注增值性成本与产品服务、顾客的因果联系，以高质量、低成本、适销对路的产品保证企业的生存和持续发展。

（2）根据产品的特性制定售价。在传统成本法下，产量高、复杂程度低的产品成本往往高于其实际发生成本；产量低、复杂程度高的产品成本往往低于其实际发生成本。根据这一结论，对那些产品规格特殊且无明显市价规则、价格弹性也很低的产品，企业可以适当提高售价，赚取高额利润；对那些产量高、复杂程度低、市场竞争激烈的产品，企业可以适当降低售价，扩大市场占有率，赚取较高利润。

（3）企业根据实际情况对部分产品采用作业成本法。当企业参照市场、行业、竞争对手等相关信息，发现传统成本法提供的产品成本信息不够准确，影响企业决策的正确性时，可以部分地采用作业成本法重新计算产品成本。例如，企业产量较高的某类产品的定价出乎意料地高于市场价格或竞争对手的同类产品价格，则有可能是传统成本计算高估了产量高、复杂程度低的产品成本。又如，两类产品的工艺复杂程度相差很大，但会计资料却显示二者的产品成本相近，可能是传统成本计算低估了工艺复杂、产量低的产品成本，高估了工艺简单、产量高的产品成本所致。

（4）可以采用多个分配标准分配间接成本。企业可根据导致成本发生的不同作业，采用多个分配标准分配间接成本，提供相对准确的成本信息，而不再局限于直接人工或机器工时标准。

（5）可以局部使用作业成本法。对于相对重要或者管理难度大的部门，企业可以局部使用作业成本法，立足于作业层次进行管理，充分利用非财务信息，结合财务信息进行业绩评价与考核。

（6）受环境变化影响较大的企业，可以对其生产经营过程进行经常性的作业分析和过程分析，进行作业链、价值链管理，在变化的环境中实现局部或整体的优化组合。

作业成本法不仅是一种先进的成本计算方法，还是实现成本计算与控制相结合的全面成本管理制度。在实际的应用中，应先分析实施作业成本法面临的问题，然后为作业成本法的顺利实施准备充分的条件，坚持作业成本法与目标成本法、改进成本法、生命周期成本法、限制理论等其他管理会计理论与方法相结合。

本 章 小 结

本章介绍了作业成本法的内涵及作业成本管理、作业成本法的核算要素、作业成本法的实施步骤、作业成本法的特点及适用对象、作业成本法的应用。本章重点是作业成本法的内涵及应用。

关 键 术 语

作业　资源　成本动因　准时制生产　作业成本法

综合练习

一、简答题

1. 作业成本法的内涵。
2. 作业成本法实施过程中注意的事项。
3. 作业成本法的产生背景及应用。
4. 作业成本法的核算要素。
5. 作业成本法的实施步骤。

二、名词解释

作业成本法　作业　资源　成本动因　准时制生产

三、实训题

课题 10-1：作业成本法在企业中的应用调查研究。

实训项目：作业成本法在企业中的应用调查。

实训目的：了解作业成本法在企业中的应用。

实训内容：收集相关的信息，分组讨论作业成本法实施的条件。

实训要求：参加实训的学生分成 2 组，分别收集本市实施作业成本法的企业，分组进行讨论。

10–11 拓展阅读

10–12 拓展练习

第四篇 业绩评价与考核会计篇

第11章

责 任 会 计

教学要点

知识要点	能力要求	相关知识
责任会计概述	能按照实施责任会计的基本原则建立责任会计制度，并且实施责任会计	（1）分权管理与责任会计 （2）责任会计的基本内容 （3）实施责任会计的基本原则 （4）责任会计的作用
责任中心	掌握各责任中心的划分及考核标准	（1）成本中心 （2）利润中心 （3）投资中心 （4）成本中心、利润中心和投资中心的关系 （5）收入中心 （6）责任预算和报告
内部结算价格	掌握各种内部结算价格的制定	（1）内部结算价格的作用和制定原则及要求 （2）内部结算价格的类型 （3）内部结算价格的运用

 导入案例

11-1 政策法规

某公司责任会计职位描述

某公司招聘责任会计人员，主要职责描述如下。

（1）确定责任单位，明确责任指标，使公司内部的各个部门都有定量的经济责任指标（资金、成本费用、利润），分解公司总指标，落实到责任单位。

（2）经营指标跟踪、为公司经营分析提供数据支持、重大经营事项的披露。

（3）按责任中心进行考核、分析，对各责任单位指标完成情况进行考核，在考核的基础上进行奖罚。

（4）负责考核管理、对考核过程中发生的非常规事项及时跟进。

（5）监督业务流程的执行，对流程执行不到位的及时提出并予以解决。

（6）完成领导交办的其他任务。

11-2 拓展案例

上述案例具体列举了责任会计职位的职责。什么是责任会计，如何实施责任会计，是本章要学习的内容。

11.1 责任会计概述

全面预算明确了企业的目标，而目标需要落实到企业内部的各个部门。因此，企业在分权管理的环境下，需要建立和健全有效的业绩评价及考核制度。

11.1.1 分权管理与责任会计

1. 分权管理

第二次世界大战后，随着企业经营的日益复杂化和多样化，企业规模不断扩大，管理层次逐渐增多，组织机构非常复杂，分支机构遍布世界各地。企业高层为了对企业进行有效管理，纷纷实施分权管理。所谓分权就是现代企业组织为发挥低层组织的主动性和创造性，把生产管理决策权分给下属组织，最高领导层只集中少数关系全局利益和重大问题的决策权。

分权管理的主要表现形式是决策权部门化，即在企业中建立一种具有半自主权的内部组织机构。企业通过向下层层授权，使每个部门都拥有一定的权力和责任。在企业整体目标的制约下，高层管理机构把一些日常的经营决策权直接授予负责该经营活动的责任中心，使其能针对具体情况及时作出处理，避免逐级汇报延误决策时机而造成损失，并充分调动各单位经营管理的积极性和创造性。分权管理通常适用于企业规模较大、产品品种多、市场变化快、地区分布较分散的产业。

在实行分权管理以后，为了防止各个分权单位片面追求局部利益而损害企业整体利益行为的发生，必须严格推行"经济责任制"，其内容是明确企业内部各单位的经济责任，赋予其相应的管理权力，同时联系经济利益，即责、权、利挂钩。

2. 责任会计

企业越是下放经营管理权，就越要加强内部控制。于是很多大型企业将各个部门按其权力和责任的大小划分为成本中心、利润中心、投资中心等责任中心，实行分权管理。

在实行分权管理的情况下，如何协调各分权单位之间的关系，使各分权单位之间及企业与分权单位之间在工作和目标上达成一致，如何对分权单位的经营业绩进行计量、评价和考核，就显得非常重要。责任会计制度就是为了满足这些需求而产生的。

责任会计制度是现代分权管理模式的产物，它通过在企业内部建立若干个责任中心，并对其分工负责的经济业务进行计划与控制，以实现业绩考核与评价。这种制度要求：根据授予各级单位的权力、责任及对其业绩的评价方式，将企业划分为各种不同形式的责任中心，建立起以各责任中心为主体，以权、责、利相统一为特征，以责任预算、责任控制、责任考核为内容，通过信息的积累、加工和反馈而形成的企业内部控制系统。责任会计就是要利用会计信息对各分权单位的业绩进行计量、控制与考核。可见，责任会计是分权管理模式的产物,是企业庞大的组织机构分而治之的必需物。责任会计实质上是为强化企业内部各单位经营责任而实施的一种内部控制制度,是适应经济责任制的要求,把会计资料同各责任单位联系起来的一种信息系统。

"责任会计"一词源于西方,是指以企业内部的各个责任中心为会计主体,以责任中心可控的资金运动为对象,对责任中心进行控制和考核的一种会计制度。责任会计是会计核算和会计管理向企业内部纵深发展而出现的一种服务于企业内部的会计制度。这种制度要求在企业内部以可控责任为目标划分责任中心,然后为每个责任中心编制责任预算并按责任中心组织核算工作,最后通过预算与实际执行结果的比较来考核各个责任中心的业绩并兑现奖惩。责任会计是适应分权管理的要求,在企业内部建立若干责任单位,对各责任单位权责范围内的生产经营活动进行规划及业绩考评的内部控制制度。责任会计是通过编制责任预算来实现控制作用的。责任预算是全面预算的分解,全面预算是责任预算的合成。责任会计的关键是控制问题,成本被逐渐累积并由各个管理层逐级上报,下级部门只对其可控成本负责。

责任会计引入我国会计领域已有很长时间,我国的责任会计源于厂内经济核算。我国的许多企业,从 20 世纪 50 年代就开始推行以班组核算为基础的厂内经济核算;20 世纪 60 年代,又开始推行与目标管理相类似的资金、成本归口分级管理形式,这些都可看作我国责任会计的雏形。进入 20 世纪 80 年代,随着经济体制的改革深入和经济责任制的普遍推行,把厂内经济核算纳入经济责任制的范围,使之成为贯彻、落实经济责任制的重要手段;从过去责、权、利脱节发展到责、权、利紧密结合,实现了从过去单纯的行政管理向用经济办法进行管理的重大转变,使责任会计焕发出蓬勃的生命力。责任会计的主要特点:以群众核算为基础,同企业内部经济责任体系相结合;设立"厂内银行",将"准货币关系"引入企业内部的经营管理;新产品开发要求产品设计部门落实经济责任,实现技术与经济的统一。

11-4 拓展阅读

11.1.2 责任会计的基本内容

责任会计是企业为了有效地控制各责任中心的职责履行情况,并合理地确定与其职责履行相关的经济利益,而建立的一套行之有效的,能及时和正确反映、评价和考核各责任中心实际经营业绩的企业内部会计制度。一套完整的责任会计制度包括:划分责任中心、规定责任范围、确定责任目标、建立责任核算系统、建立企业内部结算制度、编制责任报告、考评工作业绩。

1. 责任会计制度的建立

(1) 将企业内部单位划分为一定的责任中心,赋予一定的经济责任和权力。实行责任会计,首先应根据企业内部的管理需要,合理设置责任中心。也就是将企业内部的各部门、各单位划分为若干个责任中心,并依据各责任中心经营活动的特点,明确规定其权责范围,使其能在权限范围内,独立自主地履行职责。

(2) 确定业绩评价的方法。企业要建立健全严密的信息收集、加工系统,落实责任、分析偏差、指导行动,充分发挥信息反馈作用,促进企业的生产经营活动沿着预定目标卓有成效地进行。

（3）根据经济责任完成情况制定相应的奖惩制度。企业制定合理而有效的奖惩办法，按各自的工作成果进行奖惩，鼓励先进，鞭策落后。

2. 实施责任会计

（1）编制责任预算，确定考核标准。责任会计应当科学地分解企业的总体目标，将企业的全面预算层层分解，具体落实到每个责任中心，编制成责任预算，将其作为各责任中心开展经营活动、评价工作业绩的基本标准和主要依据。

（2）核算预算的执行情况。对每一个责任中心建立起预算执行情况的跟踪系统，定期对实际数与预算数作对比，找出差异，分析原因，控制和调节经营活动。

（3）分析、评价和报告业绩。通过定期编制业绩报告，对各责任中心的工作成果进行分析和评价，以实际成果的好坏为标准进行奖惩，从而最大限度地调动各责任中心的积极性，促使它们相互协调，提高生产经营效率。

11.1.3 实施责任会计的基本原则

责任会计是用于企业内部控制的，企业可以按各级管理部门设置责任中心建立责任会计的核算，因而企业可以根据各个责任中心的不同特点来确定责任会计的具体形式，但是无论实施何种形式的责任会计都应当考虑和遵循下述原则。

1. 责、权、利相结合的原则

责、权、利相结合的原则就是要明确各个责任中心应承担的责任，同时赋予其相应的管理权力，还要根据其责任的履行情况给予适当的奖惩，使各级管理部门在充分享有经营决策权的同时，也对其经营管理的有效性承担相应的经济责任。责、权、利相结合的原则要求在责任会计中，应当为每个责任中心、每笔收支和每项消耗定额确定具体的负责人；赋予责任者与其承担职责范围大小相适应的权力；规定相应的业绩考核标准。责任会计所突出的是一个"责"字，可以认为责任会计核算和控制的是责任中心所承担的责任。责任大、权则大、利相应也大，反之亦然。只有贯彻责、权、利相结合原则，才能充分调动各责任中心的主观能动性。

2. 总体优化原则

总体优化原则就是要求各责任中心目标的实现要有助于企业总体目标的实现，使两者的目标保持一致。当经营决策权授予各级管理部门时，实际上就是将企业的整体目标分解成各责任中心的具体目标。各责任中心的具体目标必须始终注意与企业的整体目标保持一致，避免因片面追求局部利益而损害整体利益。

3. 公平性原则

公平性原则就是各责任中心之间相互经济关系的处理应该公平合理，应有利于调动各责任中心的积极性。责任会计对各责任中心之间相互经济关系的处理公平与否直接关系到各责任中心的切身利益。为了公正地维护各责任中心的切身利益，责任会计核算的内容和核算方法应遵循公平性原则。

4. 可控性原则

可控性原则是指各责任中心只能对其可控制和管理的经济活动负责。对各责任中心的业绩考核与评价，必须以责任中心自身能够控制为原则。如果一个责任中心，自身不能有效地控制其可实现的收入或发生的费用，也就很难合理地反映其实际工作业绩，从而也无法做出相应的评价与奖惩。在一个全面实行责任制的企业中，可控与不可控是相对的，要根据具体情况来确定。不同的责任层次，其可控的范围也不一样，一般责任层次越高，其可控的范围就越大。从总体来看，企业所有的收入、费用、利润、资金都是可以控制的，但并不是每个人都能控制的。正因为这样，企业管理部门在确定各责任中心的可控范围时，应适应经济环境的变化，针对不同情况做出具体规定，力求做到既要防止因职责不清而相互推诿，又要激励各责任中心勇挑重担，恪尽职守，充分发挥他们的主观能动性。

5. 反馈性原则

反馈性原则就是要求各责任中心对其生产经营活动提供及时、准确的信息，提供信息的主要形式是编制责任报告。必须保证以下两个信息反馈渠道的畅通：一是向各责任中心的信息反馈渠道，以便各责任中心能够及时了解预算的执行情况，采取有效的措施调整偏离目标或预算的差异；二是向责任中心上级的信息反馈渠道，以便上级管理部门做出适当反应。

6. 重要性原则

重要性原则也称例外原则，就是要求各责任中心对其生产经营过程中发生的重点差异进行分析、控制。注意在全面中突出重点，注意成本效益性。

7. 激励原则

激励原则要求对各责任中心的责任目标、责任预算的确定相对合理。其包括两个方面：一是目标合理、切实可行；二是经过努力完成目标后所得到的奖励与所付出的努力相适应。

案例 11.1

海尔集团实施责任会计

海尔集团自其成立以来，一直进行跨越式的发展，其成功经验具有一定的借鉴意义。从 2001 年年底开始，海尔集团提出 SBU（Strategic Business Unit，战略事业单位，又称战略业务单元）建设，同时创造性地提出了 SBU 损益表的操作思路，将海尔的国际化目标进一步分解落实到每人、每天、每个产品。SBU 将企业的一张财务报表转化为每个责任单位独自的财务报表，集团的员工都是主体，都能够自我增值。损益表提供每人每天的投入、费用、产出的信息，实现管理和考核明确到人，将集团整体的经营目标转化为每个具体责任单位的目标和工作动力，极大地调动了员工的工作积极性，在满足顾客需要的同时实现员工的自我价值。

实行SBU以后，我们可以看到：海尔将原来分属于每个事业部的财务、采购、销售业务全部分离出来，合并为独立的责任单位，实现了集团统一的营销、采购、结算，优化了管理资源和市场资源的配置，实现了组织结构的扁平化，提高了集团管理系统的效率。海尔现行经营管理体制深入到每个人，划分到更加具体的责任单位，使绩效考核更加严密，更加有效。责任精确到人的做法可以促使职工转变观念，发挥主动性和创造力，促进企业整体利益的实现。例如，采购人员A原来只负责采购铁管，但现在作为一个责任单位，要对经营成果负责，即成为铁管的经营者。他现在不能简单地考虑铁管的进价，要综合运费、仓管费用和废品损耗等问题来考虑铁管的采购。SBU通过对采购人员的所有费用支出和采购货品的使用进行监督和考核，通过SBU损益表计算该采购人员的薪酬，实现考核到位。从海尔的经营管理体制可以看出：首先，公司高层对SBU的实施有足够的重视，项目实施目标明确；其次，评估方法的选择综合了集团的实际；最后，科学的考核和激励措施提高了员工的积极性，完善了以人为本的企业文化。

11.1.4 责任会计的作用

责任会计是社会化大生产和企业实行分权管理、推行内部经济责任制的产物，它的建立对于促进企业转变经营机制，增强企业活力，完善经济责任制等具有重要作用。实施责任会计对强化企业内部控制，正确评价企业内部各责任中心的工作，提高企业经济效益都十分有必要。责任会计的作用具体表现在以下几个方面。

1. 有利于贯彻企业内部经济责任制

责任会计与企业内部经济责任制有着十分密切的内在联系，即责任会计是适应经济责任制的要求而产生和发展的。经济责任制的实行又必须依靠责任会计，才能使其在科学的基础上持久地坚持下去。

2. 有利于各责任中心的目标同企业的整体目标保持一致

为了保证系统整体目标的实现，系统内各局部的分目标与系统的整体目标必须保持一致。在进行责任控制时，同样注意各责任中心的目标与企业整体目标的一致性，如果各责任中心的目标都完成了，企业的整体目标也就能够得以实现。

3. 有利于促进企业分配制度的合理化

11-5 拓展阅读

11-6 知识讲解

实行责任会计以后，企业物质利益分配的参照标准是各责任中心责任预算完成的质和量。责任会计核算提供的信息，能使企业的分配建立在有充分依据的基础之上，这就有利于打破平均主义、打破职工吃企业"大锅饭"的现象，促进企业分配制度的合理化。

11.2 责任中心

建立责任机制可以保证企业活动有序进行。从管理控制系统的结构的角度来看，一个公司可以看作是由许多责任中心组成的网络。因为公司的每个人都承担着一定的责任，而且大多数公司都将员工分成组，所以每个组都可以被视为一个责任中心。责任中心（Responsibility Center）是指根据其管理权限承担一定的经济责任，并能反映其经济责任履行情况的企业内部单位。责任中心也叫责任单位，其基本特征是责、权、利相统一。凡是管理上可分、责任上可以辨认、成绩上可以单独考核的单位，都可以划分为责任中心，大到分公司、地区工厂或部门，小到车间、班组或某一机台。根据责任中心控制的区域和权责范围的大小，责任中心可以分为成本中心、利润中心、投资中心和收入中心。

11.2.1 成本中心

所谓成本中心（Cost Center）是指只发生成本（费用）而不取得收入的责任中心。成本中心只考核发生的成本和费用，不考核其收入。成本中心工作成果的评价与考核，主要是通过一定期间实际发生的成本同其"责任预算"所确定的预计数进行对比来实现的。

一般情况下，将成本中心划分为两种类型：标准成本中心和费用中心。标准成本中心通常是以"标准成本"作为评价和考核的依据；费用中心则以一定的业务工作量为基础，事先按期编制"费用弹性预算"，作为评价和考核实际费用水平的尺度。标准成本中心与费用中心的区别在于：前者的活动可以为企业提供一定的物质产品（如生产一定的在产品和半成品），但它们在企业外部没有相应的销售市场，难以客观地形成可以综合反映其工作成果的货币收入；后者主要是指为企业提供一些专业性劳务的服务部门（如财务、工艺技术、行政管理等部门），不便于将它们的工作成果确切地表现为货币收入。

成本中心的应用范围广泛，凡是企业内部有成本发生的，需要对成本负责的，并能进行控制的单位都是成本中心。这类责任中心大多是指只负责产品的生产部门、劳务提供部门以及给予一定费用指标的企业管理科室。

1. 责任成本

当实行责任会计时，对成本中心发生的各项成本必须分为可控成本和不可控成本。为发挥责任会计的积极作用，明确成本的"可控性"具有重要意义。在责任中心的成本中，能为这个责任中心所控制的、能为其工作好坏所影响的成本，都属于可控成本，否则，就是不可控成本。对于成本中心，应以其可控成本作为评价和考核的主要依据，不可控成本只具有参考意义。各个成本中心在完成工作任务的同时，应积极采取有效措施，巩固成绩，消除缺点，促使其可控成本不断下降；对于不可控成本，则非其力所能及，就不作要求了。

成本中心只能对其可控成本负责。一般情况下，满足下列条件的为可控成本：①责任中心能够通过一定的方式了解将要发生的成本；②责任中心能够对成本进行计量；③责任中心能够通过自己的行为对成本加以调节和控制。

从成本的发生与各个成本中心的关系来看，由各个成本中心直接发生的成本，属于直接成本；由其他部门分配来的成本，属于间接成本。一般来讲，前者大多是可控成本，后者大多是不可控成本。一个成本中心的间接成本实际上又分为两种情况：①一些部门为生产部门提供服务，只是为生产部门正常开展生产活动提供必要的条件，和生产活动本身并无直接的联系；②一些部门为生产部门提供服务，其服务量是生产部门在生产中"耗用"的，可随生产部门的生产需要而改变。前一类间接成本通常是由有关部门按期分配一个固定数字，属于不可控成本。后一类间接成本如果采用不正确的方法进行分配，对于受分配的部门来说，也是不可控成本；但是如果适应责任会计的要求，采用正确的方法进行分配，这一类间接成本就可以变成可控或部分可控的成本了。

责任成本与产品成本的区别在于，责任成本是以责任中心为对象归集的成本，其特征是谁负责、谁承担；而产品成本则是以产品为对象归集的成本，其中既包括了各责任中心的可控成本，又包括了各责任中心的不可控成本。

就责任成本与产品成本的联系而言，两者在性质上是相同的，同为企业在生产经营过程中的资源耗费。

2. 成本中心的考核指标

由于成本中心的职责比较单一，因此成本中心的考核也比较简单，主要是责任成本，即将成本中心实际发生的责任成本同预算的责任成本或目标成本进行比较，包括责任成本降低额和降低率，其计算公式如下。

责任成本降低额 = 责任成本的预算数额 − 责任成本的实际发生数额

责任成本降低率 =（责任成本降低额 ÷ 责任成本的预算数额）×100%

需要注意的是，如果预算产量与实际产量不一致时，应按弹性预算的方法首先调整预算数，然后计算上述指标。

【例11–1】某成本中心生产 A 产品，预算产量为 800 台，单位成本 100 元；实际产量 1 000 台，单位成本 90 元。要求：计算该成本中心的成本降低额和成本降低率，同时进行分析和评价。

解：成本降低额 =1 000×100−1 000×90= 10 000（元）

成本降低率 = 10 000÷（1 000×100）×100%=10%

进一步分析该成本中心成本降低的原因如下。

由于产量增加，影响的成本降低额为：（1 000−800）×100= 20 000（元）

由于单位成本降低，影响的成本降低额为：（90−100）×1 000 = −10 000（元）

由于单位成本降低使成本降低了 10 000 元，由于产量增加使得成本超支了 20 000 元，最终使得成本中心成本上升了 10 000 元。

11.2.2 利润中心

所谓利润中心（Profit Center）是指既发生成本，又取得收入，还能根据收入与成本计算利润的一种责任中心。利润中心是对利润负责的责任中心，由于利润等于收入减去成本和费用，所以利润中心实际上既要对收入负责，又要对成本和费用负责。这类责任中心一般是有产品或劳务生产经营决策权的部门，其往往处于企业内部较高管理层次、拥有独立收入来源、能独立进行会计核算的责任单位，如分公司、分厂等。与成本中心相比，利润中心的权力更大，责任也更大，是比成本中心高一个层次的责任中心。一个利润中心通常包括若干个不同层次的下属成本中心。

1. 责任利润

利润中心的成本和收入对利润中心来说必须是可控的，以可控收入减去可控成本就是利润中心的可控利润，也就是责任利润。一般来说，企业内部的各个单位都有自己的可控成本，所以成为利润中心的关键在于是否存在可控收入。利润会计中的可控收入通常包括以下三种。

（1）对外销售产品而取得的实际收入

如果利润中心有产品销售权，能够对外销售产品，就会取得实际收入，因为获取实际收入就可以计算实现的利润，所以这类责任中心可以称为自然利润中心。

（2）按照包含利润的内部结算价格转出本中心的完工产品而取得的内部销售收入

如果利润中心的产品不能直接对外销售，而只是提供给企业内部的其他单位，那么取得的收入就是不对外销售的实际收入，即企业内部销售收入。这种内部销售收入与该利润中心完工产品的差额，就是所谓的内部利润（或称生产利润）。由于这种内部利润并非现实的利润，因而创造内部利润的这种利润中心可以称为人为利润中心。

（3）按照成本型内部结算价格转出中心的完工产品而取得的收入

这类利润中心的产品只提供给企业内部的其他单位。这类利润中心的收入实际上是按照计划成本转出的完工产品的总成本。这类利润中心将按照计划成本转出的完工产品总成本与完工产品实际成本的差额视为内部利润。不难看出，这种内部利润实际上就是产品成本差异，只是在此使用了内部利润的概念。从这个意义上讲，大多数成本中心都可以视为人为利润中心。

对利润中心工作的业绩进行考核的重要指标是可控利润，即责任利润。将利润中心的实际责任利润与预算责任利润进行比较，可以反映出利润中心预算责任利润的完成情况。将完成情况与对利润中心的奖惩结合起来，可以进一步调动利润中心增加利润的积极性。

2. 利润中心的分类

（1）自然利润中心。

自然利润中心必须拥有产品销售权，还应赋予其相应的产品定价权、材料采购权和生产决策权。企业的内部单位只要具有产品销售权，就能直接对外销售产品，通常就可定为自然利润中心。但是，只有兼有产品定价权、材料采购权和生产决策权的自然利润中心才是完全的自然利润中心，否则就是不完全的自然利润中心。一般来说，只有独立核算的企业才能具备作为完全自然利润中心的条件，企业内部的自然利润中心应属于不完全的自然利润中心。企业的销售部门属于不完全的自然利润中心。对销售部门来说，其责任利润为当期所取得的销售净收入扣除税金、产品计划成本和可控销售费用后的余额。此外，销售部门还应对本部门的可控经费支出承担责任。例如，采用事业部制的公司，每个事业部一般有供产销的职能，独立性很大，那么这里的事业部一般就可以视为自然利润中心。

11-7 拓展阅读

（2）人为利润中心。

人为利润中心的特点是其产品只在企业内部流转，因而只能取得企业内部收入。人为利润中心在收入的计算上采用了两种不同的计价基础：一是包含利润的内部结算价格；二是成本型内部结算价格。这两种计价基础的差别是明显的:前者的利润是在生产过程中业已创造,但尚未实现的利润;后者的利润其实只是产品成本差异。为了使责任中心能够更明确地体现其特点,本书只把前者称为人为利润中心,而把后者仍称为成本中心。例如,有些规模比较大的钢铁公司,可以分成采矿、炼铁、炼钢等几个部门,这些部门的产品主要在企业内部转移,这些生产部门可视为人为利润中心。

3. 利润中心的考核指标

利润中心工作成果的评价与考核,主要是通过一定期间实际实现的利润同"责任预算"所确定的预计利润进行对比,进而对差异形成的原因和责任进行具体分析,借以对其经营上的得失和有关人员的是非功过做出较全面而正确的评价。由于利润中心既对成本负责,又对收入和利润负责,因而对利润中心进行评价与考核时应以销售收入、边际贡献与税前净利润等指标为重点考核内容,也就是衡量实际的销售收入、销售成本和税前净利润是否达到目标销售额、目标销售成本和目标利润的水平。其中,目标利润的完成情况是考核的关键,考核时应注意,凡不属于某一利润中心的收入和成本,尽管已由该中心收进和支付,也应予以剔除,转给其他责任中心。

11-8 拓展阅读

另外,如果共同固定成本全数留在企业高层管理部门、不分配给各利润中心,则各利润中心的边际贡献减去自身直接发生的固定成本以后应是"利润总额"。如果将利润中心本身直接发生的固定成本再分为利润中心负责人可控专属固定成本和不可控专属固定成本两部分,则边际贡献总额减去可控专属固定成本为"利润中心负责人可控利润",利润中心负责人可控利润再减去不可控专属固定成本为"利润中心可控利润"。"利润中心负责人可控利润"指标主要用于评价考核利润中心负责人的业绩,而"利润中心可控利润"指标则是用来考核该利润中心的业绩。

【例 11-2】 某企业的某一利润中心的有关数据如下:该部门的销售收入为 120 000 元,该部门销售产品的变动生产成本和变动销售管理费用合计为 70 000 元,该部门负责人可控的专属固定成本为 10 000 元,不可控专属固定成本为 15 000 元。计算该利润中心的考核指标。

解:边际贡献总额 =120 000 –70 000=50 000(元)

利润中心负责人可控利润 =50 000 –10 000=40 000(元)

利润中心可控利润 =40 000 –15 000=25 000(元)

11.2.3 投资中心

1. 投资中心的概念

所谓投资中心(Investment Center)是指既发生成本,又取得收入、获得利润,还有权进行投资的一种责任中心。这种责任中心不仅要对责任成本、责任利润负责,还要对投资的收益负责。显然,投资中心拥有较大的生产经营决策权,实际上相当于一个独立核算的企业,如总公司下属的独立核算的分公司或分厂等。

投资的目的是获得利润,因此,投资中心同时也是利润中心,但它控制的区域和职权范围比一般的利润中心要大得多。它拥有投资决策权,能够相对独立地运用其所掌握的资金购置和处理固定资产,扩大或缩小生产能力。通常这类责任中心仅限于责任大、权限大的单位。投资中心是分权管理模式中最突出的表现形式,在当今世界各国,大型集团公司下面的分公司、子公司、分厂往往都是投资中心。

在组织形式上,收入中心、成本中心基本上不是独立的法人,利润中心既可以是独立的法人,也可以不是独立的法人,但投资中心一般都是独立的法人。

2. 投资中心的评价指标

对投资中心的考核包括投资项目本身效果的评价和投资中心经营业绩的评价两个方面。投资中心经营业绩的评价指标除利润外,主要是投资报酬率和剩余收益。

(1) 投资报酬率。

投资报酬率也叫投资利润率,是投资中心获得的营业利润与投资额之间的比率。它是全面评价投资中心各项经营活动的综合性质量指标,其计算公式如下。

$$投资报酬率 = (营业利润 \div 投资额) \times 100\%$$
$$= 资本周转率 \times 销售成本率 \times 成本利润率$$

【例 11-3】 某公司下属 A、B 两个分公司均为投资中心。报告期 A 公司经营资产平均余额为 280 万元,利润为 56 万元;B 公司经营资产平均余额为 200 万元,利润为 50 万元。

要求:计算 A、B 两个分公司的投资报酬率。

解:A 公司投资报酬率 =56÷280×100%=20%

B 公司投资报酬率 =50÷200×100%=25%

计算结果表明,B 公司的经营业绩优于 A 公司。

但是,投资报酬率作为评价投资中心经营业绩的指标也有其局限性,有的投资中心可能为了达到较高的投资报酬率而采取减少投资的方式,导致个别投资中心局部目标与企业总体目标不一致。

(2) 剩余收益。

剩余收益是指投资中心所获得的息税前利润减去该中心占用的投资额按规定的最低投资报酬率计算的投资报酬后的余额,其计算公式如下。

$$剩余收益 = 息税前利润 - (投资额 \times 规定的最低投资报酬率)$$

把剩余收益作为评价和考核经营成果的标准,可以鼓励投资中心负责人乐于接受比较有利的投资,使部门的目标和企业整体目标趋于一致。

【例 11-4】 假定在例 11-3 中,该公司改用剩余收益指标评价和考核 B 公司。该公司各投资中心的最低投资报酬率为 20%,计算 B 公司生产新产品的剩余收益。

解:B 公司生产新产品的剩余收益 =500 000–2 000 000×20%=100 000(元)

计算结果表明:B 公司可以增加剩余收益 100 000 元,当然乐意接受该项投资项目。利用剩余收益指标评价投资中心的经营业绩可以使投资中心局部利益与企业总体利益趋于一致。

【例 11-5】 希捷公司下设 A 和 B 两个投资中心,该公司加权平均投资报酬率为 10%。公司拟追加 30 万元的投资。有关资料如表 11-1 所示。

要求:根据表 11-1 中资料评价 A 和 B 两个投资中心的经营业绩。

表 11-1　　　　　　　　　　　　投资中心考核指标的计算

单位：万元

项目		投资额	利润	投资报酬率	剩余收益
追加投资前	A 中心	40	2	5%	2−40×10% =−2
	B 中心	60	9	15%	9−60×10% =+3
	合计	100	11	11%	11−100×10% =+1
A 投资中心追加投资 30 万元	A 中心	40+30=70	2+2.2=4.2	6%	4.2−70×10% =−2.8
	B 中心	60	9	15%	9−60×10% =+3
	合计	70+60=130	4.2+9=13.2	10.1%	13.2−130×10% =+0.2
B 投资中心追加投资 30 万元	A 中心	40	2	5%	2−40×10% =−2
	B 中心	60+30=90	9+4.2=13.2	14.7%	13.2−90×10% =+4.2
	合计	40+90=130	2+13.2=15.2	11.8%	15.2−130×10% =+2.2

由表 11-1 可知，以投资报酬率作为考核指标，在追加投资后，A 投资中心的利润率由 5% 提高到了 6%，B 投资中心的利润率由 15% 下降到了 14.7%，所以向 A 投资中心投资比向 B 投资中心投资好；但以剩余收益作为考核指标，A 投资中心的剩余收益由原来的 −2 万元变成了 −2.8 万元，B 投资中心的剩余收益由原来的 3 万元增加到 4.2 万元，所以应当向 B 投资中心投资。

如果对整个公司进行评价，就会发现 A 投资中心追加投资时全公司总体投资报酬率由 11% 下降到 10.1%，剩余收益由 1 万元下降到 0.2 万元；B 投资中心追加投资时全公司总体投资报酬率由 11% 上升到 11.8%，剩余收益由 1 万元上升到 2.2 万元，这与以剩余收益指标评价各投资中心的业绩结果一致。所以，以剩余收益作为评价指标可以保持各投资中心获利目标与公司总的获利目标达成一致。

剩余收益这个指标相对于投资报酬率指标的优势在于：会激励投资中心努力提高剩余收益，而不是努力提高投资报酬率。只要某个项目的投资报酬率大于要求的最低投资报酬率，这项投资就应该被接受。因此，用剩余收益这个指标对投资中心进行业绩评价，会使各投资中心对投资方案的决策与在企业整体的高度上做出的决策结论一致，由此使投资中心的局部目标和整个企业的总目标相互协调。剩余收益在考虑投资中心局部利益的同时，可以兼顾企业的整体利益，更好地贯彻一致性原则。因此，剩余收益是一个比较合理的评价业绩的指标。

11.2.4　成本中心、利润中心和投资中心的关系

成本中心、利润中心和投资中心都是责任中心。成本中心应就经营的可控成本向其上层的成本中心负责；上层的成本中心应就其本身的可控成本和下层转来的责任成本一并向利润中心负责；利润中心应就其本身经营的收入、成本（含下层转来成本）和利润（或边际贡献）向投资中心负责；投资中心最终就其经管的投资利润率和剩余收益向总经理和董事会负责。

11.2.5 收入中心

1. 收入中心的定义

收入中心是只对销售收入负责的责任中心。随着市场经济的发展和产品销售的竞争日趋激烈,推销工作越来越重要,因此以推销产品为主要职能的责任中心将不断增多。销售部门的责任主要是对产品销售负责,所以销售部门就是收入中心。尽管销售部门也发生销售费用,但由于其主要职能是产品销售和取得收入,因此以收入来确定其责任比以利润确定其责任更为恰当。

2. 收入中心的目标和控制要求

对于收入中心而言,为了评价其工作业绩,在编制责任预算时,应首先为其确定考核的标准和依据——目标销售额。收入中心的职责除了销售产品,还应包括及时收回货款和控制坏账。因此对收入中心的控制:一是要控制企业销售目标的实现,主要检查其分目标与企业整体销售目标是否协调一致,是否为实现其销售目标采取了切实可行的推销措施;二是控制销售收入的货款回收,主要检查其货款的回收是否都建立了完善的控制制度,各推销人员的个人利益与货款的回收情况是否相联系;三是控制坏账的发生,主要检查每项销售业务是否签订了销货合同,在合同中对付款的条款是否做了明确阐述,与不熟悉的客户初次发生重要交易时,对客户的信用状况、付款能力等是否进行了详细的了解。

3. 收入中心的考核指标

根据收入中心的职责,对收入中心考核的指标主要有销售收入目标完成百分比、销货款回收平均天数和坏账发生率3项。

(1)销售收入目标完成百分比。

销售收入目标完成百分比是将实际销售收入与目标销售收入相比较,以考核销售收入的目标完成情况。其计算公式如下。

$$销售收入目标完成百分比 = (实际销售收入 \div 目标销售收入) \times 100\%$$

(2)销货款回收平均天数。

销货款回收平均天数是将每笔销售收入分别乘以各货款的回收天数,加总后除以全部销售收入,目的是考核收入中心是否及时收回销货款。其计算公式如下。

$$销货款回收平均天数 = \sum 每笔销售收入 \times 各货款的回收天数 \div 全部销售收入$$

(3)坏账发生率。

坏账发生率是将某年的坏账发生数与某年的全部销售收入作比较。这一指标主要用于考核收入中心在履行其职责过程中所发生的失误情况,促进收入中心在销售过程中保持认真谨慎的作风。其计算公式如下。

$$坏账发生率 = (某年的坏账发生数 \div 某年的全部销售收入) \times 100\%$$

除上述3项指标外,对收入中心还可进行适当的费用考核。可将发生的销售费用分为变动费用和固定费用两部分来考核;或者简单地以销售费用与销售收入之间的比率指标来考核。

11.2.6 责任预算和报告

1. 责任预算

责任预算是以责任中心为主体,以其可控的成本、收入、利润和投资等为对象所编制的预算。责任预算由各种责任指标组成。这些指标可分为主要责任指标和其他责任指标。在集权管理制度下,企业通常采用自上而下的预算编制方式;在分权管理制度下,企业往往采用自下而上的预算编制方式。

【例 11-6】 假设白山公司采取分权组织结构形式如图 11-1 所示,各成本中心发生的成本费用均为可控成本。白山公司编制的总公司与其分公司 A 的 202× 年度责任预算(简略形式)如表 11-2 至表 11-6 所示。

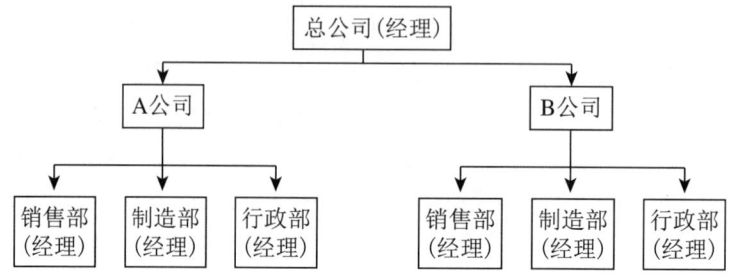

图 11-1 白山公司组织结构形式

表 11-2 　　　　　白山公司 202× 年度责任预算

单位:万元

责任中心类型	项　目	责任预算	责任人
利润中心	A 公司营业利润 B 公司营业利润	4 000 3 000	A 公司经理 B 公司经理
	合　　计	7 000	公司总经理

表 11-3 　　　　　A 公司 202× 年度责任预算

单位:万元

责任中心类型	项　目	责任预算	责任人
收入中心	销售部收入	9 200	销售部经理
成本中心	制造部可控成本 行政部可控成本 销售部可控成本	3 800 600 800	制造部经理 行政部经理 销售部经理
	成本合计	5 200	A 公司经理
利润中心	营业利润	4 000	A 公司经理

表 11-4　　　　　　　　　　A 公司销售部 202× 年度责任预算

单位：万元

责任中心类型	项　　目	责任预算	责任人
收入中心	东北地区收入	1 600	责任人甲
	中南地区收入	2 000	责任人乙
	西北地区收入	1 000	责任人丙
	东南地区收入	2 200	责任人丁
	西南地区收入	1 400	责任人戊
	出口销售收入	1 000	责任人己
	收入合计	9 200	销售部经理

表 11-5　　　　　　　　　　A 公司制造部 202× 年度责任预算

单位：万元

成本中心	项　　目	责任预算	责任人
一车间	变动成本： 　　直接材料 　　直接人工 　　变动制造费用	 1 000 600 200	一车间负责人
	固定成本： 　　固定制造费用	 200	
	成本合计	2 000	
二车间	变动成本： 　　直接材料 　　直接人工 　　变动制造费用	 800 500 200	二车间负责人
	固定成本： 　　固定制造费用	 200	
	成本合计	1 700	
制造部	制造部其他费用	100	制造部经理
	成本费用总计	3 800	

表 11-6　　　　　　　A 公司行政部及销售部 202× 年度责任预算（费用）

单位：万元

成本中心	项　　目	责任预算	责任人
行政部	工资费用	300	行政部经理
	折旧	200	
	办公费	40	
	保险费	60	
	合　　计	600	

续表

成本中心	项目	责任预算	责任人
销售部	工资费用 办公费 广告费 其 他	400 100 240 60	销售部经理
	合　计	800	

上述各表的预算数据之间存在着以下勾稽关系。

表 11-3 中的营业利润 4 000 万元与表 11-2 中 A 公司营业利润相等；表 11-3 中销售部收入合计 9 200 万元与表 11-4 中的销售部收入相等；11-5 中的成本费用总计等于表 11-3 中制造部可控成本。

2. 责任报告

责任报告是指根据责任会计记录编制的，反映责任预算实际执行情况的，揭示责任预算与实际执行差异的内部会计报告。责任报告主要有报表、数据分析和文字说明等几种形式。将责任预算、实际执行结果及其差异用报表予以列示是责任报告的基本形式。

【例 11-7】 沿用例 11-6 中的白山公司资料。

根据 202× 年度责任预算的实际执行情况，白山公司编制的 A 公司和总公司该年度的部分责任报告（简略形式）如表 11-7、表 11-8 和表 11-9 所示。

表 11-7　　　　　　　　　A 公司成本中心 202× 年度责任报告

单位：万元

项　目	实　际	预　算	差　异
A 公司第一车间 变动成本			
直接材料	1 100	1 000	100
直接人工	540	600	（60）
变动制造费用	220	200	20
变动成本合计	1 860	1 800	60
固定成本			
固定制造费用	190	200	（10）
成本合计	2 050	2 000	50
A 公司制造部可控成本 第一车间			
变动成本	1 860	1 800	60
固定成本	190	200	（10）
小　　计	2 050	2 000	50
第二车间			
变动成本	1 520	1 500	20
固定成本	190	200	（10）
小　　计	1 710	1 700	10
制造部其他费用	120	100	20
可控成本合计	3 880	3 800	80

续表

项　目	实　际	预　算	差　异
A公司可控成本			
制造部	3 880	3 800	80
行政部	560	600	（40）
销售部	780	800	（20）
总　计	5 220	5 200	20

表 11-8　　　　　　　　　A 公司利润中心 202× 年度责任报告

单位：万元

项　目	实　际	预　算	差　异
A公司销售收入			
东北地区	1 800	1 600	200
中南地区	2 400	2 000	400
西北地区	980	1 000	（20）
东南地区	1 000	2 200	（1200）
西南地区	1 520	1 400	120
出口销售	1 200	1 000	200
小　计	8 900	9 200	（300）
A公司变动成本			
第一车间	1 860	1 800	60
第二车间	1 520	1 500	20
小　计	3 380	3 300	80
A公司边际贡献总额	5 520	5 900	（380）
A公司固定成本			
制造部			
第一车间	190	200	（10）
第二车间	190	200	（10）
制造部其他费用	120	100	20
小　计	500	500	0
行政部	560	600	（40）
销售部	900	800	100
合　计	1 960	1 900	60
总公司利润			
A公司利润	3 560	4 000	（440）
B公司利润	3 200	3 000	200
合　计	6 760	7 000	（240）

表 11–9　　　　　　　　　　白山公司投资中心 202× 年度责任报告

单位：万元

项　　目	实　际	预　算	差　异
A 公司利润	3 560	4 000	（440）
B 公司利润	3 200	3 000	200
小　　计	6 760	7 000	（240）
总公司所得税（25%）	1 690	1 750	（60）
合　　计	5 070	5 250	（180）
净资产平均占用额	22 448	24 500	（2 052）
投资利润率	26%	21%	5%
行业平均最低报酬率	18%	15%	3%
剩余收益	2 719.36	3 325	605.64

案例 11.2

11-9 拓展阅读

GY 公司责任会计应用案例

GY 公司实施作业成本法，将公司内部按照"阿米巴"经营单元进行划分，对制造分厂等经营单元从预算成本考评转变为经营利润考评，通过搭建边际贡献式管理会计报表体系的方式，以确保制造分厂及时掌握经营业绩。

1. 全面实施边际贡献式的管理会计报表，营造内部结算的经营氛围

搭建边际贡献式管理会计报表（如图 11-2 所示），是基于应用管理会计中的变动成本法，引入内部结算价格概念，结合公司管理实际，按照各"阿米巴"责任单元对成本费用管控的难易程度区分不同层级的贡献维度，建立"阿米巴"责任单元多维考评的管理会计利润表。该报表可反映和评价各利润中心为公司实际作出的贡献。一是明确"阿米巴"经营主体和经营范围，全面承接公司整体经营目标；二是同级"阿米巴"经营成果对标评价，按照管控能力由直接到间接、由易到难区分出的"边际贡献""销售毛利""可控收益""经营利润"等多个层级的贡献成果，然后进行公开展示、横向对标，这样使责任单元对公司的贡献程度评价更加科学合理；三是精准聚焦边际贡献和可控成本，引导责任单元将管控重心聚焦在可控成本，并对其进行深入分析，以及时寻找解决在效益、产出方面的瓶颈及突破口；四是帮助经营主体进行"本量利"经营决策，通过分析保量结构，科学理性地做出管理决策。

2. 建立分厂级边际贡献式管理会计报表，以市场为导向建立内部结算价格，实施"制造经营利润率"考评管理机制

（1）建立全谱系产品内部结算价体系。GY 公司按照全年经营目标制定制造工费控制标准线，结合历史制造工费水平，基于市场价格与配置基础，经过对目前公司谱系化产品平台特点、工艺路线范围、劳动效率、物耗定额、能源消耗等多重因素分析与大量测算，以最小作业单元为基础，制定公司全谱系产品内部结算价体系，以"单车内部结算价"作为内部经营利润核算的基础。

事业部利润中心	制造系统利润中心	子公司利润中心
一、销售收入	一、制造收入	一、营业收入
减：变动成本——项目材料费及专项费	减：变动成本——制造工费	减：变动成本——材料及专项费
变动成本——项目标准工费	二、制造系统边际贡献	减：变动成本——制造工费
二、项目毛利（项目组考核指标）	减：可控固定成本——专项制造费	二、项目边际贡献
减：可控固定成本——部门销售费用	减：可控固定成本——专项管理费	减：可控固定成本——制造工费
三、事业部可控收益（事业部领导考核指标）	减：可控固定成本——分厂管理费	三、项目毛利（项目组考核指标）
减：不可控固定成本	减：可控固定成本——制造部室经费	减：可控公司级期间费用
四、事业部边际贡献（事业部考核指标）	三、制造系统可控收益（制造系统领导考核指标）	四、子公司可控收益（子公司领导考核指标）
减：需分摊的公司级期间费用	减：不可控固定成本	减：不可控固定成本——制造费
五、事业部经营利润（板块评价指标）	四、制造系统经营利润（制造系统评价指标）	减：不可控固定成本——公司级期间费用
减：税金		五、子公司经营利润（子公司评价指标）
六、净利润（板块评价指标）		减：税金
		六、净利润（子公司评价指标）

图 11-2 GY 公司边际贡献式管理会计报表

（2）采用"制造经营利润率"评价指标强化预算控制。结合单车内部结算价格，对模拟利润中心实施"制造经营利润率"考核评价管理，建立相应薪酬激励措施，即根据当年产量和公司工资分配方案以及制造经营利润率基准指标核定"分厂工资包"，并建立挂钩机制。通过薪酬激励措施和指标引导，形成"多劳动、多创造价值、多获得收益"的良性循环，为确保成本管控起到积极推进作用。具体说明如下：

制造经营利润率 =（制造收入 - 制造成本）/ 制造收入

制造收入 = 单车内部结算价格 × 分厂当年实际完工产量

制造成本 = 当年分厂考核口径的制造总工费

3. 为制造分厂经营转型配备优秀财务人员，实现业财融合

为充分支持制造单元经营转型，GY 公司为分厂选派了多名优秀的财务专业管理人员深入生产经营现场，通过加强业财融合的方式在制造环节中嵌入预算管控与成本控制思维，助力分厂节约创效工作的有序开展。从财务角度将人员划分为两部分：一是财务部成本核算人员，负责监督、分析制造工费偏差，评价制造工费管控效果与经营利润率达成情况，提出管理预警；二是派驻制造分厂财务管理人员，负责组织分厂滚动预算与业务预算策划和控制活动工作。通过建立双向协同的业财融合机制，确保制造分厂经营转型工作的顺利开展。

11.3 内部结算价格

在责任会计体系中，企业内部的每个责任中心都是作为相对独立的商品生产经营者存

11-10 知识讲解

在的,为了分清经济责任,各责任中心之间的经济往来,应当按照等价交换的原则实行"商品交换"。各责任中心之间相互提供产品(或劳务)时,要按照一定的价格,采用一定的结算方式,进行计价结算。这种计价结算并不真正动用企业的货币资金,而是一种观念上的货币结算,是一种资金限额指标的结算。计价结算过程中使用的价格称为内部结算价格。也就是说内部结算价格是企业内部各责任中心相互提供产品(包括在产品、半成品)和劳务进行计价、结算所用的价格。正确制定这类价格有助于明确区分经济责任,使评价与考核各个责任中心的工作成果建立在客观和可比的基础上。它既是企业内部各个单位之间经济活动的计量和反映,又是企业内部各单位负责人进行经营决策的重要依据。其特点是只反映企业集团或公司内部各利润中心之间的经济联系,一般不直接与消费者发生联系。

11.3.1 内部结算价格的作用和制定原则及要求

1. 内部结算价格的作用

(1)内部结算价格是分清各责任中心经济责任的重要依据。

内部结算价格为"买卖双方"确定了一个计量标准,它不仅可以用来衡量"卖方"提供的产品或劳务的经营成果,还可以用来反映"买方"接受产品或劳务的成本费用。所以,正确制定内部结算价格,可以合理确定各责任中心应承担的经济责任,调节各责任中心的收入,维护各责任中心的经济权益,使经济责任易于落实。

(2)内部结算价格是测定各责任中心资金流量的重要依据。

内部结算价格的制定能够反映各责任中心的经营情况,为科学测定责任中心的资金流量提供重要依据。

(3)内部结算价格是考核各责任中心生产经营成果的重要依据。

合理的内部结算价格,能够为企业各责任中心的经营业绩提供一个客观的标准,进行统一的比较和综合的评价,使绩效考核公平有效。

2. 内部结算价格的制定原则

内部结算价格作为企业内部各个单位之间经济活动的计量和表现,是企业内部各单位负责人进行经营决策的重要依据之一。

(1)公平性原则。

企业制定的内部结算价格,应当使提供产品的责任中心和接受产品的责任中心都认为是公平合理的。

(2)目标一致原则。

在制定内部结算价格时,既要考虑有关责任中心的利益,又要考虑企业的总体利益,并且尽量使两方面的利益保持一致。从经营决策的观点来看,内部结算价格的制定,应有助于实现企业内部各个单位的"目标一致"。所谓"目标一致"是指各个责任中心作为企业整体的一个组成部分,它所要达到的目标,应和整个企业所要达到的目标相协调,特别要防止各个部门为片面地追求"利益",致使企业的整体利益受到损害。

(3)激励性原则。

建立责任会计制度的目的,既不是分析考核,也不是核算记录,而是为了激励企业的各个部门和员工,使其更加努力地工作,以实现企业的经营目标。内部结算价格的制定要有利于分清各责任中心的成绩和不足;内部结算价格的制定要公平合理,应避免主观随意性;制定的内部结算价格要为供求双方所自愿接受。

3. 内部结算价格制定的要求

内部结算价格在企业中能够协调部门经理的自主权与整个企业的集中决策,促进行为的一致性;能够与会计中的业绩评价方法相一致,进行有效的业绩考核;能够较为客观地反映各部门的责任和业绩;能够加强企业的经济核算,提高企业的经营管理水平,增强企业整体竞争能力。

企业要充分发挥内部结算价格的作用,应注意以下几点。

(1) 目标一致性。

采用内部结算价格的各部门同属一个企业,总的利益是一致的。制定内部结算价格,只是为了分清各部门的责任,有效地考核评价各部门的业绩,其根本目的仍是企业的整体利益。各部门经理都应选择能使公司总体利润最大的行动取向。制定内部结算价格的目标,就是为了通过建立有效的激励机制,使自主的部门经理做出有利于组织整体目标的决策。

(2) 准确的业绩评价。

没有任何一个部门经理可以以牺牲其他部门的利益为代价而获利。内部结算价格的制定应避免主观随意性,客观公正地反映各部门的业绩,进行准确的考核和相应的激励,来调动各部门的工作积极性,促使各部门服从整体利益,并以最大努力来完成目标。

(3) 保持各部门的自主性。

高层管理者不应干预各部门经理的决策自由。在整体利益最大化的前提下,各部门有一定的做出决策的自主权。公司高层直接干涉分部制定具体的内部结算价格并不可取,但是制定一些通用的指导方法是适宜的。

11.3.2 内部结算价格的类型

1. 以成本为基础的转让定价

以成本为基础的转让定价方法包括完全成本法、成本加成法、变动成本加固定费用等。这里的成本,不是采用公司的实际成本而是标准成本,以避免把转出部门经营管理中的低效率和浪费转嫁给转入部门。这种方法应用简单,以现成的数据为基础,但标准成本的制定会有偏差,不能促进企业控制生产成本,容易忽视竞争性的供需关系。

(1) 计划制造成本型内部结算价格。

计划制造成本型内部结算价格适用于采用制造成本法计算产品成本的成本中心之间的往来结算。它的优点是将责任会计的责任成本核算与财务会计的产品成本核算有机地联系起来,没有虚增成本和虚增占用数额的现金,便于资金预算的分解落实。它的缺点是没有与责任中心真正创造的利润联系起来,不能有效地调动责任中心增加产量的积极性。

(2) 计划变动成本型内部结算价格。

计划变动成本型内部结算价格适用于采用变动成本法计算产品成本的成本中心之间的往来结算。它的优点是符合成本性态,揭示了成本与产量之间的关系,可以反映责任中心的成本节约或超支,以及可以考核责任中心的工作业绩,有利于企业及各责任中心判断是否接受订货进行生产。它的缺点是割裂了固定成本与产量之间的内在联系,也不利于调动各责任中心增加产量的积极性。

(3)计划变动成本加计划固定总成本型内部结算价格。

计划变动成本加计划固定总成本型内部结算价格适用于采用各种方法计算产品成本的成本中心相互之间的往来结算。它的优点是包含前述两种方法的全部优点,与产量有内在的归属关系。能够合理地体现转移产品的劳动耗费,便于各责任中心正确计算产品成本。它的缺点是较难合理地确定计划固定总成本。在一个责任中心同时为几个责任中心提供产品的情况下,所需计划分配比例很难确定,不利于调动各责任中心增加产量的积极性。

(4)计划制造成本加利润型内部结算价格。

计划制造成本加利润型内部结算价格适用于人为利润中心之间的往来结算。它的优点是有利于调动各责任中心增加产量的积极性,克服前述几种成本型内部结算价格的缺点。它的缺点是计算的利润不是企业真正实现的利润,产品成本核算不够真实,成本核算工作量大,还会虚增各责任中心的流入量和资金占用额。

2. 市场价格型内部结算价格

市场价格型内部结算价格适用于完全的自然利润中心之间的往来结算。以市场价格定价相当于在企业内部引入市场机制,能够较为客观地评价各个利润(投资)中心的经营成果。对于"出售"部门,按市场价格转移半成品是其形成部门利润的必要条件。对于"购入"部门,市场价格型内部结算价格易于计量其对企业整体利润所做的贡献,同时,也有助于半成品和劳务的内部转移或外购的决策。

市场价格型内部结算价格的优点是可以同向外界购入相比较,如内部结算价格高于现行市价,"购入"的责任中心可舍内而求外,不必为此而支付更多的代价;"出售"的责任中心也是如此,应使其不能因向内部单位出售而比向外界出售得到更多的收入。这是正确评价各个责任中心经营成果的一个重要条件。换而言之,也就是在企业内部引进市场机制,使企业每个责任中心实质上都成为独立机构,各自经营,促使其更好地发挥生产经营主动性,最终通过利润指标来评价与考核它们的经营成果。市场价格型内部结算价格很好地体现了公平性原则,各责任中心计算的利润就是企业实现的利润,有利于促进各责任中心参与市场竞争,加强生产经营管理。市场价格型内部结算价格的缺点是在市场价格不能合理确定的情况下,可能导致各责任中心之间的苦乐不均。

3. 双重内部结算价格

所谓双重内部结算价格是指对产品(半成品)的供应和耗用单位分别采用不同的内部结算价格作为计价基础。

(1)采用双重内部结算价格的原因。

当转移价格的定价在交易过程中没有给卖方部门带来利润时,转移价格的定价将起不到鼓励卖方部门从事内部交易的作用。因此,为了较好地满足买卖双方在不同方面的需求,激励双方在生产经营方面充分发挥其主动性和积极性,可以采用双重内部结算价格来取代单一内部结算价格。

转移价格主要运用于业绩评价和考核,因而双方采用的价格无须一致,当然在计算企业的总成果时，应扣除由双重内部结算价格之差所形成的"内部利润"。

（2）采用双重内部结算价格的具体办法。

① 将以内部交易为主的卖方部门看作一个成本中心。由于成本中心经理一般只对成本负责，不对收入负责，所以，转移价格定价不会影响对成本中心经理的业绩评价。而买方部门则可以看作一个利润中心。

② 一个既有内部往来又有外部客户的供应中心，在评价外部交易的业绩时，中心经理有定价权，可以把这个中心看作利润中心；在评价内部交易的业绩时，中心经理无定价权，则将其看作成本中心。

双重内部结算价格的优点是可以满足各责任中心的管理要求，能够使卖方部门获利而买方部门仅负担成本。卖方部门还可以以成本加一定的利润作为内部结算价格，而买方部门只需支付该产品的成本部分，价格差额可以记录在一个专门的集中核算的账户中。这种方法既可以为买方部门留下成本数据，又可以通过转移价格向卖方部门提供利润，对内部交易活动有鼓励作用。双重内部结算价格的缺点是会计部门工作量大，操作复杂。

4. 协商价格

还有一类结算价格位于市场定价和成本定价之间，即协商价格。协商价格是以外部市场价格为起点，参考独立企业之间或与企业无关联的第三方之间发生类似交易时的价格，协商确定一个双方都愿意接受的价格作为内部结算价格。协商价格在各部门中心独立自主制定价格的基础上，充分考虑了企业的整体利益和供需双方的利益。这种方法运用恰当，将会发挥很大的作用。协商价格可以使部门经理如同独立公司的经理那样从事管理，从而保留了部门经理的自主权。但在实际操作中，由于存在质量、数量、商标、品牌甚至市场经济水平的差别，使得协商价格与市场价格很难直接对比。

内部结算协商价格虽然具有一定的灵活性，能够充分考虑各部门的利益诉求，但其缺点也不容忽视，包括容易产生争执和冲突、耗时较长且难以达成一致、依赖上级管理仲裁、可能影响业绩考评等。

11.3.3 内部结算价格的运用

应当根据企业所处的市场环境、企业自身的特点和管理部门的目标来选择适当的内部结算价格。目前，在内部结算价格方面，国内采用得比较少，但也有运用比较成功的企业，比如我国钢铁行业中的邯郸钢铁厂（邯钢）、攀枝花钢铁厂（攀钢）。钢铁行业是多流程、大批量生产的行业，生产工艺环节实行高度集中的管理模式。企业所采用的内部管理制度、成本核算和责任会计模式具有明显的行业特色。目前国内钢铁企业应用广泛的是邯钢模式，即采用"模拟市场价格、实行成本否决"作为半成品的转移价格。

攀钢从投产开始就制定了内部结算价格。由于市场变化很快，攀钢对内部结算价格进行了多次调整。攀钢现行转移价格管理制度是在多年实践基础上，经过多次完善而逐步形成的，主要由4部分组成：产品（半成品）转移价格、原材料和辅助材料转移价格、备品/备件转移价格、劳务（收费）价格。其中，备品/备件转移价格按照采购成本进行结算，其余由财务部门制定明确的价格。

11-11 拓展阅读

企业在制定内部结算价格时,应该从企业的实际出发,完善和规范内部管理制度,促使内部各单位改善经营管理水平,提高经济效益,实现公司利润最大化。具体可以从以下几个方面着手。

(1)完善内部管理制度。内部结算价格制度将成为企业的基本管理规范。企业应充分挖掘内部管理潜力,加大管理控制力度,制定和完善经济责任制考核,强化监督,深化企业的科学管理。同时还应根据企业在行业中所处的位置和外部经营环境的变化,结合企业经营发展目标,制定和调整企业的政策。

(2)加强以市场为基础的内部结算价格。企业可以对影响生产经营的主要产品,根据市场价格制定企业内部结算价格,并定期进行修订,每次调整少数与市场价格差距较大的品种;对于品种规格繁多、市场变化较快的小材料、备品/备件则采取放开政策,让内部各部门适应市场的变化。这实质上是以市场价格为基础,确定、调整内部结算价格。

(3)进行准确的业绩评价。企业可以通过把产品成本、质量、资金占用、品种结构等因素纳入完整的考核体系之中,给各部门更大的责任和压力,从而使各部门在有限的决策权之下,有了一定的自主权,进行准确的业绩考核。

本 章 小 结

本章介绍了责任会计概述、责任中心以及内部结算价格。本章的重点是责任中心的划分及考核标准、内部结算价格的类型。

关 键 术 语

责任会计　内部结算价格　成本中心　利润中心　投资中心　收入中心

综 合 练 习

一、单项选择题

1. 责任会计的主体是(　　)。
   A. 管理部门　　　　　　　　B. 责任中心
   C. 销售部门　　　　　　　　D. 生产中心
2. 成本中心控制和考核的内容是(　　)。
   A. 责任成本　　　　　　　　B. 产品成本
   C. 目标成本　　　　　　　　D. 不可控成本
3. 责任成本是指该中心发生的(　　)。
   A. 固定成本之和　　　　　　B. 产品成本
   C. 可控成本之和　　　　　　D. 不可控成本之和
4. 在组织形式上,(　　)一般都是独立的法人。
   A. 成本中心　　　　　　　　B. 利润中心
   C. 投资中心　　　　　　　　D. 责任中心

5. 既对成本负责，又对收入负责的责任中心，被称为（　　）。
   A. 成本中心　　　　　　　　B. 利润中心
   C. 投资中心　　　　　　　　D. 责任中心
6. 一个责任中心，不考核其收入，而是着重考核其所发生的成本和费用，称为（　　）。
   A. 利润中心　　　　　　　　B. 成本中心
   C. 责任中心　　　　　　　　D. 投资中心
7. 责任会计产生的客观要求是（　　）。
   A. 分权管理思想　　　　　　B. 行为科学
   C. 管理科学　　　　　　　　D. 内部会计控制思想

二、计算分析题

某投资中心投资额为 100 000 元，年净利润为 20 000 元，公司为该投资中心规定的最低投资报酬率为 15%。计算该投资中心的投资报酬率和剩余收益。

三、判断题

1. 通常利润中心被看作一个可以用利润衡量其业绩的组织单位。因此，凡是可以计算出利润的单位都是利润中心。（　　）
2. 成本中心只对成本负责。成本又可以分为可控成本和不可控成本，两者都属于成本中心的责任范围之内。（　　）
3. 企业里的分公司、分厂、工段、班组等都可作为利润中心。（　　）
4. 凡企业内部产品或劳务的转移，有一方涉及利润中心或投资中心，则应尽可能采用市场价格作为制定内部转移价格的基础。（　　）

四、简答题

1. 什么是责任会计？它有哪些作用？
2. 实施责任会计的基本原则有哪些？
3. 什么是责任中心？它可以分为哪几类？
4. 什么是成本中心？其特点有哪些？
5. 什么是利润中心？它有哪两种形式？对利润中心考核应采用哪几个指标？
6. 什么是投资中心？对投资中心考核一般采用哪两个重点指标？这两个指标各自的特点是什么？

五、实训题

课题 11-1：制定责任成本制度。

实训项目：责任成本制度。

实训目的：学习怎样制定责任成本制度。

实训内容：蓝天公司的高层管理人员打算在该公司建立一套科学、可行的责任成本制度，提交一份制定责任成本制度的报告书。

实训要求：将参加实训的学生分成若干小组，分别代表不同的责任中心。

课题 11-2：制定内部结算价格。

实训项目：内部结算价格。

实训目的：学习怎样制定内部结算价格。

实训内容：蓝天公司的高层管理人员打算在该公司建立一套科学、可行的内部结算价格体系。

实训要求：将参加实训的学生分成若干小组，分别代表不同的责任中心。

11-12 拓展练习

第 12 章

平衡计分卡

教学要点

知识要点	能力要求	相关知识
平衡计分卡的内涵	掌握平衡计分卡的内涵	（1）平衡计分卡的概念 （2）平衡计分卡的产生与发展 （3）平衡计分卡的基本内容 （4）平衡计分卡的流程
平衡计分卡的特点及适用对象	了解平衡计分卡的特点及适用对象	（1）平衡计分卡的特点 （2）平衡计分卡的适用对象
平衡计分卡的应用与战略管理	了解平衡计分卡的应用与战略管理	（1）平衡计分卡实施过程中存在的问题及原因 （2）利用平衡计分卡实现战略管理

 导入案例

绩效管理——ZZ 药业通过跨功能团队行动学习法推进平衡计分卡指标体系建设

12-1 政策法规

ZZ 药业自 2008 年起在医药行业中率先推行平衡计分卡，通过平衡计分卡建立了战略中心型组织，实现了盈利性和成长性的提升。其主要经验有以下几个方面。

一是成立跨功能团队推动平衡计分卡的实施。ZZ 药业成立了一个由高层领导负责的跨功能团队，成员来自不同部门，发挥专业上的互补优势，顺利完成平衡计分卡的导入。

二是将平衡计分卡与"行动学习"研讨方法相结合。ZZ 药业多次运用"行动学习"的研讨方法组织会议。将与会人员划分为若干小组，集中研讨、集思广益，确定企业战略和战略指标体系，并由企业高管在会议现场进行认领。每个参与研讨的员工都是战略及战略指标的制定者，这样不仅增加了员工对企业战略的认同感，而且加强了员工对企业战略执行的积极性、主动性。

三是推行组织变革。平衡计分卡各项指标的有力执行为 ZZ 药业带来了内部流程优化，客户管理增强，组织资本、人力资本、信息资本的提升等各项非财务绩效。在此基础上，ZZ 药业推行了组织变革，具体包括组织结构变革、人员结构调整和营销渠道变革，由此带来了成本费用降低、盈利

12-2 拓展阅读

性增长的财务绩效，实现了平衡计分卡的良性发展。

12-3 拓展阅读

以上案例表述的是平衡计分卡的实施，并不是所有的企业都能成功实施平衡计分卡。本章将讲解平衡计分卡的内容。

近年来，作业成本法（Activity-Based Costing，ABC）和平衡计分卡（Balanced Scorecard，BSC）作为管理会计领域的两大创新，引起我国学术界和实务界的关注，并涌现出一大批研究成果。在实务领域，企业界以及政府机构和非营利组织也大量应用作业成本法和平衡计分卡。众多学者论述了诸如作业成本法和平衡计分卡等管理会计新技术对于企业取得和保持竞争优势的重要作用。

管理会计的演进经历了四个阶段：第一阶段在20世纪50年代之前，管理会计实务强调通过预算和标准成本会计系统进行成本确定和财务控制。第二阶段从20世纪50年代到20世纪80年代中期，管理会计的重点转向如何为管理计划和管理控制提供有用的信息。第三阶段从20世纪80年代末到20世纪90年代中期，管理会计的重点由原来强调计划与控制转向减少在经营环节中的浪费。从20世纪90年代末，管理会计进入了第四个阶段，即价值管理的研究阶段，重点由计划与控制以及减少浪费扩展为通过对股东价值、客户价值、组织创新，以及业绩创造动因的确认、计量和管理，更多地强调战略性的企业价值创造。各种旨在促进价值创造的"新"管理会计技术的引进成为本阶段的重要特色。

在20世纪80年代，由于"信息经济学"和"代理理论"的引进，管理会计又有了新的发展，但也因大量地引进数学分析方法，管理会计信息却失去了决策的相关性。为此，卡普兰等人致力于管理会计信息相关性的研究，迎来了一个以"作业"为核心的"作业管理会计"时代。20世纪90年代以后，我国对管理会计的应用现状：除了成本管理与预算管理工具的整合与创新（如作业成本法、超越预算与战略预算等），平衡计分卡与经济增加值等工具也在业绩评价等方面得到了应用与创新。

绩效评价是指运用数理统计和运筹学的方法，通过建立综合评价指标体系，对照相应的评价标准，将定量分析与定性分析相结合，对企业一定经营期间的盈利能力、资产质量、债务风险以及经营增长等方面进行综合评判。目前，我国企业采用的绩效评价方法除国有资本金绩效评价体系外，还有杜邦财务分析体系、平衡计分卡、经济增加值等评价方法。本章重点介绍平衡计分卡。

12.1 平衡计分卡的内涵

12.1.1 平衡计分卡的概念

12-4 知识讲解

平衡计分卡作为一种战略管理模式，将企业的战略目标用可以测量的各种指标表达出来，使管理层及各级员工能够对企业的发展战略有明确认识，并促使战略向经营实践转化。平衡计分卡是绩效管理中的一种新思路，适用于对部门的团队考核，是为满足企业的综合业绩评价需求所提出的一种管理工具。平衡计分卡将业绩评价基础分为四个相互联系的方面：财务维度、顾客维度、企业的内部业务流程维度、企业的学习与成长维度。与财务业绩评价方法相比，平衡计分卡克服了单一财务指标存在的缺陷，有助于企业将长期战略与短期行为联系起来，使经营者实现管理的长期与短期相协调，注重企业长期发展潜力。平衡计分卡是从企业发展的战略出发，将企业及其内部各部门的任务和决策转化为多样的、相互联系的目标，然后把目标分解成由财务状况、顾客服务、内部经营过程、学习和成长等多项指标组成的多元绩效评估系统。平衡计分卡体现了一种平衡的思想，其主要体现在以下几个方面。

（1）财务、非财务衡量方法之间的平衡。

（2）企业长期目标与短期目标之间的平衡。

（3）外部（顾客、股东）衡量和内部衡量之间的平衡。

（4）领先和滞后指标之间的平衡。

（5）成果（利润、市场占有率等）和成果执行动因（新产品开发投资、员工训练等）之间的平衡。

（6）结果和过程之间的平衡。

（7）管理业绩和经营业绩之间的平衡。

平衡计分卡能反映组织综合经营状况，使业绩评价趋于平衡和完善，有利于组织长期发展。平衡计分卡利用四个层面的衡量指标来告诉员工当前和未来成功的驱动因素，借此凝聚企业员工的精力、能力和知识来实现长期目标。

12.1.2 平衡计分卡的产生与发展

20世纪初期，以财务为中心的绩效评价方法被应用在企业的绩效评价中。由于其财务指标目标明确、针对性强的特点而被广泛应用，成为那时企业绩效评价的重要工具。但随着实践的深入，它的局限和不足逐渐显现出来。到了20世纪中后期，财务指标在时间上的滞后性、组织目标易与部门目标发生冲突、长期利益和短期利益不能同时兼顾等缺陷暴露出来，已经不能满足当时绩效管理需要，相关学者和该方法的使用者开始了深刻的反思。于是，在毕马威会计师事务所的资助下，一项名为"未来的组织业绩衡量"的研究项目顺利开展。在研究过程中，时任模拟设备公司副总裁的阿特·施奈德曼贡献了自己公司使用的、相对全面的"组织记分卡"。"组织记分卡"在保留传统财务指标的同时，注入了新的相关衡量指标，这引起了学者们的兴趣，他们围绕着这些新的衡量指标展开了讨论和总结。1992年，在总结12家大型企业业绩评价体系成功经验的基础上，美国哈佛商学院的卡普兰教授和复兴全球战略集团的创始人兼总裁诺顿共同完成《平衡计分卡——业绩衡量与驱动的新方法》一文，并发表于《哈佛商业评论》。该文首次提出了"平衡计分卡"概念，并认为在今后的绩效管理中，在财务绩效评价时，不仅需要关注财务指标和短期目标，还需要考量非财务指标和长期目标，使组织的绩效管理更全面、更合理、更有效。随后，两人不断论述驱动组织成功的业绩指标的重要性，于1993年在《哈佛商业评论》上发表《平衡计分卡的实践》一文。随着研究的渐渐深入，平衡计分卡相关指标间的因果关系明了起来，基于此，两位学者于1996年合著了第一本关于平衡计分卡的专著《平衡计分卡：化战略为

12-5 拓展知识

行动》，把组织的战略选择和有关平衡计分卡的具体行动连接起来，在将组织的战略分解为具体的、可操作的目标和考核指标的基础上，逐步把平衡计分卡变成一个有效的、全面的战略管理工具和系统。

平衡计分卡自创立以来，在国际上，特别是在美国和欧洲，很快引起了理论界和实务界的浓厚兴趣与反响。平衡计分卡被《哈佛商业评论》评为过去80年中最具影响力的十大管理思想，它打破了传统的单一使用财务指标衡量业绩的方法，在财务指标的基础上加入了未来驱动因素，即客户因素、内部经营管理过程和员工的学习成长。平衡计分卡的出现，使传统的绩效管理从人员考核和评估的工具转变成为战略实施的工具；使领导者拥有了全面的统筹战略、人员、流程和执行四个关键因素的管理工具；使领导者可以平衡长期和短期、内部和外部业绩指标，确保持续发展的管理工具。

目前，平衡计分卡应用与推广的热潮席卷全球。平衡计分卡已在我国一些企业、商业银行、医院、媒介、高校、政府等推广应用，在企业的财务、顾客、业务、学习等方面开展全面的业绩评价，取得较好的效果。2017年财政部印发的《管理会计应用指引第603号——平衡计分卡》是我国企业实施平衡计分卡的纲领性文件。

12-6 拓展阅读

12.1.3 平衡计分卡的基本内容

平衡计分卡中的目标和评估指标来源组织战略，它把组织的使命和战略转化为有形的目标和衡量指标。在平衡计分卡中的客户方面，管理者可以确认组织将要参与竞争的客户和市场情况，并将战略目标转换成一组指标，如市场份额、客户留住率、客户获得率、顾客满意度、顾客获利水平等。在平衡计分卡中的内部经营过程方面，管理者为吸引和留住目标市场上的客户，满足股东对财务回报的要求，需关注对客户满意度和实现组织财务目标影响最大的那些内部过程，并为此设立衡量指标。在这一方面，平衡计分卡重视的不是单纯的现有经营过程的改善，而是以确认客户和股东的要求为起点，以满足客户和股东要求为终点的全新的内部经营过程。在平衡计分卡中的学习和成长方面，管理者可以确认组织为了实现长期的业绩而必须进行的对未来的投资，包括对雇员的能力、组织的信息系统等方面的衡量。管理者要想组织在上述各方面取得成功就必须将其转化为财务上的最终成功。例如，产品质量、完成订单时间、生产率、新产品开发和客户满意度方面的改进，只有转化为销售额的增加、经营费用的减少和资产周转率的提高，才能为组织带来利益。因此，平衡计分卡在财务方面列示了组织的财务目标，并衡量战略的实施和执行是否为最终经营成果的改善做出贡献。平衡计分卡中的目标和衡量指标是相互联系的，这种联系不仅包括因果关系，还包括结果的衡量和引起结果的过程的衡量，最终反映组织战略。

平衡计分卡打破了传统的只注重财务指标的业绩管理方法。传统的财务会计模式只能衡量过去发生的事情（落后的结果因素），无法评估组织前瞻性的投资（领先的驱动因素）。在工业时代，注重财务指标的管理方法还是有效的。但在信息社会里，传统的业绩管理方法并不全面，组织必须通过客户、供应商、员工、组织流程、技术和革新等方面的投资，获得持续发展的动力。正是基于这样的认识，平衡计分卡从财务维度、顾客维度、企业的内部业务流程维度、企业的学习与成长维度这4个维度审视组织自身业绩。

1. 财务维度

财务维度的目标是解决"我们怎样满足股东"这一类问题。财务指标是平衡计分卡的重要组成部分,是从股东的角度来衡量组织绩效,表明企业的努力是否对企业的经济收益产生了积极的作用,显示企业的战略及其实施和执行是否对改善企业盈利做出贡献。从财务维度审视自身业绩的目标是实现股东价值的最大化。这些财务指标全面、综合地衡量经营活动的最终结果,衡量公司创造股东价值的能力,通常与企业获利能力相关。常见的财务指标有营业收入、资本报酬率、经济增加值(Economic Value Added,EVA)、现金流量等。

2. 顾客维度

企业持续地实现财务目标的关键在顾客。因此,任何企业想要获得长远的、出色的财务绩效,就必须创造出受顾客欢迎的产品或服务。平衡计分卡为解决顾客方面的问题,选择了如下两套评价方法。

第一套评价方法是企业对顾客方面所期望达到的绩效而采用的评价指标,主要包括市场份额、顾客留住率、顾客获得率、顾客满意程度、顾客利润率等。其含义如表12-1所示。

表 12-1　　　　　　　　　　　顾客维度评价指标的含义

指　标	含　义
市场份额	反映业务部门在销售市场上的业务比率
顾客留住率	从绝对或相对意义上,反映业务部门保留或维持现有顾客关系的比率
顾客获得率	评估业务部门吸引或赢得顾客或业务的比率
顾客满意程度	根据具体绩效标准来评价顾客对产品或服务的满意程度
顾客利润率	在扣除支持某一顾客所需的独特支出后,评估一个顾客或一个部门的净利润

另一套评价方法则是针对第一套评价方法中的各项指标,分析其应采取的措施及影响因素,并进行测评。而对于各项指标,又制定出更细化的评估手段。如此逐层细分,制定出评分表,每月除了统计顾客满意程度等各部分得分,还可了解各部门的业务表现,而总的累计得分又可以反映企业在哪些方面未能满足顾客要求及其原因等。

3. 企业的内部业务流程维度

平衡计分卡的第三个维度是为企业的内部业务流程制定目标和评估手段。平衡计分卡从满足投资者与顾客需要的经营战略出发,制定了井然有序、由上而下的全新流程,从价值链通用模式出发,针对研究与开发过程、经营过程和售后服务过程设置不同的评估指标。在研究与开发过程中,企业首先以顾客为导向,发现和培育新的市场,并兼顾现有顾客的需要。在经营过程中,企业向顾客出售产品或服务。这个过程强调向顾客及时、有效地提供产品或服务。在售后服务过程中,企业的售后服务旨在使顾客更快、更好、更充分地使用产品或服务。因此,在企业售后服务中,可采用有关时间、质量、成本等方面的指标。

4. 企业的学习与成长维度

企业的学习与成长主要有三个来源：人、系统和组织程序。平衡计分卡的财务、顾客、内部的业务流程一般会揭示人、系统、组织程序的实际能力和实现突破性业绩所必需的能力之间的差距。为了弥补这些差距，企业必须投资于员工技术的重塑、信息技术和系统的加强、组织程序和日常工作的理顺，这些都是平衡计分卡中企业的学习与成长维度追求的目标。与顾客维度一样，涉及员工的指标也包括一些概括性的指标，如员工满意度、员工保持率、员工培训和技能等，以及这些指标的特定驱动因素，如企业为应对竞争环境而要求员工具有的特定技能的具体指数。信息系统能力可以通过对外部关键客户信息和内部业务信息的实时可获得性来衡量，而这些信息可以指导一线员工的决策和行动。组织程序可以检验员工激励是否与组织总业绩保持一致，并可衡量关键客户和内部业务层面的改进情况。

平衡计分卡从财务、顾客、企业的内部业务流程、企业的学习与成长4个维度确立基本框架，并不是4个维度的简单组合，也不是一些财务指标与非财务指标的简单拼凑，而是与企业战略及整套评价措施相联系的。平衡计分卡将结果和原因联系在一起，财务维度是最终目标，顾客维度是价值关键，企业的内部业务流程维度是运作基础，企业的学习与成长维度是发展核心。平衡计分卡将战略、过程和管理人员联系在一起，提供一种综合的计划与控制系统。它是一种超越数字的、动态评价与静态评价相统一的、财务指标与非财务指标相结合的业绩评价制度，也是推动企业可持续发展的业绩评价制度。但是，平衡计分卡对于不同企业而言，所包含的指标是不一样的，平衡计分卡只是提供了一个分析问题和解决问题的基本框架。

关于平衡计分卡财务、顾客、企业的内部业务流程以及企业的学习与成长4个维度的内容如表12-2所示。

表12-2 平衡计分卡4个维度的内容

维　度	战略主题	策略方针或其领域
财务	生产力战略	改进成本结构、增加资产使用率
	成长战略	扩展收入机会、提升顾客价值
顾客	低成本	低成本、高品质、迅速供货、适当选择
	产品领先	高性能产品、领先进入市场、渗透新市场细分
	顾客解决方案	提供品质方案、每位顾客的产品数和服务数、顾客维持、顾客生命价值
	系统锁定	提供多样便利产品、提供宽泛的应用标准、提供创新稳定的平台、提供顾客资料库、提供易用的平台和标准
企业的内部业务流程	营运管理	发展供应商关系、提供产品和服务、细分顾客、风险管理
	顾客管理	顾客挑选、顾客获得、顾客维持、顾客培育
	创新管理	辨识机会、管理产品组合、设计与发展、上市新产品
	法规及外部管理	环境管理、安全和健康管理、雇员管理、社会团体管理

续表

维　　度	战略主题	策略方针或其领域
企业的学习与成长	人力资本	技能、知识、价值观
	信息资本	系统、数据库、网络
	组织资本	组织文化、领导力、协同机制、团队能力

12.1.4 平衡计分卡的流程

平衡计分卡不仅能有效弥补传统财务评估方法的滞后性、偏重短期利益和内部利益以及忽视无形资产收益等诸多缺陷，而且是一个科学的集公司战略管理控制与战略管理绩效评估于一体的管理系统，其流程如下。

（1）以企业的共同愿景与战略为内核，运用综合与平衡的哲学思想，依据企业组织结构，将企业的愿景与战略分解转化为下属各责任部门（如各事业部）在财务、顾客、企业的内部业务流程、企业的学习与成长 4 个方面的系列具体目标（即成功的因素），并为各责任部门设置相应的平衡计分卡。平衡计分卡的基本框架如图 12-1 所示。

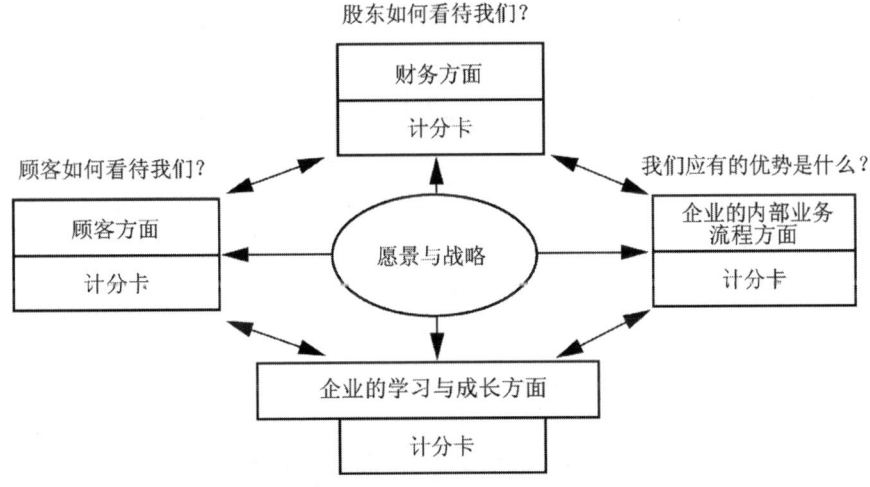

图 12-1　平衡计分卡的基本框架

（2）依据各责任部门分别在财务、顾客、企业的内部业务流程、企业的学习与成长 4 个方面可具体计量操作的目标，设置对应的绩效评价指标体系。这些指标不仅与企业战略目标高度相关，而且分为先行（Leading）与滞后（Lagging）两种指标形式，同时兼顾和平衡企业长期和短期目标、内部与外部利益，综合反映战略管理绩效的财务与非财务信息。

（3）由各主管部门与责任部门共同商定各项指标的具体评分规则。一般是将各项指标的预算值与实际值进行比较，对应不同范围的差异率，设定不同的评分值，以综合评分的形式，定期（通常是一个季度）考核各责任部门在财务、顾客、企业的内部业务流程、企业的学习与成长四个方面的目标执行情况，及时反馈、适时调整战略偏差，必要时修正目标及评价指标，确保公司战略得以顺利与正确地实行。

案例 12.1

甲公司平衡计分卡设计应用

甲公司针对原体制下绩效管理体系过分关注财务指标、缺乏战略导向性、不能满足新形势新体制需要的问题，引入平衡计分卡，按照标准化建设、本土化改进、制度化完善的设计思路，有计划分阶段地建立起多层次覆盖全员的平衡计分卡战略性绩效评价体系。平衡计分卡逐步发展成为公司绩效管理和战略管理工具，激发了广大员工的积极性、主动性和创造性，促进了公司战略的实现和经营业绩的不断提升。

1. 甲公司绩效评价存在的主要问题

甲公司现行考核方法和考核模式与平衡计分卡管理思想存在较大差距，突出表现在：重眼前轻长远，只关注当期经营目标而忽视长远发展目标，战略导向性不强，与企业发展战略脱钩；重结果轻动因，强调利润、收入等结果性指标，对员工素质提升等驱动绩效目标实现的指标重视不够，忽视影响效益产出的经营过程指标；重考核轻反馈，简单地将绩效考核视同为绩效管理，绩效考核作为绩效管理重要环节的沟通反馈、持续改进的作用没能充分发挥出来。

2. 甲公司平衡计分卡应用过程

（1）组织机构及方式。

平衡计分卡体系搭建阶段：甲公司专门成立了由总经理任组长，主管副总经理任副组长，财务、战略规划、生产运营等部门主要负责人为成员的领导小组；组建了由人力资源、财务管理、战略规划、生产运营等部门业务骨干参加的研发团队。平衡计分卡试点运行和推广应用阶段：甲公司成立由总经理任主任，企业领导班子成员参加的绩效管理委员会；下设由主管副总经理任组长，各部门主要负责人参加的绩效管理领导小组；设置人事处处长任主任的绩效考核办公室；下属各试点单位和推广应用单位按进度相应成立了由单位主要负责人任组长的工作团队。

（2）应用流程。

① 诠释愿景，明晰战略。

构建平衡计分卡绩效评价体系，首先必须准确把握企业的发展方向，进行战略定位，包括确定使命、愿景、核心价值观、战略目标、战略实施方案等。甲公司在综合分析内外部发展环境及优劣势的基础上，秉承"奉献能源，创造和谐"的宗旨，坚持"以人为本"的价值理念，确立了"做好做强，做大做精，建设具有国际竞争力的社会主义现代化企业"的愿景，明确了通过实施技术进步、资源节约、员工发展、人员梯队和企业文化建设，树立成为"国内领先、世界有名"的大型、先进、高效的石化企业的战略目标。

愿景和战略描绘了企业的总目标和方向，如何使其变为现实，甲公司运用平衡计分卡理论当中战略地图这一动态的可视化的工具，经过企业管理层和专业研发团队认真分析，对企业战略目标和经营目标进行系统梳理，从平衡计分卡财务、顾客、企业的内部业务流程、企业的学习与成长4个维度将其连接为一条因果关系链，使员工、信息、企业文化、领导力等无形资产与运营、客户、创新、法规与社会等价值创造流程联系起来，制形成了甲公司战略地图，如图12-2所示。

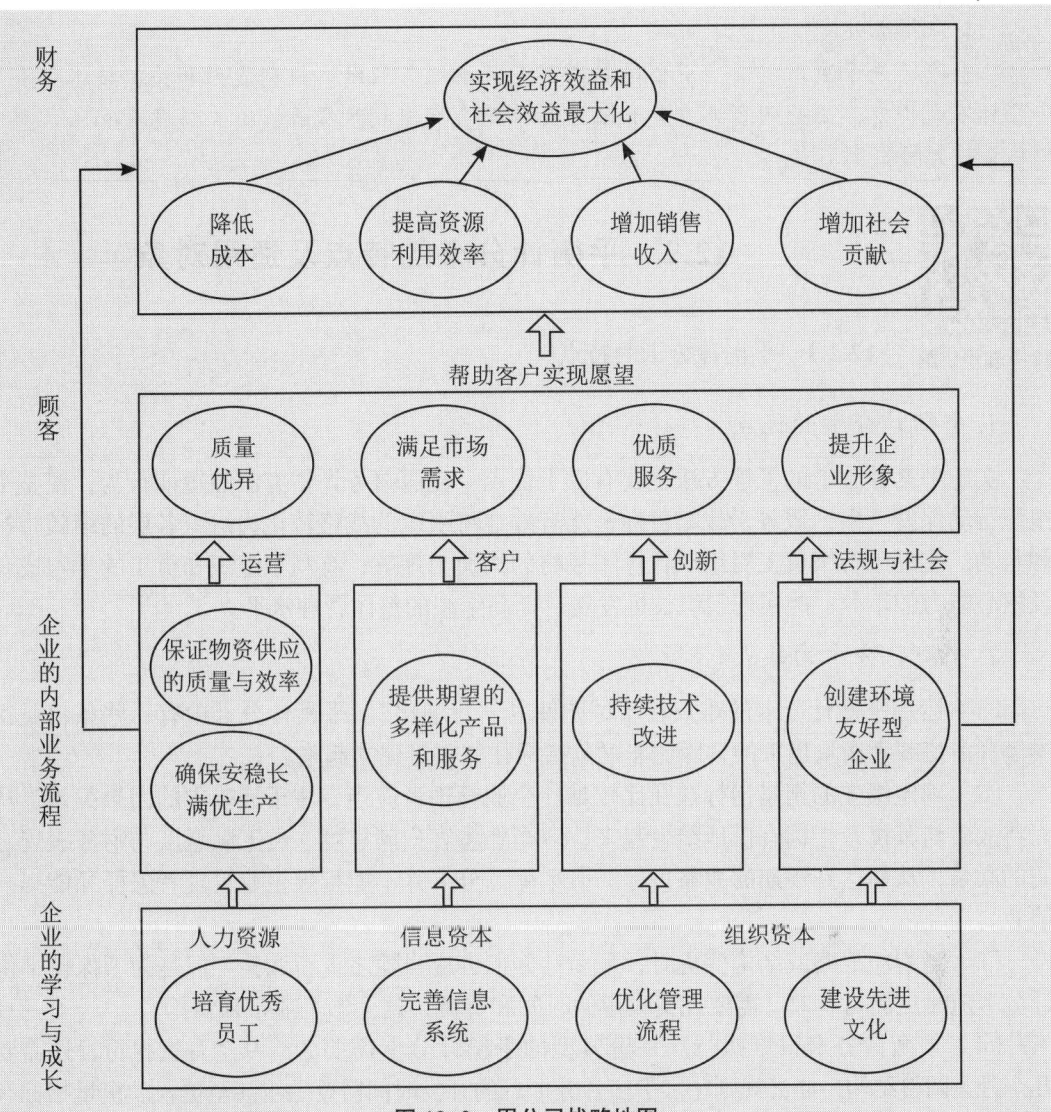

图 12-2 甲公司战略地图

② 分解目标，搭建体系。

为了使各级管理人员的目光聚集于公司的战略目标上，使广大员工的力量凝聚于实现公司战略的行动上，战略地图绘制完成之后，甲公司从企业众多的管理流程中选择出一些对战略执行起关键作用的内部流程，形成对愿景实现战略目标达成起决定作用的五大战略主题：保证物资供应的质量和效率、确保安稳长满优生产、提供期望的多样化产品和服务、持续技术改进、创建环境友好型企业。在此基础上，甲公司根据各级管理人员的职责分工和责任大小，自上而下构建公司、分厂、车间和员工的逐级考核体系，形成连接公司、分厂、车间及员工的平衡计分卡。把公司的战略目标与指标最终转化为个人的行动，把生产经营的压力和动力传递到各层级员工身上，建立健全目标层层分解、责任层层落实、压力层层传递的责任机制。从而通过个人绩效的实现，确保组织绩效的实现，最终达到公司整体战略目标的实现。

3. 取得成效

平衡计分卡应用以来，甲公司取得了突破性经营业绩。盈利能力和关键技术经济指标不断提升，公司顾客满意度和新产品市场占有率稳步提升，员工满意度和队伍整体素质大幅提高。

12.2 平衡计分卡的特点及适用对象

12-7 知识讲解

12.2.1 平衡计分卡的特点

1. 平衡计分卡的优点

实施平衡计分卡的管理方法主要有以下优点：克服财务评估方法的短期行为；使整个组织行动保持一致，服务于战略目标；能有效地将组织的战略转化为组织各层的绩效指标和行动；有助于各级员工对组织目标和战略的沟通与理解；有利于组织和员工的学习成长及核心能力的培养；能实现组织长远发展；提高组织的整体管理水平。

2. 平衡计分卡的缺点

（1）运用平衡计分卡的难点在于试图使其"自动化"。平衡计分卡中有一些条目是很难解释清楚或者衡量出来的，因此非财务指标往往很难建立起来。

（2）确定绩效的衡量指标往往比较难。企业管理者应当专注于战略中的因果关系，从而将战略与其衡量指标有机地结合起来；应当熟悉客户满意度、员工满意度与财务表现之间的联系，从而达到预期的战略目标。但平衡计分卡并不能指导企业管理者怎样才能提高绩效。

（3）当组织战略或结构变更时，平衡计分卡也应当随之重新调整。但是为了保持平衡计分卡随时更新与有效，需要耗费大量的时间和资源，这会给企业带来负担。

（4）平衡计分卡很难执行。一份典型的平衡计分卡需要 3～9 个月去执行，还需要几个月去调整结构，使其规则化。平衡计分卡总的开发时间需要一年甚至更长。衡量指标有可能很难去量化，而衡量方法又会产生很多的绩效衡量指标。因此，平衡计分卡执行起来很困难。

12-8 拓展阅读

12.2.2 平衡计分卡的适用对象

平衡计分卡是以战略管理为导向的。平衡计分卡崇尚的是良好的参与气氛和便捷的沟通管道，否则平衡计分卡所倚重的 4 个维度的关键因素，及其背后的驱动因素很难被识别出来。平衡计分卡是一个战略管理和执行的工具，这意味着企业在引入平衡计分卡时必须结合现状。如果企业只是想要获取一些如扩大市场份额、迅速降低成本等的短期目标，那么并不适合引入平衡计分卡。

平衡计分卡的使用一般是建立在业务单元的基础上，比如事业部、子公司、整个公司等。一般来说，平衡计分卡主要适合有这些情况的企业：高层管理者有短期行为，或换了几任总经理仍然业绩不良的企业；缺乏有效的员工绩效管理系统的企业；对分公司业绩管理存在诸多问题的企业；希望实现突破性业绩的企业；需要转型或变革的国有企业；希望实现长期发展，打造百年品牌的企业；需要规范化管理，提高整体管理水平的企业；想要提高组织战略管理能力的企业；二次创业的民营企业；希望对市场有更快的反应速度的企业。

12.3 平衡计分卡的应用与战略管理

平衡计分卡已经应用了几十年，国际上许多公司都在使用平衡计分卡。

12.3.1 平衡计分卡实施过程中存在的问题及原因

1. 存在的问题

与其他管理系统和方法一样，平衡计分卡的实施中也存在着问题，其中最普遍的问题是很多公司根本不考虑公司的战略就去实施平衡计分卡。

（1）把实施平衡计分卡当作目标。任何管理工具和管理体系，其目的是提高企业效益，实现公司战略目标。但很多企业听说平衡计分卡好，就去实施，只把实施平衡计分卡当作目标，根本没有想过企业为什么要实施平衡计分卡，实施平衡计分卡能为企业带来哪些好处，等项目开展后却发现根本无从下手。

（2）制定战略不合理，无法发挥平衡计分卡的功效。有的企业对平衡计分卡有些了解，也知道实施平衡计分卡应该从战略开始，但他们却没有弄清楚什么是战略。很多企业将（若干）年度利润目标或销售指标当作战略，这是错误的。战略不应只是一个财务目标，还应包括企业如何达成这些目标，在实施过程中有哪些可以利用的机会，可能会遇到哪些危机，如何克服这些危机等。这样设计的平衡计分卡才能发挥功效。

（3）把平衡计分卡当作员工绩效考核工具。很多企业把平衡计分卡降级为员工绩效考核的工具，这不仅是错误的做法，还使企业面临实施平衡计分卡的另一大挑战——没有足够的数据。因为很多企业根本没有实施 ERP（Enterprise Resource Planning，企业资源计划）系统，平衡计分卡中所需要的数据无从获得，他们不得不重新采用人工打分的方法。至于企业是否实现了目标，无人知道，也无从知道。

上述种种现象都使平衡计分卡不能发挥应有的作用。而要想让平衡计分卡发挥作用那就得从战略入手，否则不可能带来所谓的突破性业绩。

2. 原因

（1）平衡计分卡是企业战略的实施工具，没有了战略导向，平衡计分卡就没有了实施意义，错误的战略或其他非战略性的决策都会致使最终结果严重偏离期望。

（2）没有从根本上弄清楚战略与企业业绩（绩效）的关系。有不少人认为战略太抽象、太高深、太难、太慢，不如直接考核绩效来得快。企业的绩效实际上是企业战略实施的结果，如果没有好的战略就不可能有好的业绩。了解了战略与绩效的关系，战略的重要性就显而易见了。

有些企业虽然未明确战略，但是也获得了成功，公司的销售额连续不断增长。对于这个现象要从两个方面来看：一方面，企业没有定义什么是战略不等于没有战略，只是没有自觉地用战略的概念；另一方面，我国的企业过去成功很多是依赖于外部市场机会的成功，并非企业本身战略管理能力强；而在未来的竞争环境中，没有战略的企业将很难获得成功。

12.3.2 利用平衡计分卡实现战略管理

平衡计分卡自诞生以来，其功能一直在变化。自 20 世纪 90 年代以后，平衡计分卡逐步由一个突破财务指标考核局限性的管理工具，发展成为战略管理的工具。平衡计分卡在战略管理循环的各个环节中都发挥着重要的作用。实施平衡计分卡是手段，实现战略目标才是目的。平衡计分卡贯穿于战略管理的整个过程。在制定平衡计分卡时，要把组织经营战略转化为一系列的目标和衡量指标，此时管理层往往需要对战略进行重新审视和修改，这样平衡计分卡就为管理层提供了针对经营战略的具体含义和执行方法进行交流的机会。同时，战略的制定和实施是一个交互的过程。在运用平衡计分卡评价组织经营业绩之后，管理者可以在了解战略执行情况的基础上，对战略进行检验和调整。在战略实施阶段，平衡计分卡主要是一个战略实施机制，它把组织战略和一整套衡量指标联系起来，弥补了战略制定和实施间的差距。

1. 使用平衡计分卡解释战略

如前所述，一份好的平衡计分卡可以通过一系列因果关系来展示组织战略。例如，某组织的战略之一是提高收入，则有下列因果关系：增加对雇员销售技能培训→了解产品性能、促进销售工作→收入提高。平衡计分卡中的每个衡量指标都是因果关系中的一环。一份好的平衡计分卡的评估手段，既包括对业绩的评估手段，又包括推动业绩的评估手段。前者反映某项战略的最终目标及近期的工作是否产生了成果，后者反映实现业绩所做的工作，两者缺一不可。

2. 利用平衡计分卡宣传战略

实施战略的重点是所有的员工、高级经理、董事会成员都了解这项战略。通过宣传平衡计分卡可以使员工加深对战略的了解，提高其实现战略目标的自觉性。同时通过定期、不间断地将平衡计分卡中的评估结果告诉员工，可以使其了解平衡计分卡给组织带来的变化。为了使董事会能够监督组织的高级经理人员及整个组织的业绩表现，董事会成员也应了解平衡计分卡。这样，他们监督的重点将不再是短期的财务指标，而是组织战略的实施。

3. 将平衡计分卡与团队目标和个人目标挂钩

这一工作可以通过分解平衡计分卡的目标和衡量指标来完成。平衡计分卡是由一整套具有因果关系的目标、衡量指标组成的体系。因此，平衡计分卡对于分解非财务指标有着独特的优势（传统上，非财务指标很难分解）。平衡计分卡目标和衡量指标的分解可以采取以下两种方式。

第一种是由总组织管理人员制定平衡计分卡中财务方面、客户方面的战略，然后由中层管理人员参与制定内部经营过程和学习成长方面的目标和衡量指标。

第二种是组织下属部门将总组织的平衡计分卡作为参考，部门经理从总组织的平衡计分卡中找到自己可以施加影响的目标和衡量指标，然后制定该部门的平衡计分卡。

4. 把平衡计分卡用于执行战略和计划的过程，将战略转化为行动

第一步，要为战略性的衡量指标制定 3～5 年的目标。

第二步，制订能够实现这一目标的战略性计划。以资本预算为例，传统的资本预算未能把投资和战略相连，而选用了回报率等单纯的财务指标进行投资决策。组织可以利用平衡计分卡来为投资项目打分，名列前茅的并在资本预算范围内的投资项目将被采用。这种投资决策方法使资本预算和组织战略紧密相连。

12-9 拓展阅读

第三步，为战略计划确定短期计划。管理人员根据顾客情况、战略计划、经营过程、雇员情况，按月或季度制定短期目标，即把第一步"3～5 年的目标"中的第 1 年目标转化为平衡计分卡中 4 个维度的目标和衡量指标。当组织发现某项指标未达到预期目标时，便可以根据因果关系，层层分析引起这项指标变动的其他指标是否合格。如果不合格，则表明是执行不力。如果均已合格，那么管理人员就应对组织内外部环境重新分析，检查据以确定战略的环境因素是否已发生变化，是否需要调整战略。这一反馈分析的过程，对于战略管理有着重要的意义，充分体现了战略管理动态的特征。

本 章 小 结

本章介绍了平衡计分卡的内涵、平衡计分卡的特点及适用对象、平衡计分卡的应用与战略管理。本章的重点是平衡计分卡的四个维度（财务维度、顾客维度、企业的内部业务流程维度以及企业的学习与成长维度）以及平衡计分卡在企业绩效评价中的应用。平衡计分卡是企业绩效评价的一种方式。在企业平衡计分卡的实践中，一般会根据企业的实际情况将其与其他绩效评价的方式结合起来应用。

关 键 术 语

平衡计分卡　财务　顾客　内部业务流程　学习与成长　财务指标　非财务指标　战略管理

综 合 练 习

一、简答题

1. 简述平衡计分卡的基本内容。
2. 简述平衡计分卡的产生背景。
3. 简述平衡计分卡的流程。
4. 简述平衡计分卡的应用与战略管理。

二、名词解释

平衡计分卡　财务　顾客　内部业务流程　学习与成长　财务指标　非财务指标

三、实训题

课题12-1:平衡计分卡在企业中的应用调查研究。

实训项目:平衡计分卡在企业中的应用调查。

实训目的:学会平衡计分卡在企业中的应用。

实训内容:在收集了相关的信息之后,分组讨论平衡计分卡实施的条件。

实训要求:要求参加实训的学生分成2组,分别收集本市实施平衡计分卡的企业案例,然后分组进行讨论。

12-10 拓展练习

第 13 章

经济增加值

教学要点

知识要点	能力要求	相关知识
经济增加值概述	了解经济增加值产生和发展的历程，理解经济增加值的内涵	（1）经济增加值的概念 （2）经济增加值的理论基础 （3）经济增加值的体系构成
经济增加值的优势、功能和缺陷	掌握经济增加值的优势、功能和缺陷	（1）经济增加值的优势 （2）经济增加值的功能 （3）经济增加值的缺陷
经济增加值的计算	掌握经济增加值的计算公式	（1）经济增加值的调整原则 （2）经济增加值的调整项目及计算

 导入案例

DQ 公司以创造 EVA 为目标的 "TOP+" 战略

DQ 公司 1998 年在经营与财务方面出现了一系列问题，例如在税前收益、投资回报方面严重落后于主要竞争对手；股票价格低于某指数；产品质量问题时有发生；在新兴工业中有滞后的风险。这些问题直接引发了 DQ 公司的管理创新——建立以创造经济增加值（EVA）为目标的 "TOP+"（Total Optimization Process，整体最优化过程）战略。

该战略的核心目标是达到世界级标准，以公司的管理制度为基础，客户满意为导向，提高 EVA。DQ 公司从成本节约、销售激励、资产管理、质量、创新、领导力与协作、平衡计分卡、榜样、最佳实践共享、电子平台 10 个方面采取配套措施，支撑 "TOP+" 战略执行。

该战略的实施将 DQ 公司从一家传统笨重的巨型企业转变为一家具有灵活创新能力的跨国公司，也使其成为能够持续为股东创造价值的全球大公司之一。

从某种意义上说，企业的实质就是一种价值创造机制的现实存在。价值创造是管理会计的本质特征。在企业追寻价值的过程中，必须借助于一个有效的价值测量、控制和管理系统，这个系统就是管理会计。系统内部的任何管理会计工具的运用是否有效，均

13-1 政策法规

13-2 拓展阅读

13-3 拓展视频

取决于其是否能够支持企业持续地进行价值创造。国资委早在 2009 年年底修订的《中央企业负责人经营业绩考核暂行办法》中就正式引入了经济增加值考核指标，将中央企业的战略导向引向提高企业的价值创造能力上来。这一业绩考核指标的引入标志着企业价值管理新阶段的到来。如何有效地为投资人带来增量价值是企业运营的不变追求，而对这一价值创造过程进行有效的管理则是企业价值管理的本质目标。然而，传统的利润指标并不适合度量企业的价值创造。相反，它会使企业低估资源占用的成本耗费，从而导致企业低效率的"做大"而未实质性的"做强"。科学有效的绩效考核体系对企业业绩的提升起到良好的促进作用，可以有效地提高管理层的工作积极性，使表现优异者赢得更高的地位和利益，使表现落后者有压力和向上的动力，最终促进企业整体价值提升目标的实现。

国资委先后于 2006 年发布《中央企业综合绩效评价实施细则》、2008 年发布《中央企业负责人年度经营业绩考核补充规定》、2012 年修订《中央企业负责人经营业绩考核暂行办法》，2014 年印发《关于以经济增加值为核心加强中央企业价值管理的指导意见》，2019 年发布《中央企业负责人经营业绩考核办法》，强调经济增加值方法在其考核中的作用。2017 年财政部发布《管理会计应用指引第 602 号——经济增加值法》，明确了绩效管理的方法——经济增加值方法。这一系列出台的办法均是国家在追寻绩效评价公平性方面的重要成果。管理会计离不开人的行为，它是管理者的会计，必须考虑行为后果。绩效评价在引导国企改革中发挥着"指挥棒"的作用，是引导企业转型的重要动力。

13.1 经济增加值概述

13-4 知识讲解

13.1.1 经济增加值的概念

经济增加值（Economic Value Added，EVA）又称经济附加值、经济利润，是一段时间内企业的资本回报在扣除相应的资本成本后的剩余收益。EVA 最早是在 20 世纪 80 年代由美国的咨询公司提出的一种旨在进行业绩考核和价值管理的新型指标。EVA 的显著特点是在进行计算时考虑了投资者投入资本的成本。其基本的理念就是，如果一个企业所创造的收益不能覆盖或者超过为获取该收益所投入的全部资本成本，那么就不能算是创造了价值，只能说是价值的损毁或者浪费。同时，在进行 EVA 的具体计算过程中，会根据实际的情况进行会计项目调整，最大限度地还原企业的价值创造情况。

企业常用的会计基础指标、市场基础指标以及价值基础指标，尤其是对企业业绩进行评价的会计基础指标，如销售额、净利润、资产收益率、净资产收益率等，常常是以利润最大化为目标导向的，容易造成企业管理者追求短期效益、牺牲企业长期利益的短期行为；市场基础指标，如投资回报率、每股收益等，对市场有效性依赖程度较高，无法客观反映业绩水平。基于价值基础的业绩评价指标 EVA，因考虑了股东的权益资本以及股东财富创值能力而得到了广泛的关注，并开始在业绩评价中扮演重要的角色。EVA 关注企业的所有资本的管理情况，将股本资本与其他资本同等对待，即 EVA 考察的是企业全部类型的资本成本。所以，EVA 能够非常直观地反映企业为股东创造价值的生产经营行为的效果。EVA 的核心理念是：企业的所有资本，包括权益资本都是有成本的，只有当企业所获得的投资回报大于所付出的所有资本的成本后，企业才真正地创造了价值，才为投资者带来了财富。

我国于 2003 年初次发布的《中央企业负责人经营业绩考核暂行办法》中，按照着重考核企业经营管理水平以及发展能力的目标，将利润总额、净资产收益率作为主要考核指标。2006 年，国资委修订了该暂行办法。此时，我国已经着手推进 EVA 的普及实施。在该暂行办法中鼓励央企增加 EVA 考核方式，为全面实施 EVA 考核方式做下了铺垫。2009 年，国资委再次修订了该暂行办法，正式引入了 EVA 这一指标，将前版本中"净资产收益率"这一指标替换成 EVA，这是我国央企经营考核评价体系的一个重大变化。EVA 自 2009 年引入考核体系以来，至今都在业绩评估等方面发挥着重要作用。直至 2016 年，《中央企业负责人经营业绩考核办法》正式颁布实施。该办法以"引导中央企业提质增效升级、实现做强做优做大"为指导，将发展质量、资本运营效率以及企业功能放在了绩效评价上，以此来指导企业改进经营管理，达到高质量、可持续发展。同时，还正式提出了对商业企业与公益企业两种不同评价方式的分类评价理念。为了适应时代变化，国资委于 2009 年再次修订了《中央企业负责人经营业绩考核办法》，于 2019 年 4 月 1 日正式开始施行。

13.1.2　经济增加值的理论基础

著名经济学家马歇尔（Marshall）在其著作《经济学原理》中提出，从企业利润中减去投入资本，以现行利率计算的利息才是企业获得的实际利润，马歇尔将其称为"剩余利润"。"剩余利润"的理论渊源出自诺贝尔奖经济学家默顿·米勒（Merton Miller）和弗兰科·莫迪利亚尼（Franco Modigliani）1958 年至 1961 年关于公司价值的经济模型的一系列论文。

1982 年，斯特恩（Stern）与斯图尔特（Stewart）成立了 Stern Stewart 咨询公司，他们在为可口可乐企业的收购活动进行价值评估的时候，意识到总是围绕传统会计利润打转实际上是错误的。在考虑了当时的各项财务指标后，他们认为应该选择经济学家所说的经济利润来衡量企业的价值。后来 Stern Stewart 咨询公司在提供咨询业务的活动中发现困扰各大企业的焦点问题是代理问题。因此，他们将重点转向了企业的内部管理，并建议将 EVA 作为衡量企业业绩的标准，以便让企业管理层和企业股东的利益达成一致，为企业创造更多的价值。EVA 弥补了传统企业价值评估方法的一些不足之处，为企业的价值评估提供了一种全新的思维方式，在企业内部管理方面也能够得到有效的应用，因而被企业广泛和迅速地接受，在实际应用中获得了巨大的成功。

2000 年，Stern Stewart 咨询公司将 EVA 评价方法应用到我国企业中，采用 EVA 指标对我国上市公司的经营业绩进行了排名，同时在《财富》杂志中披露了该排名结果。从此，EVA 在我国资本市场和企业管理领域都受到广泛关注，理论界和实务界对 EVA 进行了不断的理论探索和应用研究。

13-5 拓展阅读

13.1.3　经济增加值的体系构成

1. 评价指标（Measurement）

EVA 是衡量业绩最准确的尺度，对无论处于何种时间段的公司业绩，都可以做出最准确恰当的评价。在计算 EVA 的过程中，应首先对传统收入概念进行一系列调整，从而消除会计运作产生的异常状况，并使其尽量与经济真实状况相吻合。举例来说，一般公认会计准则（Generally Accepted Accounting Principles，GAAP）要求公司把研发费用计入当年的成本，即使这些研发费用是对未来产品或业务的投资。为了反映研发的长期经济效益，剔除利润表中作为当期一次性成本的研发费用，需要在资产负债表中作出相应的调整，把研发费用资本化，并在适当的时期内分期摊销。而资本化后的研发费用还要支付相应的资本费用。Stern Stewart 咨询公司已经确认了 160 多种关于 GAAP 的调整措施。这些措施涉及诸多方面，包括存货成本、货币贬值、坏账准备金、重组收费以及商誉的摊销等。在保证精确性、顾及简单易行的前提下，Stern Stewart 咨询公司通常建议客户公司采用 5~15 条调整措施，并针对每个客户公司的具体情况，确认那些真正能够改善公司业绩的调整措施。这些调整措施的基本评判标准包括：调整能产生重大变化，有确切的可得数据，这些变化可被非财务主管理解。还有最重要的一条，就是这些变化能够对公司决策起到良好的影响作用，且能节省开支。

2. 管理体系（Management）

EVA 是衡量企业所有决策的单一指标。公司可以把 EVA 作为全面财务管理体系的基础，这套体系涵盖了所有指导营运、制定战略的政策方针、方法和过程，以及衡量指标。在 EVA 体系下，管理决策的方方面面都囊括在内，包括战略企划、资本分配、并购或撤资的估价、制订年度计划，甚至包括每天的运作计划。总之，增加 EVA 是公司重要的目标。换而言之，成为一家增加 EVA 公司的过程是一个舍弃的过程。在这个过程中，公司将舍弃其他所有的财务衡量指标，否则这些指标会误导管理人员做出错误的决定。举例来说，如果公司的既定目标是最大限度地提高净资产的回报率，那么一些利润高的部门不会积极地进行投资，即使是对一些有吸引力的项目也不愿意，因为他们害怕会损害回报率。相反，业绩并不突出的部门会十分积极地投资，即使这些投资得到的回报率低于公司的资本成本率。所有这些行为都会损害股东利益。但是统一着重于改善 EVA 将会确保所有的管理人员为股东的利益做出正确决策。

增加 EVA 有三条基本途径：一是通过更有效地经营现有的业务和资本，提高经营收入；二是投资所期回报率超出公司资本成本率的项目；三是可以通过出售对别人更有价值的资产，或通过提高资本运用效率，比如加快流动资金的运转、加速资本回流，从而达到把沉淀资本从现存营运中解放出来的目的。

13-6 拓展视频

3. 激励制度（Motivation）

如今许多针对管理人员的激励报偿计划过多强调报偿，而对激励不够重视。无论奖金额高低，其都是通过每年的预算计划确定的。在这种体制下，管理人员会制定一个易于完成的预算任务，而且这个预算任务所得奖励也不会超奖金限额，不会使来年的期望值太高，以致信誉受损。

EVA 使管理人员从股东角度长远地看待问题，并得到像企业所有者一样的报偿。Stern Stewart 咨询公司为此提出了现金奖励计划和内部杠杆收购计划。现金奖励计划能够让管理人员像企业所有者一样得到报酬，而内部杠杆收购计划则可以使管理人员对企业的所有者关系真实化。以 EVA 增加作为激励报偿的基础，正是 EVA 体系蓬勃生命力的源泉。因为使 EVA 增加最大化，就是使股东价值最大化。在 EVA 奖励制度之下，管理人员为自身谋取更多利益的唯一途径就是为股东创造更多的财富。这种奖励没有上限,管理人员创造EVA的越多,得到的奖励越多。同样,在EVA制度下,管理人员得到的奖励越多,股东所得的财富也越多。

EVA奖金额度是自动通过公式每年重新计算的。如果EVA值提高,那么下一年度的奖金将建立在当前EVA水平增长的基础之上。不仅如此,还推荐"蓄存"一定量的额外奖金,并分几年偿付。蓄存奖金可以在EVA下降的时候产生一种"负"奖金,并且确保只有在EVA可持续增长之时才发放。因为奖金没有上限,并且脱离了年度预算,管理人员更有动力进行全面经营,还会在投资时考虑企业的长远利益。

4.理念体系(Mindset)

如果EVA制度全面贯彻实施,将使公司的企业文化发生深远变化。EVA制度使所有财务营运功能都从同一基础出发,为各分支部门的交流合作提供了有利条件,为决策部门和营运部门建立了联系信道,并且根除了部门之间互有成见、互不信任的情况,尤其是运营部门与财务部门之间的不信任。

例如,自从Harnischfeger公司采用EVA制度之后,管理层没有拒绝过任何一个可行的资本投资要求。因为管理人员明白,如果新投资项目的收益低于资本,他们的奖金将受到影响,所以他们不会为了使项目通过而故意夸大项目的预期回报。实际上,EVA制度是一套公司法人治理制度。这套制度自动引导所有员工为股东的最大利益工作。EVA制度还帮助决策权的有效下放和分散,因为它使得每个管理人员有责任创造价值,并且对他们的做法给以奖励或惩罚。

把EVA写入企业文化的关键是使其成为汇报、计划和决策共同关注的焦点。这就要求做到以下两点。第一,因为EVA是全部生产要素的衡量指标,企业必须认识到EVA能够也必须处于高出其他财务和营运指标的地位。如果EVA只是作为其他业绩衡量指标的附加手段来实施,那么混乱的、本可解决的复杂情况仍将继续存在。第二,决策过程必须采用EVA指标。例如,根据具体情况将EVA应用于广泛的决策活动中,在制定预算和战略方针时,使用这些方法;还可以为员工培训设计许多典型范例,并进行讲解。

13.2 经济增加值的优势、功能和缺陷

13.2.1 经济增加值的优势

13-7 知识讲解

采用EVA指标评价财务业绩,具有一定的优势:EVA弥补了会计报表没有全面考虑资本成本的缺陷,它可以帮助管理者了解公司的运营情况,从而向管理者提出了更高的要求。EVA具有强大的经济功能和实际应用价值,归纳起来,主要表现在以下几个方面。

1.考虑了权益资本成本

我国现行的财务会计只确认和计量债务资本的成本,没有将权益资本成本从营业利润中扣除,这样计算出来的会计利润不能真实地评价公司的经营业绩,也会使经营者误认为权益资本是一种免费资本,不重视资本的有效使用。

EVA能将股东利益与管理人员业绩紧密联系在一起,同时,因为EVA是一个绝对值,

所以 EVA 的使用能有效解决决策优化问题。增加 EVA 的决策也必然会引起股东财富的增加。例如，采用投资报酬率作为部门经理业绩考核指标时，部门经理将会放弃高于资金成本而低于目前部门投资报酬率的投资机会，或者减少现有投资报酬率较低但高于资金成本的某些资产，以提高本部门的业绩，却损害了股东的利益。EVA 可以避免内部决策与执行的冲突，使各部门目标与整个企业目标一致。

2. 能较准确地反映公司在一定时期内创造的价值

传统业绩评价体系以利润作为衡量企业经营业绩的主要指标，容易导致经营者为粉饰业绩而操纵利润。而计算 EVA 时，需要对财务报表的相关内容进行适当的调整，避免了会计信息的失真。EVA 指标调整的目的在于创造一种能使管理者像所有者一样行动的业绩计量方式，其具体目的包括调整会计稳健性的影响（如研发费用资本化、先进先出法），防止盈余管理（如不计提坏账准备），消除过去的会计误差对决策的影响（如防止资产账面价值不实）等。

3. 能较好地解决上市公司分散经营中的问题

公司下属的各部门均可根据各自的资本成本来确定部门的 EVA 目标，这些目标还应该通过部门间的沟通来协调和互补。每个部门可同时制定长期、中期、短期目标，用于不同的财务目的。公司总部则可根据公司的总体规划和总资产以及部门的 EVA 指标，综合制定公司的 EVA 目标。因此，许多经营上的问题，如是否接受新的投资项目、公司的分散经营范围如何确定、是否放弃某个部门或某项投资，其答案都取决于股东的价值是否增值、EVA 能否实现。

4. 可作为财务预警指标

首先，EVA 作为一种创值指标，不仅考虑了公司使用的全部资本，充分利用了公司提供的全部公开信息，而且考虑了风险以及含有企业外部的市场信息。而传统财务指标完全依赖于企业内部的报表信息。所以相对于传统财务指标，EVA 更具有信息可靠性。其次，由于 EVA 针对现行的会计政策进行了一系列的调整，减小了企业通过改变会计政策选择、资本结构进行盈余管理的空间。相对于传统财务指标，它能更真实地反映企业的经营状况。最后，EVA 相对于传统财务指标，特别是企业处于规模扩张的情况下，能较早地发现企业的经营状况不佳。

5. 一种有效的激励方式

EVA 激励机制可以用 EVA 的增长数额来衡量经营者的贡献，并按此数额的固定比例作为奖励给经营者的奖金，使经营者利益与股东利益挂钩，激励经营者从企业角度出发，创造更多的价值。

6. 能真正反映企业的经营业绩

EVA 与基于利润的企业业绩评价指标的最大区别是 EVA 将权益资本成本（机会成本）也计入资本成本，有利于减少传统财务指标对经济效率的扭曲，从而能够更准确地评价企业或部门的经营业绩，反映企业或部门的资产运作效率。

7. 注重公司的可持续发展

EVA不鼓励以牺牲长期业绩的代价来夸大短期效果,也就不鼓励削减注入研究和开发费用的行为。EVA着眼于企业的长远发展,鼓励企业经营者进行能给企业带来长远利益的投资决策,如新产品的开发研究、人力资源的培养等,这样杜绝了企业经营者短期行为的发生。因此,应用EVA不仅符合企业的长期发展利益,而且符合知识经济时代的要求,有利于整个社会技术的进步,从整体上增进企业的核心竞争力与加快社会产业结构的调整。

13.2.2 经济增加值的功能

1. 激励性功能

这是EVA的首要功能,也是关键性功能。以EVA为核心,设计管理者激励机制有利于规范经营者行为,以维护所有者和股东的合法权益。它与传统的激励机制相比有如下优越性。

(1)有利于克服经营者行为短期化。

这是因为从理论上讲,EVA扣除了资本成本,考虑了资金时间价值和风险因素,这就必然有利于管理者行为长期化。

(2)有利于加强监督力度,减少做假账的可能性。

一方面,对财务报表的调整过程本身就是进一步加强审计和监督的过程,从中便于再次发现问题杜绝假账。另一方面,合理调整目的之一在于为管理者提供更有用的决策信息,考评目标已不再是会计利润而是EVA,虚瞒伪报的必要性随之下降。

(3)强化风险承担意识,有利于管理者目标与所有者目标趋于一致。

让管理者成为所有者的一部分,两者目标才能趋于一致。EVA奖励方式给公司的股权改革留下了巨大的想象空间。

2. 全面性功能

EVA理论提出了全面成本管理的理念。成本不仅包括在账面上已经发生的经营成本,还包括极易被忽视的账面上并未全部反映的资本成本。忽视权益资本成本就容易忽视股东利益和资本的使用效率。一项营运业务的变革虽然会增加经营成本,但是会减少资金占用,从而可以更大幅度地降低资本成本,增加会计利润。

3. 系统性功能

以EVA为核心构建的公司综合财务分析系统可替代至今广为流传的杜邦财务分析系统。其中显示的目的手段关系链可以帮助经营管理者厘清思路,全面指出为增加EVA可采用的对策和途径。基于EVA和可持续增长率的财务战略矩阵可为公司战略性财务决策提供帮助,EVA系统是公司决策的有用工具。

4. 文化性功能

EVA不仅是一种计量方法,还是一种管理理念和企业文化。根据国外实践经验,EVA要力求简便易行,培训应渗透到每位员工。EVA考评至少落实到每位部门经理,并且每季度、每月都要进行考评。只有经过长期不懈的艰苦努力，形成全体员工认同的 EVA 企业文化和组织氛围，企业才能和 EVA 与时俱进。

13.2.3 经济增加值的缺陷

1. EVA 指标的历史局限性

EVA 指标属于短期财务指标，虽然采用 EVA 能有效地防止管理者的短期行为，但管理者在企业都有一定的任期，为了自身的利益，他们可能只关心任期内各年的 EVA，然而股东财富最大化依赖于未来各期创造的 EVA。若仅仅以当期实现的 EVA 作为业绩评定指标，企业管理者从自身利益出发，会对保持或扩大市场份额、降低单位产品成本以及进行必要的研发项目投资缺乏积极性，而这些举措正是保证企业未来 EVA 持续增长的关键因素。从这个角度看，市场份额、单位产品成本、研发项目投资是企业的价值驱动因素，是衡量企业业绩的"超前"指标。因此，在评价企业管理者经营业绩及确定他们的报酬时，不但要考虑当前的 EVA 指标，还要考虑这些超前指标，这样才能激励管理者将自己的决策行为与股东的利益保持一致。同样，当利用 EVA 进行股票分析时，也要充分考虑影响相关企业未来 EVA 增长势头的这些超前指标，从而尽可能准确地评估出股票的投资价值。

2. EVA 指标信息含量的局限性

在采用 EVA 进行业绩评价时，EVA 系统不能提供如产品、员工、客户以及创新等方面的非财务信息。这让我们很容易联想到平衡计分卡（BSC）。考虑到 EVA 与 BSC 各自的优缺点，可以将 EVA 指标与 BSC 相融合创立一种新型的"平衡计分卡"。通过对 EVA 指标的分解和敏感性分析，可以找出对 EVA 影响较大的指标，从而将其他关键的财务指标和非财务指标与 EVA 这一企业价值的衡量标准紧密地联系在一起，形成一条贯穿企业各个方面及层次的因果链，从而构成新型的"平衡计分卡"。EVA 被置于计分卡的顶端，处于平衡计分中因果链的最终环节，企业发展战略和经营优势都是为实现 EVA 增长的总目标服务。EVA 增长是企业的首要目标，也是成功的标准。在这一目标下，企业及各部门的商业计划不再特立独行，而是必须融入提升 EVA 的进程中。在这里，EVA 就像计分卡上的指南针，其他所有战略和指标都围绕其运行。

3. EVA 指标形成原因的局限性

EVA 指标属于一种经营评价法，纯粹反映企业的经营情况，仅关注企业当期的经营情况，并没有反映出市场对公司整个未来经营收益预测的修正。在短期内，公司市值会受到很多经营业绩以外因素的影响，包括宏观经济状况、行业状况、资本市场的资金供给状况以及许多其他因素。在这种情况下，如果仅考虑 EVA 指标，就会失之偏颇。如果将股票价格评价与 EVA 指标结合起来，就会比较准确地反映出公司经营业绩以及其发展前景。第一，采用 EVA 指标后，对经营业绩的评价更能反映公司的实际经营情况，也就是股价更能反映公司的实际情况。第二，股票价格评价与 EVA 指标结合，能够有效地将经营评价和市场评价有机地结合起来，准确反映高层管理人员的经营业绩。

目前，我国许多企业都在推行 EVA 管理方式，国资委也准备对下属的中央企业采用

EVA 评价体系，一些大型的民营企业在咨询过程中也提出了这方面的需求。

> **知识链接**
>
> **避免 EVA 越大越好的防范举措**
>
> 为了避免 EVA 越大越好的误区，应该在 EVA 导向的管理中，建立 EVA 质量监测体系。
>
>
>
> 13-8 拓展案例
>
> 1. 常见误区
>
> EVA 与其他衡量经营业绩的指标相比，有两大特点：一是剔除了所有成本。EVA 不仅像会计利润一样扣除了债权成本，而且还扣除了股权资本成本。二是尽量剔除会计失真的影响。传统的评价指标如会计收益都存在某种程度的会计失真，从而歪曲了企业的真实经营业绩。EVA 则对会计信息进行必要的调整，消除了传统会计的稳健性原则所导致的会计数据不合理现象，使调整后的数据更接近现金流，更能反映企业的真实业绩。因此，EVA 更真实、客观地反映了企业真正的经营业绩。但是，简单地认为 EVA 越大越好，并将其转为行动目标，则会误导企业掉进一个重大的风险陷阱。
>
> EVA 不是简单地在数量上的越大越好，而应该是在质量约束下的越大越好。EVA 的质量主要体现在：结构质量，即 EVA 构成中的经营性经济增加值要占到 75% 以上；投入质量，即投入资本要占到总资产的 65% 以上；效率质量，即投入资本产出的 EVA 越大越有效率；增长质量，即当期比前期越来越好。
>
> 2. 防范措施
>
> EVA 质量监测体系全面对接企业经营管理，以全程性的 EVA 计算公式为基础，通过一套指标体系对创值（创造经济增加值）活动进行实时分析，识别创值的成效，判断创值的问题，及时把握 EVA 形成及变化的规律，为改进 EVA 提供科学的决策依据，使 EVA 质量监测体系成为以实现 EVA 为目标，判断、分析、诊断企业经营管理成效的工具。
>
> （1）对创值的结果进行识别，合理地判断创值质量。
>
> 按一定的时间（月度、季度、半年度、年度）维度对创值的结果进行计算，并从构成、投入、增长、风险这四个维度分析创值质量。
>
> （2）对创值的过程进行监测，及时地发现重要的驱动因子。
>
> 从创值的全过程入手，对影响创值要素如营业收入、运营成本、资本成本、调整事项、税项影响等进行动态的监测分析，及时地发现重要的影响因子，即发现 EVA 形成以及变化的主要原因。
>
> （3）对经营创值的能力进行监测，以发现创值的核心能力。
>
> 以创值的能力计算公式为基础，从市场经营能力、运营成本管理能力、资本成本管理能力、投入资本质量四方面进行监测评析，按行业类型和企业的发展周期发现创值的核心能力。

13.3 经济增加值的计算

13.3.1 经济增加值的调整原则

（1）EVA 的调整主要遵循以下原则。

① 重要性原则。涉及金额比较大，对企业价值创造作用性强，能够关系企业长期利益发展的项目应视为重要性项目。

② 可获得性原则。即调整项目的数据对于分析人员来说能够及时地获得、客观地计量。

③ 适用性原则。根据我国企业的具体情况来选择调整项目和调整方法，使之适用于我国企业的应用。

④ 可理解原则。即管理者、利益相关者可以清楚知道调整项目的情况。

⑤ 可控制原则。管理者能够尝试不同的方法，对需要调整的项目进行改进。

⑥ 真实性原则。能够真实准确地反映公司的业绩，清除一些人为可以操控的因素。

⑦ 程序性原则。调整的项目无须主观判断，按程序操作，以保持相对稳定性。

（2）其他重大调整事项可以酌情予以调整。

① 发生重大政策变化。

② 严重自然灾害等不可抗力因素。

③ 企业重组、上市及会计准则调整等不可变因素。

④ 国资委认可的企业结构调整等其他事项。

13.3.2 经济增加值的调整项目及计算

通过对以上调整原则的介绍，根据现行的会计准则，得出有以下项目需要调整。

在《管理会计应用指引第 602 号——经济增加值法》中，经济增加值被定义为企业税后净营业利润减去资本成本后的余额，计算公式如下：

经济增加值 = 税后净营业利润 – 平均资本占用 × 加权平均资本成本

其中，税后净营业利润衡量的是企业的经营盈利情况；平均资本占用反映的是企业持续投入的各种债务资本和股权资本；加权平均资本成本反映的是企业各种资本的平均成本率。

计算经济增加值时，需要进行相应的会计项目调整，以消除财务报表中不能准确反映企业价值创造的部分。会计调整项目的选择应遵循价值导向性、重要性、可控性、可操作性与行业可比性等原则，根据企业实际情况确定。

常用的调整项目：①研究开发费、大型广告费等一次性支出但收益期较长的费用，应予以资本化处理，不计入当期费用。②反映付息债务成本的利息支出，不作为期间费用扣除，计算税后净营业利润时，在扣除所得税影响后予以加回。③营业外收入、营业外支出具有偶发性，将当期发生的营业外收支从税后净营业利润中扣除。④将当期减值损失扣除所得税影响后予以加回，并在计算资本占用时相应地调整资产减值准备发生额。⑤因递延税金不反映实际支付的税款情况，所以将递延所得税资产及递延所得税负债变动影响的企业所得税从税后净营业利润中扣除，相应地调整资本占用。⑥其他非经常性损益调整项目，如股权转让收益等。

税后净营业利润等于会计上的税后净利润加上利息支出等会计调整项目后得到的税后利润。

平均资本占用是所有投资者投入企业经营的全部资本，包括债务资本和股权资本。其中，债务资本包括融资活动产生的各类有息负债，不包括经营活动产生的无息流动负债。股权资本中包含少数股东权益。资本占用除了根据经济业务实质相应地调整资产减值损失、递延所得税等，还可根据管理需要调整研发支出、在建工程等项目，引导企业注重长期价值创造。

加权平均资本成本是债务资本成本和股权资本成本的加权平均，反映了投资者所要求的必要报酬率。加权平均资本成本的计算公式如下：

$$K_{WACC}=K_D\frac{DC}{TC}(1-T)+K_S\frac{EC}{TC}$$

其中，TC 代表资本占用，EC 代表股权资本，DC 代表债务资本，T 代表所得税税率，K_{WACC} 代表加权平均资本成本，K_D 代表债务资本成本，K_S 代表股权资本成本。

债务资本成本是企业实际支付给债权人的税前利率，反映的是企业在资本市场中债务融资的成本率。如果企业存在不同利率的融资来源，债务资本成本应使用加权平均值。

股权资本成本是在不同风险下，所有者对投资者要求的最低回报率。通常根据资本资产定价模型确定，计算公式为：

$$K_S=R_f+\beta(R_m-R_f)$$

其中，R_f 为无风险收益率，R_m 为市场预期回报率，R_m-R_f 为市场风险溢价。β 是企业股票相对于整个市场的风险指数。上市企业的 β 值，可采用回归分析法或最小二乘法等方法测算确定，也可以直接采用证券机构等提供或发布的 β 值；非上市企业的 β 值，可采用类比法，参考同类上市企业的 β 值确定。

企业的加权平均资本成本确定后，应结合行业情况、不同所属单位（部门）的特点，通过计算（能单独计算的）或指定（不能单独计算的）的方式确定所属单位（部门）的资本成本。通常情况下，企业对所属单位（部门）所投入资本（即股权资本）的成本率是相同的，为简化资本成本的计算，所属单位（部门）的加权平均资本成本一般与企业保持一致。

【例 13-1】 A 公司是一家处于成长阶段的上市公司，正在对其 2024 年的业绩进行计量和评价，有关资料如下。

（1）A 公司 2024 年的销售收入为 2 500 万元，营业成本为 1 340 万元，销售及管理费用为 500 万元，利息费用为 236 万元。

（2）A 公司 2024 年的平均总资产为 5 200 万元，平均金融资产为 100 万元，平均经营负债为 100 万元，平均股东权益为 2 000 万元。

（3）目前资本市场上等风险投资的权益成本为 12%，税前净负债成本为 8%；2025 年 A 公司董事会对 A 公司要求的目标权益净利率为 15%，要求的目标税前净负债成本为 8%。

（4）A 公司适用的企业所得税税率为 25%。

要求：（1）计算 A 公司的净经营资产净利率、权益净利率。

（2）计算 A 公司披露的经济增加值。计算时需要调整的事项是为扩大市场份额，A 公司 2024 年年末发生营销支出 200 万元，全部计入销售及管理费用。计算披露的经济增加值时要求将该营销费用资本化（调整时按照复式记账原理，同时调整税后经营净利润和净经营资产）。

（3）与传统的以盈利为基础的业绩评价相比，经济增加值基础业绩评价主要有什么优缺点？

解：

（1）税后经营净利润 =（2 500–1 340–500）×（1–25%）=495（万元）

　　　税后利息费用 =236×（1–25%）=177（万元）

　　　净利润 =495–177=318（万元）

　　　平均净经营资产 =5 200–100–100=5 000（万元）

　　　权益净利率 =318÷2 000=15.9%

（2）市场基础的加权平均资本成本 =12%×2/5+8%×（1–25%）×3/5=8.4%

　　　调整后的税后经营净利润 =495+200×（1–25%）=495+150=645（万元）

　　　调整后的投资资本 =5 000+150=5 150（万元）

　　　披露的经济增加值 =645–5 150×8.4%=212.4（万元）

（3）经济增加值基础业绩评价的优缺点。

优点：①经济增加值直接与创造股东财富联系起来。②经济增加值不仅是一种业绩评价指标，还是一种全面财务管理和薪金激励体制的框架。

缺点：①经济增加值是绝对指标，不具有比较不同规模公司业绩的能力。②对如何计算经济增加值缺乏统一的规范，只能在一个公司的历史分析以及内部评价中使用。

本 章 小 结

本章介绍了经济增加值概述，经济增加值的优势、功能和缺陷，经济增加值的计算。本章的重点是经济增加值的计算。经济增加值是企业绩效评价的一种方式。在企业经济增加值的实践中，应根据企业的实际情况与平衡计分卡等其他绩效评价的方式结合起来应用。

关 键 术 语

经济增加值　加权平均资本成本　股权资本成本

综 合 练 习

一、名词解释

经济增加值

二、简答题
1. 经济增加值的优势是什么？
2. 经济增加值的功能有什么？
3. 经济增加值的缺陷有什么？

13-10 拓展案例

13-11 拓展练习

第五篇 其他篇

第 14 章

管理会计报告

教学要点

知识要点	能力要求	相关知识
管理会计报告概述	理解管理会计报告体系内涵，掌握管理会计报告特征及流程	（1）管理会计报告体系的概念及分类 （2）财务会计报告与管理会计报告的区别与联系 （3）管理会计报告特征 （4）管理会计报告流程
基于报告对象的管理会计报告体系	理解并掌握战略层、经营层、业务层管理会计报告	（1）战略层管理会计报告 （2）经营层管理会计报告 （3）业务层管理会计报告

 导入案例

14-1 政策法规

SY 公司管理会计报告体系设置

1. SY 公司原会计报告存在的问题

会计报告一直存在于各类企业中，SY 公司作为传统航天企业也不例外。近年来，SY 公司虽开展了先进财务管理工具的研究和应用等工作，但依然存在着以下不足：

（1）各类会计报告较为零散，尚未形成体系。

（2）各类会计报告向上传递居多，平级或向下传递不够。

（3）完成传统任务居多，基于价值创造或基于价值链视角的分析较少。

（4）统计数据依靠人工，基于大数据和智慧化、人工智能较少。

（5）应对外部风险能力不足，面对环境变化决策支撑不足。

2. SY 公司管理会计报告体系构建

SY 公司针对原会计报告存在的问题，开始了基于持续自我优化能力和三维价值创造能力的管理会计报告体系建设，为本单位战略层、经营层、业务层的决策和管理提供了有力的支撑。

（1）战略层次：SY 公司的战略层管理会计报告包括企业整体价值分析报告、中长期规划报告、企业外部财税环境分析报告、资金运营分析等。

（2）经营层次：SY 公司的经营层管理会计报告包括某业务专项盈利能力分析报告、全面预算报告、月度调度会报告——经济运行分析等。

（3）业务层次：SY 公司的业务层管理会计报告包括存货盘库报告、应收账款函证分析报告、月度资金收支预算表、票据滚动收支报告等。

SY 公司管理会计报告体系在满足不同层级对经营信息获取的同时，为提升企业核心竞争力提供了有效帮助。

管理会计报告在企业中具有重要的作用，它贯穿企业的各个环节和流程。本章我们来学习管理会计报告的基本知识。

14.1 管理会计报告概述

管理会计经过多年的发展，理论界和实务界已经达成共识：管理会计报告作为现代企业会计报告的两大分支之一，主要应用于企业内部，是企业各级管理层决策和管理的核心依据。企业已经有了非常成熟的外部利益相关者需要的标准的会计报表体系（财务会计报告体系）。与此同时，企业还应该建立另外一个平行的新系统去承载企业战略，为不同层级的管理者提供差异化的决策信息，以最终满足不同管理者对成本控制、定价系统、周期性绩效评价等相关信息方面的需要，这就是管理会计报告体系。这两套体系相结合，才能更好地发挥管理会计价值创造和决策支撑的作用。

14-2 知识讲解

14.1.1 管理会计报告体系的概念及分类

1. 管理会计报告体系的概念

2017 年 10 月，财政部发布了《管理会计应用指引第 801 号——企业管理会计报告》，将管理会计报告分为战略层、经营层和业务层，明确管理会计报告的目标是为企业各层级进行规划、决策、控制和评价等管理活动提供有用信息。

2020 年，《中共中央 国务院关于构建更加完善的要素市场化配置体制机制的意见》指出，土地、劳动力、资本、技术、数据等要素领域为改革的方向。随着云计算、人工智能、区块链等数智化技术的发展和应用，数据成为一种新型生产要素。挖掘和撬动数据的价值，是企业优化资源配置、培育竞争优势的重要途径。而管理会计报告作为财务管理和业务运营场景相结合的信息产品，也需要在数智化技术的浪潮中与时俱进，更好地提升质量服务决策和运营管理。

2021 年 12 月印发的《会计信息化发展规划（2021—2025 年）》明确提出："充分运用各类信息技术，探索形成可扩展、可聚合、可比对的会计数据要素。加速会计数据要素流通和利用，推进企业报表体系数字化，发挥会计信息在资源配置中的支撑作用。"随着现代企业管理的要求和发展,管理会计报告的应用越来越广泛,在企业管理中的作用越来越凸显。面对"数据驱动""数字中国""数字会计"等数字时代要求,建立完善的数字化管理会计体系,必须先要完善数字化的管理会计报告体系。

会计是一个信息系统,由若干个子系统组成,其中最重要的两个子系统是财务会计和管理会计。财务会计侧重于为外部投资者以及利益相关者提供评价、决策和投资所需的信息服务和支撑;管理会计则侧重于为内部经营管理者提供经营策略、资源配置和管理决策所需的信息服务和支撑。与之相对应,会计报告包括财务会计报告与管理会计报告。其中,财务会计报告是指单位会计部门根据经过审核的会计账簿记录和有关资料,编制并对外提供反映单位某一特定日期财务状况和某一会计期间经营成果、现金流量及所有者权益等会计信息的总结性书面文件,通常包括资产负债表、利润表和现金流量表等。

管理会计报告是指企业运用管理会计方法,根据财务和业务的基础信息加工整理形成的,满足企业价值管理和决策支持需要的内部报告。管理会计信息与报告是管理会计的核心。管理会计报告研究的成果主要体现在会计专业机构发布的管理会计指引或指南、管理会计公告等。管理会计源自传统会计工作,通过整理收集企业内部数据,为企业经营决策提供帮助。管理会计报告既是管理会计信息的载体,又是管理会计活动过程和绩效结果的表达,目的是通过将各类信息进行整合提供给内部使用者,为企业单位决策提供支持。

管理会计报告通过事前、事中和事后提供资讯和分析意见的方式支持决策和运营管理。管理会计报告要以发现问题、解决问题为导向,以价值创造为核心,以指导决策为引领,以服务战略为目标。企业可以从经营层面、管理层面、财务层面、绩效层面等不同层面完善管理会计报告体系。

管理会计报告的形式要件包括报告名称、报告期间(或时间)、报告对象、报告内容以及报告人等。企业管理会计报告的对象是对管理会计信息有需求的企业内部各个层级、各个环节的管理者。企业可根据管理的需要和管理会计活动的性质设定报告期间。一般应以日历期间(月度、季度、年度)作为企业管理会计报告期间,也可根据特定需求设定企业管理会计报告期间。企业管理会计报告的内容应紧密围绕管理需要和报告目标而定,确保内容易于理解并具有一定的灵活性。

在"十三五"期间,虽然我国企业管理会计报告体系得到了较快的发展,但还是存在报告体系不完整、报告数据质量不高、功能价值未能有效发挥等问题。

2. 管理会计报告体系分类

14-3 拓展知识

根据财政部颁布的《管理会计应用指引第801号——企业管理会计报告》,由于不同的管理组织层次具有不同的管理重点以及信息需求,所以按照使用者所处管理组织层级,可以将管理会计报告分为战略层管理会计报告、经营层管理会计报告和业务层管理会计报告(表14-1)。

管理会计报告体系应根据管理活动全过程进行设计,在管理活动各个环节形成基于因果关系链的结果报告和原因报告。管理会计报告体系可按照多种标准进行分类,如表14-2所示。

表 14-1　　　　　　　　　　　　　　管理会计报告分类

分类	战略层管理会计报告	经营层管理会计报告	业务层管理会计报告
报告目的	帮助企业的战略层进行战略的规划、决策和评价	帮助企业的经营层顺利开展经营管理活动、完成经营目标	帮助企业对各个业务进行绩效考核评价，考察职责的履行情况
报告对象	股东、董事以及监事会	企业的经营管理层	企业各个业务部门、制造车间以及职能部门
报告内容	战略管理方面、综合绩效方面、企业的经营状况以及企业的风险分析等	企业的全面预算管理、盈利、资金管理和投融资分析等	采购业务报告、生产业务报告、运送业务报告、销售业务报告以及人力资源报告等

表 14-2　　　　　　　　　　　　　　管理会计报告体系分类

划分标准	分类
按企业管理会计报告使用者所处管理层级	战略层管理会计报告
	经营层管理会计报告
	业务层管理会计报告
按企业管理会计报告内容	综合企业管理会计报告
	专项企业管理会计报告
按管理会计功能	管理规划报告
	管理决策报告
	管理控制报告
	管理评价报告
按责任中心	投资中心报告
	利润中心报告
	成本中心报告
按报告主体整体性程度	整体报告
	分部报告

14.1.2　财务会计报告与管理会计报告的区别与联系

1. 财务会计报告与管理会计报告的区别

财务会计报告是通过确认、计量、记录以及报告 4 个步骤所制成，严格遵守了公认会计准则或者其他会计制度，报告的模式较为固定。而相比之下，管理会计报告不仅综合了企业的财务信息和非财务信息，还结合统计和数学的方法，来对企业经营活动进行预测和分析，帮助企业提高经济效益。

财务会计报告与管理会计报告之间的主要区别是报告格式的灵活性，是否要严格遵守法定规则等，具体如表 14-3 所示。

表 14–3　　　　　　　　　财务会计报告与管理会计报告的区别

项　目	财务会计报告	管理会计报告
报告基础	会计信息系统	会计信息系统和其他信息系统
报告目的	为外部和内部使用者提供信息	为内部经营管理者的经营策略、资源配置和管理决策提供信息
报告内容	整个企业经营活动的全过程的信息	企业整体、企业内部生产经营、管理单元信息，甚至是个体信息
报告特征	看重数据的客观性、连贯性、准确性	更强调决策的相关性，允许主观信息的存在
报告格式	会计准则与其他会计制度	格式灵活，具有针对性
报告信息种类	财务信息（面向过去）	财务信息、非财务信息（面向未来）

2. 财务会计报告与管理会计报告的联系

财务会计报告与管理会计报告之间的联系体现在：第一，从财务数据的源头来看，两者都使用了财务数据，可以说财务会计报告是管理会计报告编制的基础。在财务会计报告基础之上，管理会计再进行深加工，形成满足管理者管理和决策需求的管理会计报告。第二，从内容来看，管理会计报告不仅包含了财务信息，还包含了非财务信息，而财务会计报告中也会披露一些内部管理计划和企业/部门方案等管理信息。第三，从信息可靠性的相关性来看，财务会计报告信息要求具有可靠性，只有财务会计报告信息的可靠性得到了保障，管理会计报告信息的可靠性才有保障。

14.1.3　管理会计报告特征

14–4 拓展阅读

只有充分认识管理会计报告的特点，才能在此基础上搭建富有特色的管理会计报告体系。与财务会计报告相比，管理会计报告具有以下特征。

1. 报告信息的相关性与多维性

相关性是指管理会计所提供的信息与管理当局的决策相联系，有助于提高使用者决策能力的特性。管理会计报告根据企业（或组织）内部需要解决的具体管理问题来组织、编制、审批、报送和使用。因此，管理会计报告所提供的内容、表现形式，应与企业组织结构和管理职能的设置相适应。管理会计报告虽然需要保证信息来源的可靠性，但重点要求所获取信息，不管是来自企业内部的财务和业务信息，还是来自企业外部的其他信息，只要与企业管理当局的经营决策相关，有助于各层级管理者做出规划、决策、控制和评价等活动的信息，均需要在管理会计报告中进行披露。

此外，管理会计报告信息的维度相较于财务会计报告更为丰富，不仅包括财务信息，还包括非财务信息；不仅包括内部信息，还包括外部信息；不仅包括结果信息，还包括过程信息，甚至包括剖析原因、提出改进意见和建议的信息。从分析维度来看，管理会计报告可以分区域、分产品、分项目、分人来提供分析结果；从时间维度来看，管理会计报告可以按年、按季度、按月，甚至按天灵活编制。

2. 报告传递的及时性

管理会计是对未来营运活动进行前瞻性管理，这决定了管理会计报告传递信息的及时性。管理会计报告系统不仅对企业过去的信息进行归集、挖掘、分析，还对企业的现状进行分析，从而试图预见未来。例如，依据前三个季度的产销情况预测第四季度的销售绩效，进而为投融资决策提供参考。只有管理会计报告传递及时的相关信息，管理者才更有可能作出正确的经营决策。

3. 报告形式的灵活性

管理会计报告没有统一的格式与规范，而是根据企业（或组织）内部的管理需要来提供。相比于报告形式，企业要更注重报告的实质内容。企业可根据自身的管理基础、管理需要，以及所处行业特点的发展阶段，自行确定管理会计报告的格式、流程，以及所采用的方法。管理会计报告可以定期编制，也可以不定期编制，可完全依据企业管理者决策的特定需要而设定。管理会计报告没有固定统一的形式要求，报告主体可以采用文字、数据和图表相结合的方式使报告的内容更加客观、更易于理解。管理会计报告的内容可以是专项部分，也可以是全部，具体由企业根据管理需要决定。

4. 报告内容的动态性

管理会计报告旨在提供有助于企业管理者进行预测、规划及决策等方面的信息，除了满足及时性的要求，还特别需要注意报告内容的动态性调整。只有随时关注内外部环境中各种因素的动态变化，通过分析过去的经营状况，洞悉企业当前所处的环境，才能做好未来的规划及风险防控等工作，从而避免因未调整的信息所导致的决策失误。报告信息的动态调整要贯穿企业战略目标制定、实施及调整的全过程。

14.1.4 管理会计报告流程

管理会计报告流程包括报告的编制、审批、报送、使用、评价等环节。

（1）编制。

企业管理会计报告由管理会计信息归集、处理并报送的责任部门编制。

14-5 拓展阅读

（2）审批。

企业应根据报告的内容、重要性和报告对象等，确定不同的审批流程，经审批后的报告方可报出。企业管理会计报告属内部报告，应在允许的范围内传递和使用，相关人员应遵守保密规定。

（3）报送。

企业应合理设计报告报送路径，确保企业管理会计报告及时、有效地送达报告对象。企业管理会计报告可以根据报告性质、管理需要进行逐级报送或直接报送。

（4）使用。

企业应建立管理会计报告使用的授权制度，报告使用人应在权限范围内使用企业管理会计报告。

（5）评价。

企业应对企业管理会计报告的质量、传递的及时性、保密情况等进行评估，并将评估结果与绩效考核挂钩。

企业应当充分利用信息技术，加强管理会计报告及相关信息的集成和共享，将管理会计报告的编制、审批、报送和使用等纳入企业统一信息平台。企业应定期根据管理会计报告使用效果以及内外部环境变化，对管理会计报告体系、内容，以及编制、审批、报送、使用等流程进行优化。

14.2 基于报告对象的管理会计报告体系

14.2.1 战略层管理会计报告

1. 战略层管理会计报告的定义

高层管理者处于现代企业组织架构的最顶端，负责实现企业的价值创造，这已成为其最主要的目标之一，而战略管理也成为其最重要的职能。作为企业的战略层，需要从长远和全局出发，在宏观上对内外部环境进行分析，科学地设定企业的战略目标并加以控制评价，以充分利用企业资源，实现企业的整体优化管理，进而提高企业的经济效益。

战略层管理会计报告是为战略层开展战略规划、决策、控制和评价以及其他方面的管理活动提供相关信息的对内报告。战略层管理会计报告的对象是企业的战略层，包括股东大会、董事会和监事会等。

14-6 知识讲解

2. 战略层管理会计报告的分类

战略层管理会计报告包括战略管理报告、综合业绩报告、价值创造报告、经营分析报告、风险分析报告、重大事项报告、例外事项报告等。这些报告既可以独立提交，也可以根据不同需要整合后提交。战略层管理会计报告分类的具体内容如表14-4所示。

表14-4　　　　　　　　　　战略层管理会计报告分类

名称	内容
战略管理报告	内外部环境分析、战略选择与目标设定、战略执行及其结果，以及战略评价等
综合业绩报告	关键绩效指标预算及其执行结果、差异分析，以及其他重大绩效事项等
价值创造报告	价值创造目标、价值驱动的财务因素与非财务因素、内部各业务单元的资源占用与价值贡献，以及提升公司价值的措施等
经营分析报告	过去经营决策执行情况回顾、本期经营目标执行的差异及其原因、影响未来经营状况的内外部环境与主要风险分析、下一期的经营目标及管理措施等
风险分析报告	企业全面风险管理工作回顾、内外部风险因素分析、主要风险识别与评估、风险管理工作计划等
重大事项报告	企业的重大投资项目、重大资本运营、重大融资、重大担保事项、关联交易等
例外事项报告	企业发生的管理层变更、股权变更、安全事故，以及自然灾害等偶发性事项

14.2.2 经营层管理会计报告

1. 经营层管理会计报告的定义

企业的经营管理层在现代企业组织架构中处于中端位置,起着上传下达的作用,担负着协调的职责。经营层在遵从战略层所制定的总体战略目标下,对供应商及客户管理、公司的盈利状况、各部门的绩效评价考核等进行具体规划。

经营层管理会计报告是为经营管理层开展与经营管理目标相关的管理活动提供相关信息的对内报告。经营层管理会计报告的报告对象是经营管理层。经营层管理会计报告应做到内容完整、分析深入。

2. 经营层管理会计报告的分类

经营层管理会计报告包括全面预算管理报告、投资分析报告、项目可行性报告、融资分析报告、盈利分析报告、资金管理报告、成本管理报告、绩效评价报告等。经营层管理会计报告分类的具体内容如表14-5所示。

表 14-5　　　　　　　　　　　经营层管理会计报告分类

名称	内容
全面预算管理报告	预算目标制定与分解、预算执行差异分析、预算考评等
投资分析报告	投资对象、投资额度、投资结构、投资进度、投资效益、投资风险、投资管理建议等
项目可行性报告	项目概况、市场预测、产品方案与生产规模、厂址选择、工艺与组织方案设计、财务评价、项目风险分析、项目可行性研究结论与建议等
融资分析报告	融资需求测算、融资渠道与融资方式分析及选择、资本成本、融资程序、融资风险及其应对措施、融资管理建议等
盈利分析报告	盈利目标及其实现程度、利润的构成及其变动趋势、影响利润的主要因素及其变化情况、提高盈利能力的具体措施等
资金管理报告	资金管理目标,主要流动资金项目,如现金、应收票据、应收账款、存货的管理状况,资金管理存在的问题以及解决措施等。企业集团资金管理报告的内容还应包括资金管理模式(集中管理还是分散管理)、资金集中方式、资金集中程度、内部资金往来等
成本管理报告	成本预算,实际成本及其差异分析,成本差异形成的原因及其改进措施等
绩效评价报告	绩效目标、关键绩效指标、实际执行结果、差异分析、考评结果,以及相关建议等

14.2.3 业务层管理会计报告

1. 业务层管理会计报告的定义

业务层管理会计报告是为企业开展日常业务或作业活动提供相关信息的对内报告。其报告对象是企业的业务部门、职能部门以及车间、班组等。业务层管理会计报告应做到内容具体,数据充分。

2. 业务层管理会计报告的分类

业务层管理会计报告应根据企业内部各部门、车间或班组的核心职能或经营目标进行设计，主要包括研究开发报告、采购业务报告、生产业务报告、配送业务报告、销售业务报告、售后服务业务报告、人力资源报告等。业务层管理会计报告分类的具体内容如表 14–6 所示。

表 14–6 业务层管理会计报告分类

名称	内容
研究开发报告	研发背景、主要研发内容、技术方案、研发进度、项目预算等
采购业务报告	采购业务预算、采购业务预算执行结果、差异分析及改善建议等
生产业务报告	生产业务预算、生产业务预算执行结果、差异分析及改善建议等
配送业务报告	配送业务预算、配送业务预算执行结果、差异分析及改善建议等
销售业务报告	销售业务预算、销售业务预算执行结果、差异分析及改善建议等
售后服务业务报告	售后服务业务预算、售后服务业务预算执行结果、差异分析及改善建议等
人力资源报告	人力资源预算、人力资源预算执行结果、差异分析及改善建议等

本章小结

本章对管理会计报告进行了概述，介绍了基于报告对象的管理会计报告体系。本章的重点是管理会计报告体系。管理会计报告是在财务会计报告以及企业其他业务信息的基础上编制的，为企业管理决策提供决策支撑。

关键术语

战略层管理会计报告 经营层管理会计报告 业务层管理会计报告

综合练习

1. 简述管理会计报告体系的概念。
2. 简述管理会计报告的主要特征。
3. 简述按不同标准分类的管理会计报告体系。
4. 简述管理会计报告的流程。
5. 简述基于报告对象的管理会计报告体系。

14–7 拓展练习

第15章

管理会计信息系统

教学要点

知识要点	能力要求	相关知识
管理会计信息系统概述	理解管理会计信息系统的概念、建设及应用程序	（1）管理会计信息化背景及发展历程 （2）管理会计信息系统的概念 （3）企业建设和应用管理会计信息系统应遵循的原则和应具备的条件 （4）管理会计信息系统的建设和应用程序
成本管理信息化	掌握成本管理信息化内涵、系统构成及流程	（1）成本管理信息化的概念 （2）成本管理信息化系统构成及流程
预算管理信息化	掌握预算管理信息化内涵、系统构成及流程	（1）预算管理信息化的概念 （2）预算管理信息化系统构成及流程
绩效管理信息化	掌握绩效管理信息化内涵、系统构成及流程	（1）绩效管理信息化的概念 （2）绩效管理信息化系统构成及流程
投资管理信息化	掌握投资管理信息化内涵、系统构成及流程	（1）投资管理信息化的概念 （2）投资管理信息化系统构成及流程
管理会计报告信息化	掌握管理会计报告信息化内涵及系统的功能	（1）管理会计报告信息化的概念 （2）管理会计报告信息化系统的功能

导入案例

AI 财务蜂眼系统

近几年，GD公司全面落实能源互联网建设及多维精益变革的要求，以模式、流程、职责、数据等业务变革为核心，以"大智移云物"（大数据、人工智能、移动互联网、云计算和物联网）等数字技术能力为基石，自主开发完成了AI财务蜂眼系统并成功上线应用。该系统主要由全票种报账终端和人工智能单据审核系统两大部分构成，如图15-1所示。

15-1 政策法规

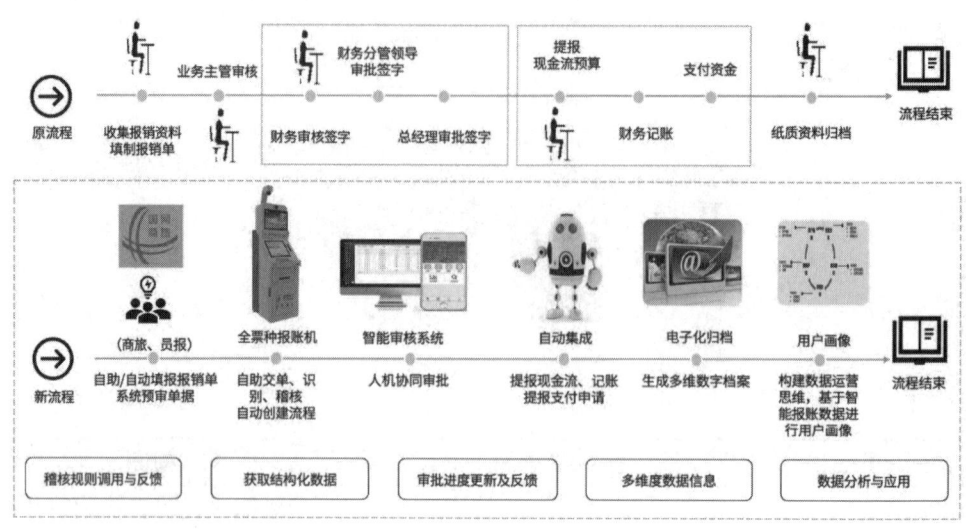

图 15–1　AI 财务蜂眼系统

管理会计信息系统作为财务数字化转型的落地抓手，一般来说经历了以下重要发展阶段：从最初的通过 ERP 来实现财务核算标准化，到通过财务共享系统来实现财务管控的集中化、财务作业的自动化，再到现在通过全新的数字化平台来实现业、财、税、资的深度业财融合。我们这一章来学习管理会计信息系统的基本知识。

15.1　管理会计信息系统概述

15–2 知识讲解

企业需要通过信息技术、财务共享等方式来提高传统财务处理的效率，将财务人员的精力解放出来，从而使他们转向业务财务和战略财务等。近年来，随着"大智移云物"等新一代信息技术的迅猛发展，应用新一代信息技术，实现敏捷化、自动化、智能化的数据处理，并生成相关的决策信息，辅助经营和管理决策，真正实现用数据驱动业务发展，成为企业财务信息化发展的新趋势。大数据技术为管理会计工作提供了信息支撑，海量的数据可以帮助企业预测未来发展趋势，在生产、销售环节做出更科学的决策，对财务、人力资源进行更好的统筹。云计算既是企业通过共享平台实现企业私有管理的过程，又是技术分工和共享的过程。云计算可以帮助企业降低开发和管理成本，促进企业财务转型升级，提高经营管理的效率。

15.1.1　管理会计信息化背景及发展历程

会计电算化是管理会计和信息技术最早结合的一种模式，是用计算机软件代替手工账的信息化表达方式。但最早的会计电算化缺乏管理会计的思维，作用有限。随着互联网的发展，信息技术与管理会计的深度融合，财务共享模式成为财务管理信息化的集大成之作。财务共享模式基于对数据的整合和统一处理，涵盖了业务数据的每个节点，为企业提供了决策和控制上的支持。财务共享模式真正使财务数据脱离了记录计量的层面，纳入管理会计的框架之下，是更成熟、更高级的信息化成果。2020年4月，国家发展改革委和中央网信办联合发布《关于推进"上云用数赋智"行动 培育新经济发展实施方案》，旨在通过引领企业"上云"，推进企业数字化转型，打造数据供应链，以数据流引领物资流、人才流、技术流、资金流，形成数字化生态体系。广东、上海、山东等地分别推出了推进制造业高质量发展、促进在线新经济发展、工业互联网计划等。云计算、大数据、人工智能等技术的发展为管理会计信息系统的建设提供了重要的机遇。

在国家积极推动数字化生态体系建设的背景下，通过运用信息技术构建开放、安全、高效的管理会计信息系统，能够提升企业经营管理效率，促进企业的数字化转型，适应经济发展的需求。管理会计信息化是管理会计与信息技术的结合，是信息社会对企业财务信息管理提出的一项新要求，是企业管理会计顺应信息化浪潮所做出的必要举措。管理会计信息化是网络环境下企业领导者获取信息的主要渠道，有助于增强企业的竞争力，有效解决会计电算化存在的"孤岛"现象，增强管理会计决策能力和企业管理水平。

在管理会计领域，财务共享成为企业管理会计信息化建设中的重要一环。随着互联网、大数据、云计算技术延伸到各个领域，财务共享服务和管理会计信息化成为企业进行管理变革的重要途径。管理会计信息系统在财务共享服务云端数据池的支持下，可以通过对信息的处理分析参与到企业战略管理、预算控制等管理会计工作中。管理会计信息化主要侧重对企业内外部信息的收集和加工，通过对数据的分析，来为企业的经营和投资决策提供数据支持。在应用管理会计信息化时，财务共享服务中心为企业管理开辟了一个新视角，财务共享服务中心的云端数据库能为管理会计信息化的建设提供高质量的数据支持。而信息技术能为财务共享服务中心的建设提供技术支撑，也是管理会计信息化建设的重要基础。

15.1.2 管理会计信息系统的概念

管理会计信息系统是指以财务和业务信息为基础，借助计算机、网络通信等现代信息技术手段，对管理会计信息进行收集、整理、加工、分析和报告等操作处理，为企业有效开展管理会计活动提供全面、及时、准确信息支持的各功能模块的有机集合。管理会计信息系统包括成本管理、预算管理、绩效管理、投资管理、管理会计报告以及其他功能模块。

15-3 拓展阅读

管理会计信息化定义由安东尼（Anthony）首先提出，他将心理学、战略整合与管理控制系统相融合，形成管理会计控制系统。从本质上说，管理会计信息系统就是一个提供相关信息的决策支持系统，其提供的信息包括货币性信息与非货币性信息。随着信息技术和管理软件应用的发展，实务中常用的是基于ERP和数据中台两个主流架构的管理会计信息系统，而当前对管理会计发展影响最大的技术是大数据和人工智能。

2014—2017年财政部先后印发了《关于全面推进管理会计体系建设的指导意见》《会计改革与发展"十三五"规划纲要》《管理会计应用指引第802号——管理会计信息系统》，旨在推动管理会计信息系统的建设。

15.1.3　企业建设和应用管理会计信息系统应遵循的原则和应具备的条件

1. 企业建设和应用管理会计信息系统应遵循的原则

（1）系统集成原则。

管理会计信息系统各功能模块应集成在企业整体信息系统中，与财务和业务信息系统紧密结合，从而实现信息的集中统一管理，财务信息、业务信息、管理会计信息的自动生成。

（2）数据共享原则。

企业建设管理会计信息系统应实现系统之间的无缝对接，通过统一的规则和标准，实现数据的一次采集全程共享，以避免产生信息孤岛。

（3）规则可配原则。

管理会计信息系统各功能模块应提供规则配置功能，实现其他信息系统与管理会计信息系统相关内容的映射和自定义配置。

（4）灵活扩展原则。

管理会计信息系统应具备灵活扩展性，通过及时补充有关参数或功能模块，对环境、业务、产品、组织和流程等变化及时做出反馈，满足企业内部管理需要。

（5）安全可靠原则。

应充分保障管理会计信息系统的设备、网络、应用及数据安全，严格权限授权，做好数据灾备建设，使系统具备良好的抵御外部攻击能力，保证系统的正常运行并确保信息的安全、保密、完整。

（6）动态性原则。

① 管理会计数据的采集是动态的。无论是企业组织外部的数据（如发票、订单），还是企业组织内部的数据（如入库单、产量记录），无论是局域数据还是广域数据，一旦发生，都将存入相应的服务器，并及时送到管理会计信息系统中等待处理。

② 管理会计数据的处理是实时的。在管理会计信息系统中，管理会计数据一经输入系统，就会立即触发相应的处理模块，自动对数据进行分类、计算、汇总、更新、分析等一系列操作，以确保信息能够动态地反映企业组织的财务状况和经营成果。

③ 管理会计信息发布、传输和利用的实时化、动态化。管理会计数据采集和处理的实时化、动态化使得管理会计信息的发布、传输和利用实现实时化、动态化，管理会计信息的使用者也就能够及时地做出管理决策。

2. 企业建设和应用管理会计信息系统应具备的条件

（1）对企业战略、组织架构、业务流程、责任中心等有清晰的定义。

（2）管理会计职能相关部门或岗位具有一定的管理会计工具方法应用基础以及相对清晰的管理会计应用流程。

（3）具备一定的财务和业务信息系统应用基础，包括已经实现了相对成熟的财务会计系统的应用，并在一定程度上实现了经营计划管理、采购管理、销售管理、库存管理等基础业务管理职能的信息化。

15.1.4 管理会计信息系统的建设和应用程序

管理会计信息系统的建设和应用程序,既包括系统的建设程序,又包括系统的应用程序。

1. 管理会计信息系统的建设程序

管理会计信息系统的建设程序一般包括系统规划、系统实施、系统运维和支持等环节。

(1) 系统规划环节。

在管理会计信息系统规划环节,企业应将管理会计信息系统规划纳入企业信息系统建设的整体规划,遵循整体规划、分步实施的原则,根据企业的战略目标和管理会计应用目标,形成清晰的管理会计应用需求,因地制宜地逐步推进。

(2) 系统实施环节。

在管理会计信息系统实施环节,企业应制订详尽的实施计划,清晰地划分实施的主要阶段、有关活动和详细任务的时间进度。实施阶段一般包括项目准备、系统设计、系统实现、系统测试和上线等过程。

① 在项目准备阶段,企业主要完成系统建设前的基础工作,一般包括确定实施目标、实施组织范围和业务范围,调研信息系统需求,进行可行性分析,制定项目计划、资源安排和项目管理标准,开展项目动员及初始培训等。

② 在系统设计阶段,企业主要对组织现有的信息系统应用情况、管理会计工作现状和信息系统需求进行调查,梳理管理会计应用模块和应用流程,据此设计管理会计信息系统的实施方案。

③ 在系统实现阶段,企业主要完成管理会计信息系统的数据标准化建设、系统配置、功能和接口开发及单元测试等工作。

④ 在系统测试和上线阶段,企业主要实现管理会计信息系统的整体测试、权限设置、系统部署、数据导入、最终用户培训和上线切换过程。必要时企业还应根据实际情况进行预上线演练。

(3) 系统运维和支持环节。

企业应做好管理会计信息系统的运维和支持,实现日常运行维护支持及上线后持续培训和系统优化。

2. 管理会计信息系统的应用程序

管理会计信息系统的应用程序一般包括输入、处理和输出三个环节。

(1) 输入环节。

输入环节是指管理会计信息系统采集或录入数据的过程。管理会计信息系统需提供符合数据规则的数据接口,以自动或手工采集财务和业务数据。同时,系统还应支持用户对其他数据的手工录入,以满足相关业务调整和补充信息的需要。

(2) 处理环节。

处理环节是指借助管理会计工具模型对数据进行加工处理的过程。管理会计信息系统可以充分利用数据挖掘、在线分析处理等商业智能技术,借助相关工具对数据进行综合查询、分析统计,挖掘并提炼出有助于企业管理活动的信息。

（3）输出环节。

输出环节是指提供丰富的人机交互工具、集成通用的办公软件等成熟工具，自动生成或导出数据报告的过程。数据报告的展示形式应注重易读性和可视化。最终的系统输出结果不仅可以以独立报表或报告的形式呈现给用户，还可以输出到或嵌入其他信息系统中，为各级管理部门提供管理所需的信息。

15.2 成本管理信息化

15-4 知识讲解

15.2.1 成本管理信息化的概念

成本管理信息化应实现成本管理的各项主要功能，一般包括设置成本要素、成本中心、成本对象等项目的关键参数及成本核算方法；从财务会计核算、业务处理和人力资源等相关模块中抽取所需数据，进行精确的成本核算，进而生成分产品、分批次（订单）、分环节、分区域等多维度的成本信息；基于成本信息进行成本分析，实现成本的有效控制，为企业成本管理的事前计划、事中控制、事后分析提供有效的支持。

15.2.2 成本管理信息化系统构成及流程

1. 成本核算及输入信息

成本核算主要完成对企业生产经营过程中各项交易活动或事项的实际成本信息的收集、归纳、整理，并计算出实际发生的成本数据，同时支持多种成本计算和分摊方法，以准确地度量、分摊和分配实际成本。

成本核算的输入信息一般包括业务事项的记录和货币计量数据等。企业应使用具体成本核算方法（如完全成本法、变动成本法、作业成本法、目标成本法、标准成本法等），构建相应的计算模型，以各级成本中心为核算主体，完成成本核算的处理过程。成本核算处理过程结束后，应能够输出实际成本数据，生成管理层及各个业务部门所需要的成本核算报告等。

2. 成本分析及输入信息

15-5 拓展阅读

成本分析主要实现对实际成本数据的分类比较、因素分析比较等，以发现成本和利润的驱动因素，形成评价结论，并编制各种形式的分析、评价指标报告等。

成本分析的输入信息一般包括成本标准或计划数据，成本核算子模块生成的成本实际数据等。企业应根据输入数据和规则，选择具体分析评价方法（如差异分析法、趋势分析法、结构分析法等），对各个责任中心的成本绩效进行分析比较，汇总形成各个责任中心及企业总体成本绩效报告，并生成成本分析报告、成本绩效评价报告等。

3. 成本预测及输入信息

成本预测主要实现对不同成本对象的成本估算。

成本预测的输入信息一般包括业务计划数据、成本评价结果、成本预测假设条件、历史数据、行业对标数据等。企业会计人员应运用成本预测模型（如算术平均法、加权平均法、平滑指数法等）对下一个工作周期的成本进行预测，根据经验或行业可比数据对模型预测结果进行调整，并生成成本预测报告。

4. 成本控制及输入信息

成本控制主要按照既定的成本费用目标，对构成成本费用的诸要素进行规划、限制和调节，及时纠正偏差，控制成本费用超支，把实际耗费控制在成本费用计划范围内。

成本控制的输入信息一般包括成本费用目标和政策、成本分析报告、预算控制等。成本管理模块应可以提供基于指标分摊、作业分摊等标准的多种成本分摊方法，利用预定义的规则，按要素、期间、作业等进行分摊。

15.3 预算管理信息化

15–6 知识讲解

15.3.1 预算管理信息化的主要功能

预算管理信息化的主要功能包括对企业预算参数设置、预算管理模型搭建、预算目标制定、预算编制、预算执行控制、预算调整、预算分析和评价等全过程的信息化管理。

15.3.2 预算管理信息化系统构成及流程

1. 预算目标和计划制订及输入信息

预算目标和计划制订主要完成企业预算目标的设定和业务计划的制订，实现预算的启动和准备过程。

预算目标和计划制订需设定的输入信息一般包括企业远景与战略规划、内外部环境信息、投资者和管理者期望、往年绩效数据、经营状况预测以及公司战略举措、各业务板块主要业绩指标等。企业应对内外部环境和问题进行分析，评估预算备选方案，制订详细的业务计划，生成企业与各业务板块主要绩效指标和部门业务计划等。

2. 预算编制及输入信息

预算编制主要完成预算目标设定、预算目标的分解和下达、预算编制和汇总，以及预算审批过程，实现自上而下、自下而上等多种预算编制流程，并提供固定预算、弹性预算、零基预算、滚动预算、作业预算等多种预算编制方法的处理机制。

预算编制的输入信息一般包括历史绩效数据、关键绩效指标、预算驱动因素、管理费用标准等。企业会计人员应借助适用的预测方法（如趋势预测、平滑预测、回归预测等）建立预测模型，设定预算目标；依据预算管理体系，自动分解预算目标；辅助预算审批流程，自动汇总预算；最终输出各个责任中心的预算方案等。预算管理模块应具备根据业务需要编制多期间、多情景、多版本、多维度预算计划的功能，以满足预算编制的要求。

3. 预算执行控制及输入信息

预算执行控制主要实现预算信息模块与各财务和业务系统的及时数据交换，实现对财务和业务预算执行情况的实时控制等。

预算执行控制的输入信息一般包括企业各业务板块及各部门的主要绩效指标、业务计划、预算执行控制标准及预算执行情况等。企业应通过对数据的校验、比较和查询汇总，比对预算目标和执行情况的差异；建立预算监控模型，预警和冻结超预算情形，形成预算执行情况报告；执行预算控制审核机制以及例外预算管理等。这部分模块的最终输出结果为预算执行差异分析报告、经营调整措施等。

4. 预算调整及输入信息

预算调整主要实现对部分责任中心的预算数据进行调整，并完成调整的处理过程等。

预算调整的输入信息一般包括企业各业务板块及部门的主要绩效指标、预算执行差异分析报告等。企业会计人员对预算数据进行调整，并依据预算管理体系，自动分解调整后的预算目标，以辅助调整预算的审批流程，并自动汇总预算。这部分模块的最终输出结果为各个责任中心的预算调整报告、调整后的绩效指标等。

5. 预算分析和评价及输入信息

预算分析和评价主要提供多种预算分析模型，实现在预算执行的数据基础上，对预算数和实际发生数进行多期间、多层次、多角度的预算分析，最终完成预算的业绩评价，为绩效考核提供数据基础。

预算分析和评价的输入信息一般包括预算指标及预算执行情况，以及业绩评价的标准与考核办法等数据。企业应建立差异计算模型，实现预算差异的计算，辅助实现差异成因分析过程，最终生成部门、期间、层级等多维度的预算差异分析报告。

15.4 绩效管理信息化

15-7 知识讲解

15.4.1 绩效管理信息化的概念

绩效管理信息化主要实现业绩评价和激励管理过程中对各要素的管理功能，一般包括业绩计划和激励计划的制订、业绩计划和激励计划的执行控制、业绩评价与激励实施管理等，旨在为企业的绩效管理提供支持。

15.4.2 绩效管理信息化系统构成及流程

绩效管理信息化系统应提供企业各项关键绩效指标的定义和配置功能，并可从其他模块中自动获取各业务单元或责任中心相应的实际绩效数据，进行计算处理，形成绩效执行情况报告及差异分析报告。

1. 业绩计划和激励计划制订及输入信息

业绩计划和激励计划制订主要完成绩效管理目标和标准的设定、绩效管理目标的分解和下达、业绩计划和激励计划的编制等过程，以及计划的审批流程。

业绩计划和激励计划制订的输入信息一般包括企业及各级责任中心的战略关键绩效指标和年度经营关键绩效指标,以及企业绩效评价考核标准、绩效激励形式和条件等基础数据。处理过程一般包括构建指标体系、分配指标权重、确定业绩目标值、选择业绩评价计分方法,以及制订薪酬激励、能力开发激励、职业发展激励等多种激励计划,输出各级考核对象的业绩计划、绩效激励计划等。

2.业绩计划和激励计划执行控制及输入信息

业绩计划和激励计划执行控制主要实现预算系统与各业务系统的及时数据交换,实现对业绩计划与激励计划执行情况的实时控制等。

业绩计划和激励计划执行控制的输入信息,一般包括绩效实际数据以及业绩计划和激励计划等。企业应建立指标监控模型,根据指标计算办法计算指标实际值,比对实际值与目标值的偏差,以输出业绩计划和激励计划执行差异报告。

3.业绩评价和激励实施管理及输入信息

业绩评价和激励实施管理主要实现对计划执行情况的评价,形成综合评价结果,向被评价对象反馈改进建议及措施等。

业绩评价和激励实施管理的输入信息,一般包括被评价对象的业绩指标实际值和目标值、指标计分方法和权重等。企业应选定评分计算方法,计算评价分值,形成被评价对象的综合评价结果,以输出业绩评价结果报告和改进建议等。

15.5 投资管理信息化

15-8 知识讲解

15.5.1 投资管理信息化的概念

投资管理信息化主要实现对企业投资项目进行计划和控制的系统支持过程,一般包括投资计划的制订和对每个投资项目进行的及时管控等。投资管理信息化应与成本管理信息化、预算管理信息化、绩效管理信息化和管理会计报告信息化等进行有效集成和数据交换。

投资管理信息化应辅助企业实现投资计划的编制和审批过程。企业可以借助投资管理模块定义投资项目、投资程序、投资任务、投资预算、投资控制对象等基本信息;在此基础上,制订企业各级组织的投资计划和实施计划,实现投资计划的分解和下达。

投资管理信息化应实现对企业具体投资项目的管控过程。企业可以根据实际情况,将项目管理功能集成到投资管理模块中,也可以实施单独的项目管理模块来实现项目的管控过程。

15.5.2 投资管理信息化系统构成及流程

投资管理信息化系统主要实现对投资项目的系统化管理过程,一般包括项目设置、项目计划与预算、项目执行、项目结算、项目报告以及项目后审计等。

1. 项目设置

项目设置主要完成项目定义（如设置项目名称、项目期间、成本控制范围、利润中心等参数），以及工作分解定义、作业和项目文档等的定义和设置，为项目管理提供基础信息。

2. 项目计划与预算

项目计划与预算主要完成项目里程碑计划、项目实施计划、项目概算、项目利润及投资测算、项目详细预算等过程，并辅助实现投资预算的审核和下达过程。

其中，项目里程碑计划一般包括对项目的关键节点进行定义，在关键节点对项目进行检查和控制，以及确定项目各阶段的开始和结束时间等。

3. 项目执行

项目执行主要实现项目的拨款申请、投资计量，项目实际发生值的确定、计算和汇总，以及与目标预算进行比对，对投资进行检查和成本管控。

4. 项目结算

项目结算通过定义的结算规则，运用项目结算程序，对项目实现期末结账处理。结算完成后，对项目执行关闭操作，保证项目的可控性。

5. 项目报告

项目管理模块应向用户提供关于项目数据的各类汇总报表及明细报表，主要包括项目计划、项目投资差异分析报告等。

6. 项目后审计

企业可以根据实际需要，在项目管理模块中提供项目后辅助审计功能，依据项目计划和过程建立工作底稿，对项目的实施过程、成本、绩效等进行审计和项目后评价。

15.6　管理会计报告信息化

15–9 知识讲解

15.6.1　管理会计报告信息化的概念

管理会计报告信息化应实现基于信息系统中财务数据、业务数据自动生成管理会计报告，支持企业有效实现各项管理会计活动。管理会计报告模块应为企业战略层、经营层和业务层提供丰富的通用报告模板。

1. 管理会计报告信息化需要财务共享

管理会计数字化体系将以财务共享平台为基础性平台，通过进一步加强数字平台建设，打通财务系统和业务系统壁垒，实现数据的融合与共享；构建以共享平台为依托的业财融合管理模式，提升数据系统之间的兼容性和交互性，形成多系统数据源的整合利用，实现业务数据流标准化、场景化、可追溯化。管理会计报告取数将更加实时、准确、自由，管理会计工具可以发挥其应有的巨大功效，并为构建一流财务管控体系提供支撑。

2. 管理会计报告信息化需要区块链技术

与传统管理会计报告相比，将区块链技术应用于管理会计报告编制，不仅有助于改善管理会计数据信息的时效性、相关性和可靠性，而且为数据信息的收集、加工、处理、传播和应用提供了坚实的基础，有助于管理会计报告的完善与优化。随着企业内外部环境的变化，未来管理会计将致力于帮助企业提升核心竞争力和价值创造能力。区块链技术的去中心化为企业带来了高信任、高质量的信息。信息的充分数字化为企业实现跨境、跨时空、跨组织的价值管理奠定了坚实的数据信息基础。

15.6.2 管理会计报告信息化系统的功能

管理会计报告信息化应具有如下功能。

（1）管理会计报告信息化应为用户生成报告提供足够丰富、高效且及时的数据源，必要时应建立数据仓库和数据集市，形成统一规范的数据集，并在此基础上，借助数据挖掘等商务智能工具方法，自动生成多维度报表。

（2）管理会计报告信息化应为企业提供灵活的自定义报告功能。企业可以借助报表工具自定义管理会计报表的报告主体、期间（定期或不定期）、结构、数据源、计算公式以及报表展现形式等。系统可以根据企业自定义报表的模板自动获取数据进行计算加工，并以预先定义的展现形式输出。

（3）管理会计报告信息化应提供用户追溯数据源的功能。用户可以在系统中对报告的最终结果数据进行追溯，可以层层追溯其数据来源和计算方法，直至业务活动的源头。

（4）管理会计报告信息化可以独立的模块形式存在于信息系统中，从其他管理会计模块中获取数据生成报告；也可内嵌到其他管理会计模块中，作为其他管理会计模块重要的输出环节。

（5）管理会计报告信息化应与财务报告系统相关联，既能生成企业整体报告，又能生成分部报告，并实现整体报告和分部报告的联查。

本 章 小 结

本章对管理会计信息系统进行了概述，介绍了构成管理会计信息系统的五个模块的信息化：成本管理信息化、预算管理信息化、绩效管理信息化、投资管理信息化、管理会计报告信息化。本章的重点是管理会计信息系统五个模块的信息化。

关 键 术 语

管理会计信息化　管理会计信息系统　成本管理信息化　预算管理信息化　绩效管理信息化　投资管理信息化　管理会计报告信息化

综 合 练 习

1. 如何理解管理会计信息系统的概念?
2. 简述管理会计信息系统的建设程序和应用程序的内容。
3. 如何理解管理会计信息系统的架构?
4. 如何理解成本管理信息化?
5. 如何理解预算管理信息化?
6. 如何理解绩效管理信息化?
7. 如何理解投资管理信息化?
8. 如何理解管理会计报告信息化?

15–10 拓展练习

参考文献

[1] 白澄宇."互联网+"背景下财务共享对管理会计信息化的探析：以中兴通讯为例[J].中国商论，2019（22）：177-178.

[2] 冯巧根.管理会计[M].2版.北京：中国人民大学出版社，2013.

[3] 冯圆.管理会计的新发展及其应用[J].商业会计，2009（3）：14-15.

[4] 宫昕璐，张媛.管理会计理论研究综述[J].财会通信：学术版，2008（4）：57-59.

[5] 何刚.基于平衡计分卡的全面预算管理研究[D].成都：四川大学，2007.

[6] 何嘉兴.责任成本会计在企业中应用的探讨[J].现代经济信息，2013（12）：230.

[7] 贺小滔.基于应用场景构建面向数字化的财务数据中台：以中国石化西北油田分公司为例[J].财务与会计，2022（7）：29-33.

[8] 颉茂华.管理会计学：理论·方法·思政·案例[M].北京：北京大学出版社，2022.

[9] 凌斐.零基预算编制方法理论探析[J].江苏大学学报：社会科学版，2003（4）：122-125.

[10] 刘光强.基于"区块链+"的管理会计数字技能[M].成都：西南交通大学出版社，2022.

[11] 刘俊勇，祝钧萍.平衡计分卡非财务绩效影响财务绩效的机理研究：基于ZZ药业的案例[J].财务研究，2015（2）：36-47.

[12] 刘凌冰，韩向东，杨飞.集团企业预算管理的演进与意义建构：基于神华集团1998—2014年的纵向案例研究[J].会计研究，2015（7）：42-48+96.

[13] 刘运国.高级管理会计：理论与实务[M].2版.北京：中国人民大学出版社，2018.

[14] 刘志远.迎接人工智能时代的管理会计[J].中国管理会计，2023（3）：5-10.

[15] 刘智英.多阶分配在制造业的应用分析：作业成本法和变动成本法的精妙结合[J].会计之友，2013（1）：69-74.

[16] 潘飞，文东华.实证管理会计研究现状及中国未来的研究方向：基于价值管理视角[J].会计研究，2006（2）：81-86+8.

[17] 彭昕.基于平衡计分卡的电子银行部门绩效评价研究[D].长沙：湖南大学，2008.

[18] 孙茂竹，支晓强，戴璐.管理会计学：立体化数字教材版[M].9版.北京：中国人民大学出版社，2020.

[19] 田高良，杨娜.海尔共赢增值表实践与管理会计报告创新[J].中国管理会计，2022（1）：44-57.

[20] 万云涛.新形势下企业财务会计与管理会计的融合分析[J].金融文坛，2023（10）：42-44.

[21] 王辊，等.长安汽车的作业成本法试点探索[J].财务与会计，2015（3）：28-31.

[22] 王立彦，王兴山，李憨劼.管理会计报告：共享平台与信息可视化[M].北京：人民邮电出版社，2023.

[23] 王雄元.管理会计[M].大连：东北财经大学出版社，2008.

[24] 温素彬.管理会计[M].大连：东北财经大学出版社，2010.

[25] 谢琨.管理会计[M].北京：清华大学出版社，北京交通大学出版社，2008.

[26] 杨公遂，杨若谷，马庆利.高级管理会计理论与实务[M].3版.大连：东北财经大学出版社，2023.

［27］叶陈刚，郑忠良，钟廷勇.商业伦理与会计职业道德［M］.5版.大连：东北财经大学出版社，2023.

［28］赵书和.成本与管理会计［M］.北京：机械工业出版社，2006.

［29］中国注册会计师协会.财务成本管理［M］.北京：中国财政经济出版社，2009.

［30］邹伟平，刘义江，侯栋梁，等."AI财务蜂眼"：智慧财务共享管理的探索［J］.管理会计研究，2022（2）：58-64.

附录：AI 伴学内容及提示词

序号	AI 伴学内容	AI 提示词
1	AI 伴学工具	生成式人工智能工具，如 DeepSeek、Kimi、豆包、通义千问、文心一言、ChatGPT 等
2	第1章 绪论	管理会计的内涵
3		分析管理会计的形成和发展
4		分析管理会计与财务会计的关系
5		管理会计的假设的内涵
6		管理会计的职能的内涵
7		管理会计的信息质量特征的内涵
8		举例说明我国和国外管理会计职业认证
9	第2章 成本性态分析	分析成本如何进行分类
10		固定成本的内涵
11		变动成本的内涵
12		混合成本的内涵
13		混合成本的分解方法应用案例
14	第3章 变动成本法与完全成本法	变动成本法的产生与发展
15		变动成本法基本原理
16		完全成本法基本原理
17		分析变动成本法的特点
18		分析完全成本法的特点
19		企业中变动成本法和完全成本法结合应用的案例
20	第4章 本量利分析	本量利分析的含义
21		本量利分析的假设
22		保本点的内涵
23		盈亏临界图的内涵
24		边际贡献的内涵
25		安全边际的内涵
26		盈亏临界点作业率的内涵
27		多品种条件下的本量利分析的方法应用案例
28		固定成本变动对盈亏临界点的影响具体案例

续表

序号	AI 伴学内容	AI 提示词
29	第4章 本量利分析	变动成本变动对盈亏临界点的影响具体案例
30		单价变动对盈亏临界点的影响具体案例
31		盈利条件下本量利分析的方法应用案例
32		本量利关系中的敏感性分析应用案例
33	第5章 预测分析	预测分析的原理
34		预测分析方法应用案例
35		销售预测原理
36		销售预测方法应用案例
37		成本预测原理
38		成本预测方法应用案例
39		利润预测原理
40		利润预测方法应用案例
41		资金需要量预测原理
42		资金需要量预测方法应用案例
43	第6章 短期经营决策分析	短期经营决策原理
44		短期经营决策常用方法应用案例
45		短期经营决策分析的具体问题分析案例
46	第7章 存货决策分析	存货决策分析原理
47		存货经济订货批量决策分析应用案例
48		经济订货批量模型的扩展应用案例
49	第8章 长期投资决策分析	长期投资决策原理
50		举例说明长期投资决策需要考虑的因素
51		长期投资决策主要方法应用案例
52		长期投资决策分析的应用具体案例
53		长期投资决策敏感性分析应用案例
54	第9章 全面预算	全面预算原理
55		全面预算编制具体案例
56		预算编制方法应用案例
57	第10章 作业成本法	作业成本法的基本原理
58		举例说明作业成本法的核算要素
59		举例说明作业成本法的实施步骤
60		举例说明作业成本法的特点及适用对象
61		作业成本法应用的具体案例

续表

序号	AI 伴学内容	AI 提示词
62	第 11 章 责任会计	责任会计原理
63		举例说明成本中心、利润中心以及投资中心的区别与联系
64		各种内部结算价格的应用案例
65	第 12 章 平衡计分卡	平衡计分卡原理
66		平衡计分卡应用具体案例
67	第 13 章 经济增加值	经济增加值原理
68		经济增加值应用案例
69	第 14 章 管理会计报告	举例说明管理会计报告与财务会计报告的区别与联系
70		管理会计报告基本原理
71		基于报告对象的管理会计报告体系具体案例
72	第 15 章 管理会计信息系统	举例说明人工智能等技术对管理会计信息系统影响
73		管理会计信息系统基本原理
74		成本管理信息化应用案例
75		预算管理信息化应用案例
76		绩效管理信息化应用案例
77		投资管理信息化应用案例
78		管理会计报告信息化应用案例